500만 독자 여러분께
감사드립니다!

세상이 아무리 바쁘게 돌아가더라도
책까지 아무렇게나 빨리 만들 수는 없습니다.

길벗은 독자 여러분이
가장 쉽게, 가장 빨리 배울 수 있는 책을
한 권 한 권 정성을 다해 만들겠습니다.

독자의 1초를 아껴주는
정성을 만나보세요.

미리 책을 읽고 따라해 본 2만 베타테스터 여러분과
무따기 체험단, 길벗스쿨 엄마 2% 기획단,
시나공 평가단, 토익 배틀, 대학생 기자단까지!
믿을 수 있는 책을 함께 만들어주신 독자 여러분께 감사드립니다.

(주)도서출판 길벗 www.gilbut.co.kr
길벗 스쿨 www.gilbutschool.co.kr

엑셀 2019

무작정 따라하기

마이크로소프트 엑셀 MVP 김철 지음

길벗

엑셀 2019 무작정 따라하기 모든 버전 사용 가능

The Cakewalk Series - Excel 2019

초판 발행 · 2019년 5월 24일
초판 2쇄 발행 · 2020년 2월 7일

지은이 · 김철
발행인 · 이종원
발행처 · (주)도서출판 길벗
출판사 등록일 · 1990년 12월 24일
주소 · 서울시 마포구 월드컵로 10길 56(서교동)
대표 전화 · 02)332-0931 | **팩스** · 02)322-0586
홈페이지 · www.gilbut.co.kr | **이메일** · gilbut@gilbut.co.kr

기획 및 책임 편집 · 박슬기(sul3560@gilbut.co.kr) | **표지 디자인** · 박상희 | **본문 디자인** · 장기춘, 이도경
제작 · 이준호, 손일순, 이진혁 | **영업마케팅** · 임태호, 전선하 | **웹마케팅** · 차명환, 지하영 | **영업관리** · 김명자 | **독자지원** · 송혜란, 홍혜진
편집 진행 · 안혜희북스 | **전산편집** · 예다움 | **CTP 출력** · 교보피앤비 | **제본** · 경문제책

ISBN 979-11-6050-799-7 03000
(길벗 도서코드 007061)

가격 19,000원

독자의 1초를 아껴주는 정성 길벗출판사

길벗 IT실용서, IT/일반 수험서, IT전문서, 경제실용서, 취미실용서, 건강실용서, 자녀교육서
더퀘스트 인문교양서, 비즈니스서
길벗이지톡 어학단행본, 어학수험서
길벗스쿨 국어학습서, 수학학습서, 유아학습서, 어학학습서, 어린이교양서, 교과서

페이스북 · www.facebook.com/gilbutzigy
네이버 포스트 · post.naver.com/gilbutzigy

'업무 효율'과 '생산성 향상'이라는 두 마리 토끼를 모두 잡으세요!

《엑셀 무작정 따라하기》를 집필하기 시작한 이후 어느덧 세 번째 책이 나오게 되었군요. 매번 독자들이 엑셀을 더욱 더 쉽게 익히고, 업무에서 바로 적용하여 활용할 수 있는 방법을 알려드리려고 노력했습니다. 수년 동안 강의를 하면서 많은 분들과 소통해 본 결과, 쉬운 내용을 확실하게 익히고 반복 학습한 후에 조금 더 난이도 있는 문제들을 해결하는 것이 엑셀 사용 능력 향상에 효과적이라고 생각되었습니다.

책을 읽고 따라 하다 보면, 처음에는 마음을 굳게 결심하여 50쪽까지는 열심히 정독하고 따라 합니다. 하지만 100쪽 이상이 되면 대충하는 경우가 종종 있는데, 그러지 말고 처음 볼 때 시간이 좀 걸려도 차분하게 천천히, 그리고 꼼꼼하게 보기를 권합니다. 왜냐하면 이 책의 모든 내용은 빅데이터 처리부터 시작하여 분석하는 결과로 예제가 쭉 이어져 진행되기 때문입니다. 또한 필요한 부분만 펼쳐보는 독자들이 있는데, 이것도 초보자에게는 좋은 방법이 아닙니다. 아직 엑셀 사용이 익숙하지 않은 독자가 필요한 부분만 그때 그때 찾아보면 원리나 논리에 대해 제대로 이해하지 못하게 되어 훗날 비슷한 문제가 발생했을 때 어떤 형태로든지 도움을 받지 않으면 혼자 해결하기가 쉽지 않게 됩니다. 그러므로 시간이 걸려도 차분하게 한 번 정도는 이 책을 끝까지 보기를 권합니다. 장담컨대 이 책을 제대로 정독한다면 현업에서 빅데이터를 분석하고 관리하는 데 자신감이 확 붙을 거라 확신합니다.

"엑셀을 좀 더 빨리, 그리고 쉽게 배울 수 있는 방법은 없을까요?"
이 질문에 대한 답은 여러분 스스로가 이미 알고 있습니다. 얼마나 집중해서 엑셀을 익히느냐에 따라 결과는 크게 달라집니다. 한 번 집중해서 엑셀을 익혀두면 투자 시간 대비 업무 시간을 엄청나게 단축시킬 수 있습니다.

따라서 이 책으로 기초를 탄탄히 하고 '업무 효율'과 '생산성 향상'이라는 두 마리 토끼를 모두 잡아 보시기 바랍니다. 엑셀의 깊이는 감히 말하기 어렵기 때문에 이 책 한 권으로 엑셀 마스터나 엑셀 달인이 된다고 장담할 수는 없지만, 일을 할 때 지금까지의 어렵고 오래 걸렸던 방식을 좀 더 쉽고 빠르게, 그리고 실수하지 않도록 도와주는 책이 될 겁니다. 그렇게 항상 여러분의 옆자리를 지키는 든든한 보험 같은 책, 친구 같은 책이 되기를 진심으로 바랍니다.

마지막으로 이 책을 준비하며 함께 고생한 길벗 박슬기 차장님과 안혜희 편집자님께 감사의 마음을 남깁니다. 그리고 항상 제 옆에서 저에게 힘이 되고 활력이 되는 두 딸 하연이, 서연이와 묵묵히 항상 같은 자리를 지켜주는 아내에게도 고마움을 전합니다.

저자 **김철** 드림

활용 제안 1 일단, 『무작정』 따라해 보세요!

실제 업무에서 사용하는 핵심 기능만 쏙 뽑아 실무 예제를 중요도별로 배치하였기 때문에 **'무작정 따라하기'**만 해도 엑셀 사용 능력이 향상됩니다. **'Tip'**과 **'잠깐만요'**는 예제를 따라하는 동안 주의해야 할 점과 추가 정보를 친절하게 알려줍니다. 또한 **'리뷰! 실무 예제'**로 자신의 실력을 점검해 보고 **'핵심! 실무 노트'**로 활용 능력을 업그레이드해 보세요.

반드시 알고 넘어가야 할 주요 내용 소개!

• 학습안 제시
• 결과 미리 보기
• 섹션별 주요 기능 소개

핵심 키워드로 업무 능력 업그레이드!

• NEW
• 우선순위 TOP 20

필수 기능만 쏙 뽑아 실무에 딱 맞게!

• 핵심 기능/실무 예제
• 무작정 따라하기
• Tip/잠깐만요

검색보다 빠르다!

• 탭

업무 능력 향상을 위한 활용 실습

• 리뷰! 실무 예제

프로 비즈니스맨을 위한 활용 Tip!

• 핵심! 실무 노트

2 자신의 『레벨에 맞는 학습법』을 찾아보세요!

엑셀을 최대한 쉽고 친절하게 알려주기 때문에 **초보 사용자**도 단기간에 **중급 사용자**로 **도약**할 수 있어요. **중·고급 사용자**라도 실무에서 다루는 현장감 넘치는 예제를 접할 수 있어서 업무에 필요한 기능을 바로 적용할 수 있는 **응용력**을 높일 수 있어요! 자신의 단계에 맞는 **체계적인 학습법**을 찾아보세요.

'엑셀' 사용 수준에 따른 학습 단계는?

기초 완성	실무 핵심	프로 비즈니스
Chapter 1, 2의 예제를 통해 엑셀 데이터의 속성과 셀 참조에 대해 익혀봅니다. 이것은 실무 보고서 작성 또는 데이터 활용을 위한 기초 토대가 됩니다.	Chapter 3, 4, 5에서는 마우스만으로 데이터 분석과 관리를 빠르게 처리하는 방법에 대해 알려줍니다. 또한 현장에서 바로 응용할 수 있는 실무 함수를 배울 수 있어 업무 능력이 향상됩니다.	Chapter 6, 7에서는 집계된 자료와 정보를 시각화하는 방법에 대해 익혀봅니다. 또한 특별부록에서 다루는 업무 기술로 엑셀 고급 실무 노하우를 단기간에 배울 수 있어요.

단기간에 끝내는 맞춤 학습 계획

《엑셀 2019 무작정 따라하기》는 다른 사람의 도움 없이 혼자서도 공부할 수 있도록 예제를 최대한 친절하고 자세하게 설명했어요. Chapter 1과 2에서는 엑셀 기본기를 다루고 있어 빠르게 따라할 수 있지만, 본격적으로 실무 예제를 다루는 Chapter 3부터는 시간 단축을 욕심내기보다 내용을 정확하게 이해한 후 다음 과정으로 넘어가는 것이 좋습니다. 하루 30분 정도면 하나의 섹션을 끝낼 수 있기 때문에 한 달만 집중 투자하면 실무 엑셀을 완벽하게 익힐 수 있어요. 여기서는 여러 사람들과 스터디를 하거나, 엑셀 기본+실무 강의를 위한 주간 계획표를 제공합니다.

주	해당 장	주제	과제
1주		워크숍	
2주	Chapter 1	엑셀 환경 설정 및 서식 지정	Section 01~02
3주	Chapter 2	셀 참조와 표 작성	Section 01~04
4주	Chapter 3	빅데이터 집계	Section 01~02
5주		빅데이터 분석	Section 03~05
6주	Chapter 4	업무 필수 및 활용 함수	Section 01~06
7주	Chapter 5	원하는 자료의 필터링	Section 01~03
8주	Chapter 6	차트를 이용한 정보의 시각화	Section 01~06
9주	Chapter 7	데이터 변환 및 문제 해결	Section 01~02
10주		가상 분석 및 매출 분석	Section 03~04
11주	특별부록	업무 기술과 매크로	특별부록 01
12주		파워 쿼리 활용	특별부록 02

활용 제안 3 『우선순위 TOP 20』과 『실무 난이도』를 적극 활용하세요!

엑셀 사용자들이 네이버 지식iN, 오피스 실무 카페 및 블로그, 웹 문서, 뉴스 등에서 **가장 많이 검색하고 찾아본 키워드를 토대로 우선순위 TOP 20**을 선정했어요. 이 정도만 알고 있어도 엑셀은 문제 없이 다룰 수 있답니다. 또한 각 예제마다 난이도를 표시하여 학습의 중요도를 살펴볼 수 있어요. 언제, 어디서든지 원하는 기능을 **금방 찾아 바로 적용**해 보세요!

순위 ▲	키워드	간단하게 살펴보기	빠른 페이지 찾기
1 ▲	피벗 테이블	마우스로 피벗 테이블 집계 보고서 작성	86
2 ▲	보고서 작성	목적에 맞는 보고서 작성	90
3 ▲	보고서 필터	마우스 클릭만으로 분리되는 지역별 집계 보고서	115
4 ▲	데이터 표시 형식	다양한 통계량 표시 형식	120
5 ▲	데이터 취합	산재된 데이터의 취합 및 집계	140
6 ▲	셀 참조	보고서 작성의 기초, 혼합 참조	47
7 ▲	Shift	다른 열에 영향을 주지 않고 행 삽입 & 삭제	32
8 ▲	VLOOKUP 함수	대분류와 단가 표시	191
9 ▲	VLOOKUP 함수	성과급 계산	194
10	GETPIVOTDATA 함수	피벗 테이블 집계 자료의 활용	217
11	기간 데이터 필터	특정 기간의 데이터만 필터링	243
12	고급 필터	또는(OR) 조건을 만족하는 데이터만 필터링	245
13	고급 필터의 고급 기능	중복되지 않는 자료의 필터링	253
14	반올림 함수	반올림, 내림(절사), 올림(절상) 함수	177
15	이중 축 차트	계열 값의 큰 차이가 있을 때 차트 생성	284
16	텍스트 마법사	비정상적으로 입력된 날짜를 정상 날짜로 변환	337
17	데이터 분석	마우스 클릭만으로 매출 기여도 분석	353
18	경과 기간 계산	○년 ○개월 ○일 형태로 경과 기간 계산	188
19	파워 쿼리	빅데이터 그룹화 및 집계	419
20	파워 쿼리	특정 폴더의 자료 한 번에 집계	422

가장 많이 사용
현업 중요도 ↑
기본 기능

데이터 기초
실무 함수
강력한 분석 도구
데이터 정리
정보의 시각화
빅데이터 분석

4 길벗출판사 홈페이지에 무엇이든 물어보세요!

책을 읽다 막히는 부분이 있으면 '**길벗 홈페이지(www.gilbut.co.kr)**' 회원으로 **가입**하고 '**고객센터**' → '**1 : 1 문의**' 게시판에 질문을 올리세요. 지은이와 길벗 독자지원센터에서 신속하고 친절하게 답해 드립니다.

해당 도서의 페이지에서도 질문을 등록할 수 있어요. 홈페이지의 검색 창에 『엑셀 2019 무작정 따라하기』를 입력해 해당 도서의 페이지로 이동하세요. 질문이 있거나 오류를 발견한 경우 퀵 메뉴의 [도서문의]를 클릭해 문의 내용을 입력해 주세요. 꼭 로그인한 상태로 문의해 주세요.

❶ 문의의 종류를 선택해 주세요.

❷ 문의할 도서가 맞는지 확인해 주세요.

❸ 질문에 대한 답을 빠르게 찾을 수 있도록 해당 쪽을 기재해 주세요.

❹ 문의 내용을 입력해 주세요.

❺ 길벗 A/S 전담팀과 저자가 질문을 빠르게 파악할 수 있도록 관련 파일을 첨부해 주시면 좋아요.

❻ 모든 내용을 입력했다면 [문의하기]를 클릭해 질문을 등록하세요.

목차

NEW	엑셀 2019의 새로운 기능
우선순위 TOP 20	실무 중요도에 따라 TOP 01~TOP 20까지 표시

CHAPTER 1
엑셀 2019의 필수 기본기, 탄탄하게 다지기

환경설정

Section 01 | 엑셀의 시작은 최적화된 환경 설정부터!

01	화면 구성 살펴보기	19
02	계산의 첫 단계, 수식 계산 옵션 선택하기	20
03	한/영 자동 고침 해제하기	22
04	하이퍼링크 자동 설정 해제하기	23
05	삽입한 개체 모두 표시하기	25

Section 02 | 정확하고 빠르게 데이터 입력하기

01	키보드로 편리하게 데이터 입력하기	27
02	Ctrl 이용해 작업 시간 크게 단축하기	28
우선순위 TOP 07 **03**	Shift 이용해 자유자재로 데이터 다루기	32
04	Alt 이용해 정확하고 빠르게 작업하기	34
05	Shift+Ctrl 이용해 한 번에 연속 범위 선택하기	35
06	빠른 실행 도구 모음에 유용한 도구 추가하기	36
07	마우스 오른쪽 단추 눌러 다양한 옵션 선택하기	38
핵심 **실무 노트** / 갑자기 종료되어 저장하지 못한 문서 파일 복구하기		39

부록실습파일 사용법

길벗 홈페이지(www.gilbut.co.kr)에서는 실습을 따라할 수 있는 예제파일과 완성파일이 각 챕터의 안에 섹션별로 '예제파일' 폴더와 '완성파일' 폴더로 나뉘어 수록되어 있습니다. 책 이름을 검색하고 해당 페이지의 [자료실]에서 부록 실습 파일을 다운로드하세요. 홈페이지 회원으로 가입하지 않아도 누구나 부록 실습 파일을 다운로드할 수 있어요. 부록 실습 파일의 예제파일 및 완성파일은 내 컴퓨터에 복사하여 사용할 것을 권장합니다.

CHAPTER

2

데이터 분석의 기초부터 실전까지 단숨에 익히기

데이터기초

Section 01   수식 입력의 기초, 연산자 정복하기

01	가장 많이 사용하는 산술 연산자 제대로 알기	43
02	참/거짓 판단하는 비교 연산자 제대로 알기	46
03	셀/범위 참조하는 참조 연산자 제대로 알기	47
04	두 값 연결하는 텍스트 연결 연산자 제대로 알기	49
05	셀 참조의 핵심! 혼합 참조 쉽게 이해하기	50

|우선순위| TOP 06

Section 02   다양한 데이터의 속성 살펴보기

01	셀 서식 지정 방법 익히기	53
02	날짜 데이터에 표시 형식 지정하기	54
03	시간 데이터에 표시 형식 지정하기	58
04	숫자 데이터에 표시 형식 지정하기	60
05	숫자 데이터에 조건부 표시 형식 지정하기	63

Section 03   데이터 실전, 셀 서식 활용하기

01	매출 이익률을 백분율로 표시하기	65
02	업무일지에 정확하게 날짜와 요일 입력하기	66
03	* 기호로 주민등록번호 뒷자리 표시하기	67
04	하이픈 기호(–)로 빈 여백 채우기	69
05	양수와 음수에 서로 다른 서식 지정하기	70

Section 04   효율적인 데이터 관리와 분석 위한 사전 작업하기

01	틀 고정해 항상 머리글 표시하기	73
02	드롭다운 목록에서 편리하게 데이터 입력하기	74
03	이름 정의해 쉽게 수식 입력하기	75
04	표 적용해 효율적으로 데이터 관리하기	77
05	유효성 검사로 사용자 지정 항목만 입력하기	79

리뷰! **실무 예제 /**

1. 10만 단위로 매출 표시하고 색으로 양수, 음수 구분하기

2. 셀 서식 이용해 숫자 데이터에 단위 추가하기	81

목차

NEW 엑셀 2019의 새로운 기능

|우선순위| **TOP 20** 실무 중요도에 따라 TOP 01~TOP 20까지 표시

C H A P T E R

3

복잡한 빅데이터, 마우스 클릭만으로 분석 끝내기

데이터분석

Section 01 데이터 분석, 4단계로 끝내기

01 표 작성하기 — 데이터 분석 1단계	85
|우선순위| **TOP 01** **02** 피벗 테이블 작성하기 — 데이터 분석 2단계	86
|우선순위| **TOP 02** **03** 목적에 맞는 보고서 작성하기 — 데이터 분석 3단계	90
04 차트 작성하기 — 데이터 분석 4단계	94

Section 02 빠르고 쉬운 데이터 분석 기능 익히기

01 슬라이서로 빠르게 데이터 분석 결과 확인하기	97
02 시간 표시 막대로 기간별 매출 분석하기	100
03 슬라이서 연결해 분석 대시보드 만들기	102

Section 03 현장 예제로 실무 데이터 분석하기

|우선순위| **TOP 03** **01** 관할 지역별로 매출 집계표 작성하기	115
|우선순위| **TOP 04** **02** 특정 기간별 매출을 비율로 표시하기	120

데이터관리

Section 04 효율적인 데이터 관리를 위한 3단계 과정 익히기

01 표 이름 지정하기 — 데이터 관리 1단계	127
02 표 관계 설정하기 — 데이터 관리 2단계	130
03 피벗 테이블 보고서 작성하기 — 데이터 관리 3단계	132

Section 05 실무 데이터 관리해 업무 시간 단축하기

01 빠른 실행 도구 모음에 피벗 도구 추가하기	137
02 리본 메뉴에 피벗 테이블 그룹 만들기	138
|우선순위| **TOP 05** **03** 피벗 테이블로 다중 시트 데이터 하나로 취합하기	140
04 조건부 서식으로 데이터 시각화하기	145
05 아이콘 집합으로 지역별 목표 결과 표시하기	149
리뷰! **실무 예제 /**	
1. 문자로 입력된 날짜를 정상 날짜로 변환하기	151
2. 다중 열에 문자로 입력된 날짜를 정상 날짜로 변환하기	151
핵심! **실무 노트 /**	
1. 보고서의 인쇄 출력 환경 설정하기	152
2. 주간 단위로 매출 분석하기	155
3. 피벗 테이블의 기본 레이아웃 변경하기	156

CHAPTER

4 함수 검색은 이제 그만! 실무 함수 제대로 익히기

실무함수

Section 01 실무에 꼭 필요한 필수 함수 익히기

01	목표값과 매출액의 합계 구하기	161
02	매출 목표값의 평균 구하기	165
03	피벗 테이블과 함수로 지역별 매출 구하기	167
04	피벗 테이블과 함수로 지역별 판매 횟수 구하기	171
05	목표 대비 매출의 달성 여부 평가하기	173

Section 02 숫자 데이터 계산하는 수학/삼각 함수 익히기

우선순위 TOP 14	01	교육 예산을 만 단위로 반올림/내림/올림하기	177
	02	사용자가 지정한 값을 기준으로 내림하기	180
	03	사용자가 지정한 값을 기준으로 올림하기	182

Section 03 날짜 계산 및 기간 경과 관련 함수 익히기

	01	생년월일 분리해 표시하고 정년퇴직일 계산하기	185
우선순위 TOP 18	02	특정 일 기준으로 경과 기간 계산하기	188

Section 04 원하는 정보 검색하는 찾기/참조 함수 익히기

우선순위 TOP 08	01	기준표 참고해 대분류와 단가 표시하기	191
우선순위 TOP 09	02	매출 기준으로 팀별 성과급 계산하기	194
	03	최저 견적 단가 계산해 구매내역서 작성하기	198
	04	교차 형태의 조견표에서 특정 값 검색하기	200

Section 05 보고서 작성에 효율적인 실무 함수 활용하기

	01	보고서로 작성할 데이터 복사하기	205
	02	데이터의 행/열 바꿔서 교차 보고서 작성하기	209
	03	피벗 테이블로 매출 집계 보고서 작성하기	212
우선순위 TOP 10	04	연도별/분기별 매출 변화 확인하기	217

목차

| NEW | 엑셀 2019의 새로운 기능 |
| 우선순위 TOP 20 | 실무 중요도에 따라 TOP 01~TOP 20까지 표시 |

Section 06 엑셀 2019 신규 함수 적극 활용하기

NEW	01 단체 메일 연결 주소로 쉽게 메일 보내기	223
NEW	02 성과 이름 합쳐서 한 번에 표시하기	224
NEW	03 조건에 따라 개인 매출 평가하기	225
NEW	04 업체별로 결제일 표시하기	226
NEW	05 부품 단가 중 가장 비싼 가격 표시하기	227
NEW	06 부품 단가 중 가장 싼 가격 표시하기	228
리뷰	실무 예제 / 복잡한 함수식, F9로 단숨에 이해하기	229

CHAPTER 5

원하는 정보만 쏙 뽑아주는 데이터 필터 익히기

데이터필터

Section 01 간단하지만 중요한 자동 필터 익히기

| | 01 자동 필터로 조건에 맞는 데이터 추출하기 | 233 |
| | 02 슬라이서로 특정 직원의 매출 데이터 찾기 | 236 |

Section 02 복잡한 조건 빠르게 처리하는 고급 필터 익히기

	01 고급 필터로 조건에 맞는 데이터만 추출하기	239
	02 특정 기간의 데이터만 필터링하기	241
우선순위 TOP 11	03 특정 기간의 특정 항목 데이터만 필터링하기	243
우선순위 TOP 12	04 논리합(또는) 조건을 만족하는 데이터 필터링하기	245
	05 다른 시트에 고급 필터 결과 표시하기	247

Section 03 고급 필터와 함수 이용해 실무 데이터 편집하기

	01 특정 월의 데이터만 필터링하기	251
우선순위 TOP 13	02 두 개의 표에서 중복되지 않는 데이터만 필터링하기	253
	03 특정 기간에 몇 회 이상 판매한 항목만 필터링하기	255
	04 주소록에서 최신 데이터만 필터링하기	258
핵심	실무 노트 /	
	1. 두 개의 표에서 중복된 데이터 필터링하기	260
	2. 수식을 조건으로 사용할 때 수식 입력의 위쪽 셀 비우기	261

CHAPTER 6

시각적 정보를 한눈에 보여준다! 차트 보고서 작성하기

정보의시각화

Section 01 매출 추이 나타내는 스파크라인 작성하기

01 피벗 테이블로 연도별 매출 집계하기   267
02 팀별 월 매출액 표시하기   270
03 스파크라인으로 판매 추이 곡선 표시하기   273

Section 02 실무에서 유용한 이중 축 차트 이용하기

01 데이터를 표로 만들고 피벗 테이블 생성하기   277
02 연도별 목표액 검색을 위한 파생 열 만들기   279
03 데이터 유효성 검사로 특정 연도 검색하기   281
우선순위 TOP 15   04 이중 축 차트로 실적과 대비율 표시하기   284
05 지폐 이미지로 세로 막대형 차트 표현하기   286
06 꺾은선형 차트에 레이블 삽입하기   290

Section 03 3D 맵으로 지리 데이터 시각화하기

01 3D 맵으로 지역별 목표 대비 실적 시각화하기   293
02 3D 맵 재생하기   296

Section 04 원형 대 원형 차트로 명확하게 점유율 표시하기

01 차트 삽입하고 영역 값 지정하기   299
02 데이터 레이블로 지역과 실적 표시하기   301
03 원형 차트 조각 분리해 특정 지역 강조하기   304
04 데이터 시트와 차트 제목 연동시키기   305

Section 05 엑셀 2016 버전부터 추가된 차트 익히기

01 계층 구조 데이터의 상대 비교하기 — 선버스트 차트   307
02 시계열 데이터의 증감 표시하기 — 폭포 차트   309
03 계층 구조 데이터의 비율 표시하기 — 트리맵 차트   313

목차

| NEW | 엑셀 2019의 새로운 기능 |
| 우선순위 TOP 20 | 실무 중요도에 따라 TOP 01~TOP 20까지 표시 |

Section 06 **엑셀 2019의 새로운 차트 적극 활용하기**

NEW	01 지도로 지역별 분석 자료 시각화하기 — 등치 지역도 차트	317
NEW	02 점차 감소하는 데이터 시각화하기 — 깔때기 차트	321
NEW	03 매출 기여도 분석해 시각화하기 — 파레토 차트	323
핵심	**실무 노트 /** 매출 분석 차트에 매출 평균선 추가하기	325

CHAPTER 7 **고품질 데이터 활용! 오류 최소화하고 분석 업그레이드하기**

데이터활용

Section 01 **원하는 데이터만 빠르게 변환하기**

	01 빠른 채우기 기능으로 데이터 채우기	331
	02 빠른 채우기 기능으로 데이터 변경하기	332
	03 빠른 분석 기능으로 지역별 매출 분석하기	334

Section 02 **통계 분석할 때 발생하는 문제 해결하기**

우선순위 TOP 16	01 문자 데이터를 날짜 데이터로 수정하기	337
	02 문자 데이터를 숫자 데이터로 수정하기	339
	03 피벗 테이블로 기간별 매출 분석하기	341

Section 03 **가상 분석 기능 이용해 목표값 찾기**

| | 01 목표값 찾기로 자동차 구매 견적 산출하기 | 345 |
| | 02 교육 예산 범위에서 만족도 높은 교육만 선별하기 | 347 |

Section 04 **매출 자료 관리하고 분석하기**

우선순위 TOP 17	01 파레토 법칙으로 매출 기여도 분석하기	353
	02 정상 데이터로 변환하고 팀별 매출 작성하기	358
	03 일괄적으로 매출 목표 상향 조정하기	366

SPECIAL   **무작정 따라하기 독자를 위한 특별부록**

특별부록

특별부록 _01_   **엑셀 고수들만 아는 업무 기술 12**

업무 기술 01 원하는 시트로 빠르게 이동하기	371
★ **업무 기술 02** 다른 열에 영향 주지 않고 행 삽입 및 삭제하기	372
업무 기술 03 열 또는 행에 있는 빈 셀 삭제하기	374
업무 기술 04 두 개의 표에서 변경된 자료만 빠르게 찾기	376
★ **업무 기술 05** 참조 범위가 필요 없는 VLOOKUP 함수 사용하기	378
업무 기술 06 엑셀 파일에서 이미지 추출하기	382
★ **업무 기술 07** 단체 메일 주소 연결해 한 번에 메일 보내기	385
업무 기술 08 빠르게 날짜 데이터 입력하기	388
업무 기술 09 배경에 회사 로고 워터마크 삽입하기	391
업무 기술 10 셀의 오류 표시 인쇄하지 않기	395
업무 기술 11 매크로 기록기의 기록 확인하기	397
업무 기술 12 피벗 테이블을 자동으로 새로 고침하기	401

특별부록 _02_   **파워 쿼리를 이용한 데이터 활용 4**

데이터 활용 01 보고서 형태의 데이터를 정상 DB로 변환하기	406
데이터 활용 02 VLOOKUP 함수의 느린 속도 해결하기	411
|우선순위| **TOP 19** **데이터 활용 03** 파워 쿼리로 빅데이터 쉽게 그룹화 및 집계하기	419
|우선순위| **TOP 20** **데이터 활용 04** 파워 쿼리로 특정 폴더의 자료 한 번에 집계하기	422
찾아보기	431

CHAPTER 01

엑셀 2019의 필수 기본기, 탄탄하게 다지기

SECTION 01   엑셀의 시작은 최적화된 환경 설정부터!

SECTION 02   정확하고 빠르게 데이터 입력하기

엑셀의 기능에 대해 알려주는 책은 많지만, 해당 기능을 왜 사용해야 하는지 이유를 제대로 알려주는 책은 거의 없습니다. 이 책은 엑셀을 시작하기 전에 사용자의 업무 환경에 적합하게 맞춤 설정을 할 수 있도록 알려주는데, 이것은 빅데이터를 관리하고 분석하는 기본 토대가 됩니다. 또한 복사하기와 붙여넣기 정도로만 사용하던 단축키의 응용 조작법을 알려주어 작업 시간을 크게 줄일 수 있도록 도와줍니다. 이번 챕터에서는 지금까지 업무에서 불필요하게 사용했던 기능을 버리고 쓸데없이 흘려보냈던 업무 시간을 다시 되돌릴 수 있도록 엑셀의 알짜 기본기만 확실하게 알려드립니다.

Section 01

엑셀의 시작은 최적화된 환경 설정부터!

업무의 효율성을 높일 수 있는 가장 쉬운 방법이자, 첫 번째 단계는 자신에게 꼭 맞는 엑셀 환경을 설정하는 것입니다. 엑셀 환경만 제대로 설정해도 업무 시간을 단축할 수 있으며, 작업 도중에 갑작스럽게 발생할 수 있는 오류도 최소화할 수 있어요. 이번 섹션에서는 업무 효율을 최대한 높이고 작업 시간을 최소화할 수 있는, 내 몸에 꼭 맞춘 듯한 엑셀의 최적화된 환경 설정 방법을 제대로 배워보겠습니다.

> **PREVIEW**

▲ 하이퍼링크 자동 설정 해제하기

▲ 워크시트에 숨겨진 개체 표시하기

> **섹션별 주요 내용**
>
> 01 | 화면 구성 살펴보기   02 | 계산의 첫 단계, 수식 계산 옵션 선택하기   03 | 한/영 자동 고침 해제하기
>
> 04 | 하이퍼링크 자동 설정 해제하기   05 | 삽입한 개체 모두 표시하기

화면 구성 살펴보기

엑셀 화면을 구성하는 모든 메뉴를 다 알 필요는 없어요. 엑셀 화면의 위쪽에 펼쳐진 리본 메뉴의 구성만 제대로 이해하고 있으면 얼마든지 원하는 기능을 빠르게 찾을 수 있기 때문이죠. 리본 메뉴의 '탭'은 여러 개의 관련 '그룹'으로 구성되어 있고, '그룹'은 마우스로 클릭만 하면 실행되는 명령 단추로 이루어져 있어요. 마우스 포인터를 명령 단추의 위에 살짝 올려놓으면 이름을 확인할 수 있는 풍선 도움말이 나타나서 해당 기능이 무엇인지 쉽게 알 수 있습니다.

❶ **빠른 실행 도구 모음** : 자주 사용하는 도구만 모아놓은 곳으로, 도구를 추가하거나 삭제하여 사용자의 작업 환경에 맞게 설정할 수 있어요. 빠른 실행 도구 모음은 작업 속도를 단축시키기 위해 꼭 필요합니다.

❷ **탭** : 엑셀 2007 버전부터 달라진 리본 메뉴의 구성 중 하나로, 탭을 클릭하면 해당 기능이 모여 있는 그룹이 나타납니다. 기본 제공 탭 외에도 그림, 도형, 차트 등을 선택하면 [그림 도구]나 [표 도구]와 같은 상황별 탭이 추가로 표시되어요.

❸ **그룹** : 하나의 탭 안에 여러 그룹이 속해 있어요. [홈] **탭**의 경우에는 [클립보드] **그룹**과 [글꼴] **그룹**, [정렬] **그룹** 등으로 구성되어 있어요.

❹ **이름 상자** : 현재 시트에서 작업중인 셀의 주소를 표시해 주는 곳으로, 조건부 서식 및 표 작업 등에서 특정 셀 범위의 정보를 제공하거나 선택할 때 유용하게 사용할 수 있어요. 이름 상자에 대해서는 75쪽에서 자세히 다룹니다.

❺ **[함수 삽입] 단추(*fx*)** : 데이터를 입력(☑)하거나 취소(☒)할 수 있고, [함수 삽입] 단추(*fx*)를 클릭하여 함수 마법사를 실행해 원하는 함수를 골라 입력할 수 있어요.

❻ **수식 입력줄** : 셀에 입력한 데이터나 함수 및 계산 수식은 수식 입력줄에, 수식 결과는 셀에 표시됩니다.

❼ **시트 탭** : 각각의 시트 이름을 표시할 수 있어요. 기본 이름은 [Sheet1], [Sheet2]의 순서로 나타납니다.

❽ **상태 표시줄** : 현재 작업중인 엑셀 파일의 상태를 알려줍니다. 선택한 셀이 두 개 이상이면 평균, 개수, 숫자 셀 수, 최대값, 최소값과 같은 정보, 합계와 같은 기초 통계량을 표시하기도 합니다.

❾ **화면 보기 단추** : [기본] 보기 단추(▦), [페이지 레이아웃] 보기 단추(▤), [페이지 나누기 미리 보기] 단추(▥) 등 원하는 문서 보기 상태를 선택할 수 있어요.

❿ **화면 보기 비율 확대/축소** : 슬라이드바를 드래그하여 화면 보기 비율을 10~400%까지 확대 또는 축소할 수 있어요. 100%를 클릭하여 [확대/축소] 대화상자를 열고 비율을 직접 입력할 수도 있습니다.

실무 예제 02 계산의 첫 단계, 수식 계산 옵션 선택하기

● 예제파일 : 02_자동계산_예제.xlsx ● 완성파일 : 02_자동계산_완성.xlsx

1 셀에 수식을 제대로 입력한 것 같은데, 숫자를 바꿔도 결과값이 변경되지 않는 경우가 있어요. 이때는 [Excel 옵션] 창에서 계산 옵션을 수동 계산에서 자동 계산으로 바꿔주어야 해요. [Sheet1] 시트에서 마우스패드의 수량이 입력된 D7셀에 아무 값이나 입력해 보세요. F7셀의 결과값이 바뀌면 자동 계산으로, 바뀌지 않으면 수동 계산으로 설정된 것입니다.

> **Tip**
>
> 엑셀 2019에서는 기본적으로 자동 계산으로 설정되어 있어요. 하지만 이 예제파일에서는 실습을 위해 수동 계산으로 설정되어 있으므로 다음의 과정을 따라해 보면서 자동 계산 옵션으로 바꿔주세요.

2 계산 설정이 수동으로 되어 있다면 자동 계산으로 변경하기 위해 [파일] 탭-[옵션]을 선택하세요.

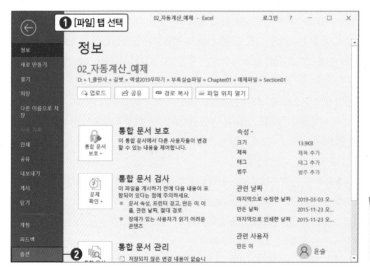

> **Tip**
>
> 사용자의 엑셀 작업 환경에 따라 계산 설정이 자동으로 되어 있어요.

3 [Excel 옵션] 창이 열리면 [수식] 범주를 선택하고 '계산 옵션'의 '통합 문서 계산'에서 [자동]을 선택한 후 [확인]을 클릭하세요. 워크시트로 되돌아오면 D7셀에 아무 값이나 입력하고 F7셀 값이 자동으로 변경되는지 확인해 보세요.

데이터기초

데이터분석

데이터관리

실무함수

데이터편집

정보의시각화

데이터활용

특별부록

잠깐만요 **수동 계산으로 설정되어 있는지 확인하기**

자동 계산은 결과값이 곧바로 반영되어 편리하지만, 데이터가 많아지면 수많은 수식을 한꺼번에 계산해야 하기 때문에 작업 속도가 느려질 수 있어요. 따라서 다뤄야 할 데이터가 많지 않다면 자동 계산을 선택하여 결과를 즉시 반영해서 작업하는 것이 좋습니다. 하지만 매크로 작업을 해야 할 정도로 데이터가 많고 복잡한 참조나 수식을 사용해야 한다면 수동 계산을 선택하세요. 단 수동 계산으로 설정하면 F9 를 눌러 결과값을 반드시 새로 고침해서 수정해야 합니다. 수동 계산 선택 외에도 엑셀 파일의 저장 형식을 'Excel 바이너리 통합 문서 (*.xlsb)'로 선택하면 데이터의 연산 속도를 빠르게 할 수 있어요.

수량이 바뀌어도 결과값이 변경되지 않으면 수동 계산으로 설정되어 있는지 확인해 보아야 합니다. F7셀을 선택하고 F2 (셀 편집)를 눌러 셀에 수식을 표시한 후 Enter 를 눌러보세요. 이때 수식의 결과가 변경되면 수동으로 계산이 설정된 상태입니다. 좀 더 간단한 방법으로 F9 (지금 계산)를 눌러 계산 상태를 확인해 볼 수도 있어요.

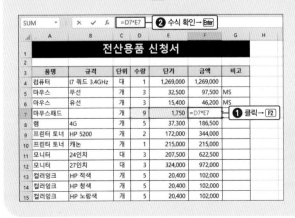

실무 예제 03 한/영 자동 고침 해제하기

● 예제파일 : 03_한영_변환_예제.xlsx   ● 완성파일 : 03_한영_변환_완성.xlsx

1 [주자재_코드표] 시트에서 B4셀에 코드명 『dnfl 1234』를 입력하고 [Enter]를 누르면 원래 입력하려고 했던 'dnfl 1234'이 아닌 '우리 1234'로 변경되어 입력됩니다. 한글 또는 영문으로 변경되지 않고 입력한 데이터를 그대로 셀에 입력하기 위해 **[파일] 탭-[옵션]**을 선택하세요.

2 [Excel 옵션] 창이 열리면 [언어 교정] 범주를 선택하고 '자동 고침 옵션'의 [자동 고침 옵션]을 클릭하세요. [자동 고침] 대화상자가 열리면 [자동 고침] 탭에서 [한/영 자동 고침]의 체크를 해제하고 [확인]을 클릭하세요. [Excel 옵션] 창으로 되돌아오면 [확인]을 클릭하세요.

실무 예제 | 04 하이퍼링크 자동 설정 해제하기

🔵 예제파일 : 04_하이퍼링크_예제.xlsx   🔵 완성파일 : 04_하이퍼링크_완성.xlsx

1 메일 주소나 웹 사이트를 입력할 때 하이퍼링크가 자동으로 지정되어 불편한 경우가 많아요. [하이퍼링크] 시트에서 D4셀에 이메일 주소(예 hyejoon.lee@daum.net)를 입력하고 Enter 를 누르면 이메일 주소가 자동으로 하이퍼링크로 지정됩니다. 하이퍼링크 지정이 아닌 입력한 값 그대로 일반 데이터로 표시하려면 **[파일] 탭-[옵션]**을 선택하세요.

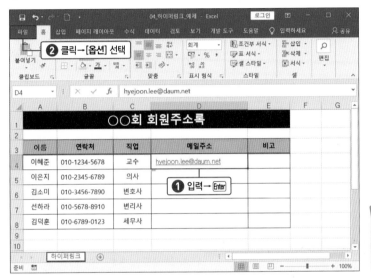

Tip
입력한 데이터가 하이퍼링크로 지정되면 파란색 글자로 바뀌면서 밑줄이 생깁니다.

2 [Excel 옵션] 창이 열리면 [언어 교정] 범주를 선택하고 '자동 고침 옵션'에서 [자동 고침 옵션]을 클릭하세요. [자동 고침] 대화상자가 열리면 [입력할 때 자동 서식] 탭을 선택하고 '입력할 때 자동으로 바꾸기'에서 [인터넷과 네트워크 경로를 하이퍼링크로 설정]의 체크를 해제한 후 [확인]을 클릭하세요. [Excel 옵션] 창으로 되돌아오면 [확인]을 클릭하세요.

3 D5셀에 이메일 주소(**예** eunji.lee@daum.net)를 입력하고 Enter 를 눌러보세요. 이제는 하이퍼 링크가 자동으로 지정되지 않습니다.

4 D4셀에 이미 입력된 메일 주소의 하이퍼링크는 해제되지 않아요. 만약 하이퍼링크 지정을 없 애려면 D4셀을 선택하고 **[홈] 탭–[편집] 그룹**에서 **[지우기]–[하이퍼링크 제거]**를 선택하세요.

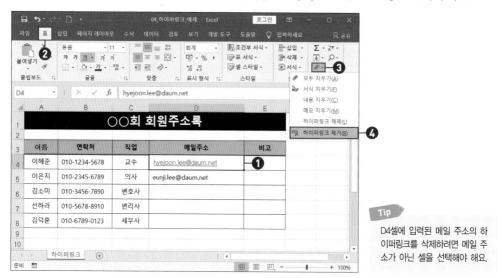

Tip

D4셀에 입력된 메일 주소의 하이퍼링크를 삭제하려면 메일 주소가 아닌 셀을 선택해야 해요.

실무 예제 | 05 삽입한 개체 모두 표시하기

◈ **예제파일** : 05_개체_표시_예제.xlsx   ◈ **완성파일** : 05_개체_표시_완성.xlsx

1   [이중축차트] 시트에는 차트가 삽입되어 있지만 파일을 저장했을 때 개체가 숨겨져서 보이지 않는다면 워크시트에 표시되지 않아요. 이 경우 개체 표시 옵션을 설정해야 하므로 **[파일] 탭-[옵션]**을 선택하여 [Excel 옵션] 창을 열고 [고급] 범주를 선택하세요. '이 통합 문서의 표시 옵션'의 '개체 표시'에서 [모두]를 선택하고 [확인]을 클릭하세요.

2   **1** 과정에서는 보이지 않았던 차트가 나타났는지 확인해 보세요.

02 정확하고 빠르게 데이터 입력하기

효율적인 업무 진행을 위한 엑셀 환경을 설정했다면 이제는 속도전입니다! 그러나 데이터를 빨리 입력한다고 작업이 빨리 끝나는 것은 아니에요. 데이터를 오류 없이 정확하고 빠르게 입력했을 때 비로소 퇴근 시간을 단축할 수 있어요. 업무에서 다루는 데이터의 양은 엄청나기 때문에 하나만 틀려도 문서의 처음부터 다시 검토해야 하는 불상사가 생길 수 있어요. 이번 섹션에서는 데이터의 오류를 미리 방지하면서도 작업 속도를 빠르게 할 수 있는 특급 노하우를 소개합니다.

PREVIEW

▲ 특정 범위에 행 추가하기

▲ 단축키를 이용해 빠르게 빅데이터 선택하기

섹션별 주요 내용

01 | 키보드로 편리하게 데이터 입력하기   02 | Ctrl 이용해 작업 시간 크게 단축하기
03 | Shift 이용해 자유자재로 데이터 다루기   04 | Alt 이용해 정확하고 빠르게 작업하기
05 | Ctrl + Shift 이용해 한 번에 연속 범위 선택하기   06 | 빠른 실행 도구 모음에 유용한 도구 추가하기
07 | 마우스 오른쪽 단추 눌러 다양한 옵션 선택하기

핵심기능 **01** 키보드로 편리하게 데이터 입력하기

🔵 예제파일 : 01_데이터_입력_예제.xlsx　🔵 완성파일 : 01_데이터_입력_완성.xlsx

1 | → 또는 Tab 이용해 열 데이터 입력하기

자재 입·출고 현황 데이터를 입력해 볼게요. 셀에 데이터를 입력하고 Enter 를 누르면 셀 아래쪽으로 커서가 이동합니다. 그래서 하나의 품목에 대한 규격, 단가, 금액 등의 데이터를 순서대로 열에 입력하려면 Enter 대신 → 나 Tab 을 눌러 커서를 오른쪽으로 이동하는 것이 효율적입니다. A5셀에 『의자』를 입력하고 Tab 을 누르면서 다음의 그림과 같이 데이터를 입력해 보세요.

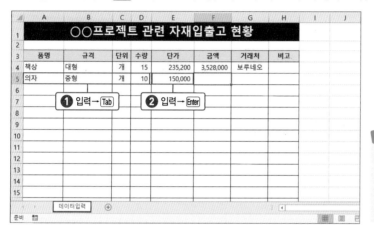

> **Tip**
>
> 데이터를 모두 입력하여 더 이상 오른쪽 방향으로 커서를 이동할 필요가 없으면 Enter 를 누르세요. 그러면 다음 열의 첫 번째 셀로 커서가 쉽게 이동합니다.

2 | 키보드로 인접 셀 참조해 수식 입력하기

인접한 셀을 참조해서 수식을 입력할 때는 마우스보다 키보드를 이용하는 것이 훨씬 편리해요. 입력할 수식이 길어지면 인접한 셀을 마우스로 선택하기 힘들기 때문이죠. F5셀에 '=수량*단가' 수식을 입력하여 금액을 계산해 볼게요. F5셀에 『=』를 입력하고 ← 를 두 번 눌러 수량(D5셀)을 참조한 후 『*』를 입력하고 다시 ← 를 한 번 눌러 단가(E5셀)를 참조하세요. 마지막으로 Tab 을 눌러 다음 셀로 이동하면 수식 입력이 끝납니다.

> **Tip**
>
> 셀 참조에 대해서는 47~48쪽, 50~51쪽을 참고하세요.

27

핵심
기능 **02** **Ctrl 이용해 작업 시간 크게 단축하기**

🔵 **예제파일** : 02_Ctrl_키의_활용법_예제.xlsx 🔵 **완성파일** : 02_Ctrl_키의_활용법_완성.xlsx

흔히 알고 있는 Ctrl 의 가장 대표적인 기능은 데이터를 복사하고 붙여넣는 거예요. 하지만 범위를 어떻게 설정하는지에 따라 셀 서식을 포함하여 데이터를 복사해서 붙여넣을 수도 있고, 수식 및 데이터를 한꺼번에 입력하거나 단숨에 자동 순번을 채울 수도 있어요. 이와 같이 Ctrl 의 기능은 알면 알수록 매우 무궁무진합니다. 특히 Ctrl 은 작업 시간 단축에 매우 효율적이므로 여기서 알려 주는 Ctrl 의 일곱 가지 활용 방법을 꼭 알아두세요.

1 │ 데이터 복사하고 붙여넣기

[Ctrl키_1] 시트에서 A5:E5 범위를 드래그하여 선택하고 Ctrl + C 를 눌러 선택한 범위를 복사하세요.

A11셀을 선택하고 **1** 과정에서 복사한 데이터를 붙여넣기 위해 Ctrl + V 를 누르세요. 그러면 A5:E5 범위의 데이터가 그대로 복사됩니다.

28

2 │ 셀 서식 복사하고 붙여넣기

이번에는 [Ctrl]을 이용하여 채우기 색이 지정된 범위를 복사해서 붙여넣어 볼게요. [Ctrl키_1] 시트에서 A7:E7 범위를 드래그하여 선택하고 [Ctrl]+[C]를 누르세요. 복사한 데이터를 붙여넣기 위해 A13셀을 선택하고 [Ctrl]+[V]를 누르면 채우기 색까지 그대로 데이터가 복사됩니다.

Tip

[Ctrl]+[C], [Ctrl]+[V]로 복사 및 붙여넣기를 하면 채우기 색이나 글꼴 등 셀의 속성은 복사되지만, 행 높이나 열 너비가 그대로 복사되지는 않아요. 따라서 데이터를 붙여넣은 후 행 높이와 열 너비를 조정해야 합니다.

3 │ 셀 서식 제외하고 데이터만 복사하고 붙여넣기

[Ctrl키_1] 시트에서 A7:E7 범위를 드래그하여 선택하고 [Ctrl]+[C]를 누릅니다. 복사할 데이터를 붙여넣을 위치인 A15셀을 선택하고 마우스 오른쪽 단추를 눌러 '붙여넣기 옵션'에서 [값](📋)을 클릭하세요. 그러면 복사할 셀 범위의 서식을 제외하고 데이터 값만 복사됩니다.

Tip

복사한 셀의 데이터를 다양한 옵션으로 붙여넣을 수 있어요. 해당 셀을 선택하고 마우스 오른쪽 단추를 눌러 '붙여넣기 옵션'의 [선택하여 붙여넣기]를 선택하세요. [선택하여 붙여넣기] 대화상자가 열리면 특정 서식이나 값을 선택하여 데이터를 붙여넣을 수 있어요.

4 │ 인접하지 않은 셀 범위 동시에 선택하기

[Ctrl키_2] 시트에서 A4:A9 범위를 드래그하여 선택하고 Ctrl 을 누른 상태에서 D4:D9 범위를 드래그하여 선택해 보세요. 이와 같이 Ctrl 을 사용하면 인접하지 않은 셀 범위를 동시에 선택할 수 있어요.

Tip

차트를 작성할 때 Ctrl 을 이용하면 차트로 작성할 계열만 쉽게 선택할 수 있어요.

5 │ 수식 또는 데이터 한꺼번에 입력하기

[Ctrl키_3] 시트에서 N4:N12 범위에 SUM 함수를 이용하여 합계를 일괄적으로 입력해 볼게요. N4:N12 범위를 드래그하여 선택하고 수식 입력줄에 『=SUM(B4:M4)』를 입력한 후 Ctrl + Enter 를 누르면 범위를 지정한 영역에 합계가 한꺼번에 표시됩니다.

Tip

Ctrl + Enter 를 이용하면 서식의 변경 없이 같은 값이나 수식을 한꺼번에 일괄적으로 입력할 수 있어요.

6 | 자동으로 순번 채우기

[Ctrl키_4] 시트에서 '1'이 입력된 A4셀을 선택하고 셀의 오른쪽 아래에 있는 자동 채우기 핸들에 마우스 포인터를 올려놓으세요. 마우스 포인터가 ✚ 모양으로 변경된 상태에서 Ctrl 을 누르면 ✚ 모양으로 바뀝니다. 이 상태에서 A35셀까지 드래그하면 숫자가 하나씩 증가하면서 순번이 자동으로 채워집니다.

7 | 마지막 셀(열, 행)까지 빠르게 이동하기

[Ctrl키_5] 시트의 A2셀을 선택한 상태에서 Ctrl + ↓ 를 누르면 마지막 행으로 단숨에 이동합니다. 이처럼 데이터가 입력된 셀에서 Ctrl 과 원하는 방향으로 방향키(→, ←, ↑, ↓)를 누르면 해당 방향의 마지막 셀로 빠르게 이동할 수 있어요. 이 기능은 빅데이터가 포함된 파일을 작업할 때 매우 유용해요.

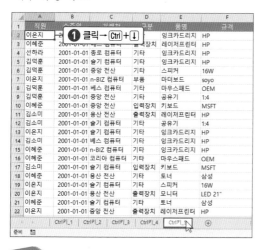

> **Tip**
>
> 전체 데이터를 선택하려면 Ctrl + A 를 누르세요. [Ctrl키_5] 시트에서 데이터가 입력된 임의의 셀을 선택하고 Ctrl + A 를 누르면 A1:K240001 범위가 한꺼번에 선택됩니다.

2010 | 2013 | 2016 | 2019 | OFFICE365

핵심
기능 **03** **Shift** 이용해 자유자재로 데이터 다루기

🔵 예제파일 : 03_Shift_키의_활용법_예제.xlsx   🔵 완성파일 : 03_Shift_키의_활용법_완성.xlsx

1 | 연속된 셀 범위 한꺼번에 선택하기

[Shift키_1] 시트에서 B3:M3 범위에 입력된 데이터의 글꼴 색을 변경해 볼게요. 셀을 하나씩 선택하면서 글꼴 색을 바꾸면 시간이 오래 걸리겠죠? 해당 범위를 한꺼번에 선택하기 위해 B3셀을 선택하고 **Shift**를 누른 상태에서 M3셀을 선택해 보세요. 이렇게 하면 처음 선택한 셀부터 **Shift**를 누르고 선택한 셀까지 연속된 셀 범위가 한꺼번에 선택됩니다.

> **Tip**
> 선택한 범위의 글꼴 색을 변경하려면 [홈] 탭-[글꼴] 그룹에서 [글꼴 색] (🔽)의 내림 단추(▼)를 클릭하여 원하는 색을 선택하세요.

2 | 반대 방향으로 커서 이동하기

[Shift키_2] 시트에서 A5:G5 범위를 드래그하여 선택하고 『의지』를 입력한 후 **Enter**를 누르세요. 『의자』를 입력해야 하는데 『의지』로 잘못 입력했네요. 범위가 지정된 상태에서 오타를 수정하려면 **Shift**+**Enter**를 눌러 이전 셀로 커서를 다시 이동해서 『의자』로 고치세요. 이와 같이 범위를 먼저 선택한 상태에서 데이터를 입력하고 **Shift**+**Enter**를 누르면 반대 방향으로 커서를 이동할 수 있어요.

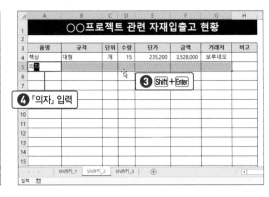

> **Tip**
> 범위를 지정한 상태에서 데이터를 입력하고 **Enter**를 누르면 커서가 오른쪽으로 이동하지만, 표 형식이 지정되지 않은 일반 셀에 데이터를 입력한 후 **Enter**를 누르면 커서가 아래쪽으로 이동해요. 이때 **Shift**+**Enter**를 누르면 커서를 위쪽으로 이동시킬 수 있어요.

데이터기초

데이터분석

데이터관리

실무함수

데이터필터

정보의시각화

데이터활용

특별부록

3 | 행 삽입하기

[Shift키_3] 시트에서 1학기말 시험 결과를 살펴보면 '학번' 항목에서 'KOHI1303-004'가 누락되었습니다. 이때 Shift를 사용하면 다른 열에 입력한 데이터에 영향을 주지 않고 데이터를 삽입할 수 있어요. 'KOHI1303-004'를 삽입할 이전 행의 데이터 범위인 A6:E6 범위를 드래그하여 선택하고 셀의 오른쪽 아래에 마우스 포인터를 올려놓으세요. 자동 채우기 핸들(✚)이 표시되면 Shift를 누르세요.

마우스 포인터가 ⇕ 모양으로 변경되면 행을 삽입하고 싶은 만큼 아래쪽으로 드래그하세요. 그러면 다른 데이터에 영향을 주지 않고 선택한 범위에 한해서 행이 삽입됩니다.

Tip

Shift를 이용해 선택한 범위에 있는 행을 삭제할 수도 있어요. 범위를 드래그하여 선택하고 셀의 오른쪽 아래의 자동 채우기 핸들(✚)에 마우스 포인터를 올려놓은 후 Shift를 누른 상태에서 위쪽으로 드래그하면 선택한 범위만큼 행이 삭제됩니다. 이것에 대한 자세한 실습은 372쪽에서 다룹니다.

핵심
기능 **04** [Alt] 이용해 정확하고 빠르게 작업하기

● 예제파일 : 04_Alt_키의_활용법_예제.xlsx   ● 완성파일 : 04_Alt_키의_활용법_완성.xlsx

1 │ 단축키 표시하기

리본 메뉴에서 원하는 기능을 선택해도 되지만, 자주 사용하는 기능은 단축키를 익혀두면 작업 속도를 높일 수 있어요. [Alt]를 눌렀다 떼면 화면에 단축키가 표시됩니다. 이때 [Alt]와 단축키를 동시에 누르면 해당 탭으로 이동해서 해당 탭의 단축키를 확인할 수 있어요. 이처럼 단축키를 사용하면 해당 기능을 정확하게 적용할 수 있어서 오류도 줄어듭니다.

2 │ 셀 크기에 맞춰 이미지 삽입하기

[Alt키_1] 시트에서 I4셀에 입력된 사진을 선택하고 사진 오른쪽 아래의 모서리에 마우스 포인터를 올려놓으면 ↖ 모양으로 바뀝니다. 이때 [Alt]를 누른 상태에서 오른쪽 아래로 드래그하면 해당 셀의 높이와 너비에 맞게 사진 크기가 자동으로 조정됩니다.

34

핵심 기능 05 | Shift + Ctrl 이용해 한 번에 연속 범위 선택하기

◐ 예제파일 : 05_키조합_활용법_예제.xlsx ◐ 완성파일 : 05_키조합_활용법_완성.xlsx

1 | 아래쪽으로 연속 범위 선택하기

[키조합] 시트의 N1셀에 매출금액의 합계를 표시해 볼게요. N1셀을 선택하고 『=SUM(』을 입력한 후 첫 번째 합계 범위인 J2셀을 선택합니다. 이 상태에서 Ctrl + Shift + ↓ 를 눌러 처음 선택한 J2셀부터 아래쪽으로 연속된 셀 범위의 마지막까지 한 번에 선택하고 Enter 를 눌러 N1셀에 합계를 구하세요. 함수식을 입력할 때 마지막 과정에서 닫는 괄호())만 남았다면 괄호를 입력하지 않고 Enter 만 눌러도 함수식이 정상적으로 계산됩니다.

 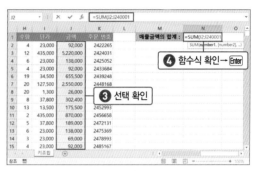

2 | 오른쪽으로 연속 범위 선택하기

[키조합] 시트의 J2셀을 선택하고 Ctrl + Shift + ↓ 를 눌러 '금액' 항목의 데이터를 모두 선택합니다. 이 상태에서 Ctrl + Shift + → 를 눌러 오른쪽에 있는 '주문번호' 항목의 데이터까지 한 번에 선택할 수 있어요. 만약 Ctrl + Shift + ← 를 누르면 왼쪽 항목의 데이터를 한 번에 선택할 수 있습니다.

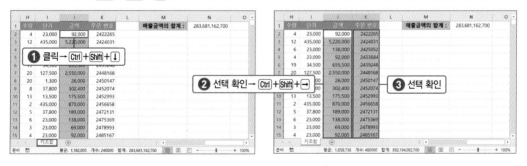

잠깐만요 **열 너비보다 셀 입력값의 길이가 길어서 '#####'으로 표시된다면?**

N1셀의 결과값이 열 너비보다 길면 '######'으로 표시됩니다. 열 너비를 데이터의 길이에 맞추기 위해 N열 머리글과 O열 머리글 사이에 마우스 포인터를 올려놓고 ✛ 모양으로 바뀌면 더블클릭하여 자동으로 열 너비를 조절하세요.

빠른 실행 도구 모음에 유용한 도구 추가하기

🔵 **예제파일** : 06_빠른실행_도구모음_예제.xlsx 🔵 **완성파일** : 06_빠른실행_도구모음_완성.xlsx

1 리본 메뉴의 명령 단추를 빠른 실행 도구 모음에 도구로 추가하면 좀 더 빠르게 작업할 수 있어요. 추가하는 데이터가 많아 행을 반복해서 삽입한다면 빠른 실행 도구 모음에 [시트 행 삽입] 도구(📥)를 추가하는 것이 좋아요. [빠른 실행 도구 모음 사용자 지정] 단추(▼)를 클릭하고 [기타 명령]을 선택하세요.

2 [Excel 옵션] 창이 열리면 [빠른 실행 도구 모음] 범주가 선택되었는지 확인하고 '명령 선택'에서 [시트 행 삽입]을 선택한 후 [추가]를 클릭하세요. '빠른 실행 도구 모음 사용자 지정'에 해당 명령이 추가되면 [확인]을 클릭하세요.

3 빠른 실행 도구 모음에 추가한 [시트 행 삽입] 도구(💷)로 행을 삽입해 볼까요? 5행 머리글을 클릭하거나 A5셀을 선택하고 빠른 실행 도구 모음에서 [시트 행 삽입] 도구(💷)를 클릭하세요.

4 5행에 새로운 행이 추가되었는지 확인해 보세요.

환경설정

데이터기초

데이터분석

데이터관리

실무함수

데이터필터

정보와시각화

데이터정렬

특별부록

잠깐만요   **빠른 실행 도구 모음의 명령 단축키로 명령 실행하기**

빠른 실행 도구 모음에 추가한 명령을 단축키로 실행하려면 Alt 를 눌러보세요. 도구와 메뉴의 아래쪽에 해당 단축 번호가 표시되면 단축키를 사용해 행을 삽입하기 위해 A8셀을 선택하고 빠른 실행 도구 모음에서 [시트 행 삽입] 도구(💷)에 해당하는 번호를 확인하세요. 여기서는 [시트 행 삽입] 도구(💷) 4 가 표시되므로 Alt 를 누른 상태에서 단축 번호 4 를 눌러 행을 삽입하세요.

핵심
기능 | **07** | **마우스 오른쪽 단추 눌러 다양한 옵션 선택하기**

◉ 예제파일 : 07_시트이동_예제.xlsx   ◉ 완성파일 : 07_시트이동_완성.xlsx

1 | 빠른 실행 도구 모음에 명령 추가하기

엑셀에서는 특정 셀이나 개체에서 명령을 실행할 때 마우스 오른쪽 단추를 누르면 다양한 옵션을 확인할 수 있어요. 예를 들어 빠른 실행 도구 모음에 리본 메뉴의 명령을 추가하려면 명령 단추에서 마우스 오른쪽 단추를 눌러 [빠른 실행 도구 모음에 추가]를 선택하세요.

▲ 빠른 실행 도구 모음에 [필터] 도구 추가하기

> **Tip**
>
> 빠른 실행 도구 모음에 추가한 도구를 삭제할 때도 마우스 오른쪽 단추를 이용하세요. 삭제하려는 도구에서 마우스 오른쪽 단추를 눌러 [빠른 실행 도구 모음에서 제거]를 선택하면 삭제하려는 도구가 곧바로 삭제됩니다.

2 | 특정 시트로 빠르게 이동하기

시트를 이동할 때는 단축키 Ctrl+PgDn이나 Ctrl+PgUp을 많이 사용하고 마지막 시트로 이동하려면 Ctrl+PgDn을 계속 누르면 돼요. 하지만 임의의 시트로 한 번에 빠르게 이동하려면 화면의 왼쪽 아래에 있는 시트 간 이동 단추에서 마우스 오른쪽 단추를 누르세요. [활성화] 대화상자가 열리면 이동하려는 시트를 선택하고 [확인]을 클릭합니다.

▲ [1801] 시트에서 [1808] 시트로 빠르게 이동하기

핵심! 실무 노트

환경설정

데이터기초

데이터문서

데이터관리

실무함수

데이터편집

정보와시각화

데이터활용

특별부록

프로 비즈니스맨을 위한 활용 Tip

갑자기 종료되어 저장하지 못한 문서 파일 복구하기

엑셀로 문서를 작성하던 중 비정상적인 오류가 발생하여 갑자기 파일이 강제 종료되는 경험이 있을 거예요. 이때 작업중인 파일을 저장해 두지 않았다면 매우 난처할 것입니다. 특히 오랜 시간을 투자하여 작업한 내용이 많았다면 더욱 식은땀이 나겠죠. 하지만 이제 걱정하지 마세요. 이번에는 방금 전까지 작업한 파일을 되살리는 방법에 대해 살펴보겠습니다.

1 [파일] 탭-[열기]를 선택하고 화면의 아래쪽에 있는 [저장되지 않은 통합 문서 복구]를 클릭하세요.

2 [열기] 대화상자가 열리면서 비정상적으로 강제 종료된 엑셀 파일 목록이 나타납니다. [열기] 대화상자에서 '수정한 날짜' 항목을 확인해 보고 가장 최근 파일을 선택한 후 [열기]를 클릭하세요.

3 해당 파일이 열리면 [파일] 탭-[다른 이름으로 저장]을 선택하고 [찾아보기]를 선택하세요. [다른 이름으로 저장] 대화상자가 열리면 '파일 이름'에 이름을 입력하고 [저장]을 클릭하세요.

Tip

이렇게 하면 10분 전까지 작업했던 내용을 되살릴 수 있어요. 왜냐하면 [파일] 탭-[옵션]을 선택하면 열리는 [Excel 옵션] 창의 [저장] 범주에서 '자동 복구 정보 저장 간격'이 [10분]으로 설정되었기 때문입니다. 저장 간격을 좀 더 짧은 분 단위로 지정할 수도 있지만, 저장 간격이 짧으면 너무 자주 저장되어 문서 작업할 때 많이 불편합니다.

CHAPTER 02

데이터 분석의
기초부터 실전까지
단숨에 익히기

SECTION 01 수식 입력의 기초, 연산자 정복하기

SECTION 02 다양한 데이터의 속성 살펴보기

SECTION 03 데이터 실전, 셀 서식 활용하기

SECTION 04 효율적인 데이터 관리와 분석 위한 사전 작업하기

엑셀은 데이터 분석에 최적화된 프로그램이지만, 엑셀 데이터의 속성을 제대로 이해하지 못한다면 그림의 떡일 뿐이죠. 이번 챕터에서는 데이터를 효과적으로 활용하고 분석할 때 기초가 되는 데이터 입력과 사칙연산에 대해 배워보고 각각의 데이터에 맞는 표시 형식을 지정해 봅니다. 엑셀만큼 기본기를 잘 다져야 발전 속도가 빠른 프로그램도 드물기 때문에 이번 챕터의 내용은 꼭 제대로 익혀두세요. 이미 알고 있는 내용이라도 쉽게 넘기지 말고 차분히 정독하면서 실습해 보세요. 이제 데이터 분석 전문가의 지름길로 여러분을 안내합니다.

수식 입력의 기초, 연산자 정복하기

엑셀에서는 수학에서 다루는 더하기, 빼기 등의 사칙연산을 그대로 사용합니다. 이번 섹션에서는 연산자와 데이터 활용을 위한 속성 및 참조에 대해 배워봅니다. 엑셀에서 반드시 익혀야 하는 데이터 속성과 참조의 개념만 제대로 알고 있어도 단 한 번의 수식 입력으로 나머지 영역을 빠르게 채울 수 있어서 대용량의 빅데이터도 쉽게 집계하고 정리할 수 있어요. 이제 모든 보고서를 5분 안에 작성할 수 있는 비밀을 알려드리겠습니다.

> **PREVIEW**

▲ 텍스트 연결 연산자 이용해 텍스트 연결하기

▲ 혼합 참조 이용해 보고서 쉽게 작성하기

> 섹션별 주요 내용
>
> 01 │ 가장 많이 사용하는 산술 연산자 제대로 알기   02 │ 참/거짓 판단하는 비교 연산자 제대로 알기
> 03 │ 셀/범위 참조하는 참조 연산자 제대로 알기   04 │ 두 값 연결하는 텍스트 연결 연산자 제대로 알기
> 05 │ 셀 참조의 핵심! 혼합 참조 쉽게 이해하기

핵심 기능 01 가장 많이 사용하는 산술 연산자 제대로 알기

◐ **예제파일** : 01_산술연산자_예제.xlsx ◐ **완성파일** : 01_산술연산자_완성.xlsx

엑셀 연산자는 수식 입력의 기초라고 할 수 있어요. 그 중에서도 수학 계산과 관련된 산술 연산자를 가장 자주 사용하는데, 이미 우리가 알고 있는 +(더하기), -(빼기), *(곱하기), /(나누기)의 수학 개념을 그대로 쓰기 때문에 이해하기 쉽습니다.

1 [산술연산자] 시트에서 C열의 매출누계를 구하려면 B열의 매출 데이터를 가져와서 수식을 만들어야 하는데, 이렇게 다른 셀의 데이터를 가져와서 사용하는 것을 '참조'라고 해요. C4셀에 『=』를 입력하고 ←를 눌러 B4셀을 참조한 후 Enter를 누르면 첫 번째 매출누계가 구해집니다.

Tip
인접한 셀을 참조할 때는 마우스로 셀을 선택하는 대신 방향키(→, ←, ↑, ↓)를 눌러야 더욱 빠르게 작업할 수 있어요.

2 C5셀부터는 이전 누계 값에 해당 기간의 매출을 합산해야 하므로 산술 연산자를 이용해야 해요. C5셀을 선택하고 『=』를 입력한 후 ←를 한 번 눌러 수식 '=B5'를 표시합니다. 계속 『+』를 입력하고 ↑를 한 번 눌러 '=B5+C4'가 되면 Enter를 눌러 수식을 완성하세요.

Tip
엑셀에서 덧셈은 수학 기호와 같은 + 문자를 사용해요.

3 C열의 나머지 셀에도 매출누계를 입력하기 위해 C5셀을 선택하고 C5셀의 자동 채우기 핸들(＋)을 C11셀까지 드래그하세요.

Tip

C5셀을 선택했을 때 셀의 오른쪽 아래에 표시되는 ＋ 모양을 '자동 채우기 핸들'이라고 해요. 연속된 셀 범위의 수식을 채울 때는 **3** 과정처럼 드래그할 필요 없이 자동 채우기 핸들(＋)을 더블클릭만 해도 수식을 쉽게 채울 수 있어요.

4 이익률을 13.7%라고 가정하고 D열에 이익률을 구해볼게요. D4:D11 범위를 드래그하여 선택하고 『13.7』을 입력한 후 Ctrl + Enter 를 눌러 선택한 범위에 똑같은 값을 입력하세요.

Tip

D4:D11 범위에는 백분율 스타일이 이미 적용되어 있어서 숫자만 입력하면 됩니다. 그리고 범위 선택 후 Ctrl + Enter 를 누르면 선택한 범위에 똑같은 값을 일괄적으로 입력할 수 있어요.

5 이익금 계산을 위해 E4셀에 『=C4*D4』를 입력하고 Enter 를 누르세요.

Tip

엑셀에서 곱셈은 수학 기호의 ×와 달리 * 기호를 사용해요.

6 E열의 나머지 셀에도 이익금을 입력하기 위해 E4셀의 자동 채우기 핸들(**+**)을 더블클릭하세요.

7 이번에는 평균 이익금을 계산해 볼까요? F4셀에 『=B4*D4/3』을 입력하고 Enter를 누르면 평균 이익금이 계산됩니다. F4셀의 자동 채우기 핸들(**+**)을 더블클릭하여 나머지 기간의 평균 이익금도 계산하세요.

Tip 엑셀에서 나눗셈은 수학 기호의 ÷와 달리 / 기호를 사용해요.

잠깐만요 **엑셀의 산술 연산자 기호 알아보기**

엑셀 산술 연산자의 계산 순서는 '괄호 → 지수 → 곱셈 → 나눗셈 → 덧셈 → 뺄셈'입니다.

예1 2의 제곱근 수식은 =2^(1/2) 또는 =SQRT(2)

예2 =10/2*(2+3)의 결과는 25, =10/2*2+3의 결과는 13

연산	기호	연산	기호	연산	기호
더하기	+	빼기	−	곱하기	*
나누기	/	제곱근	^		

참/거짓 판단하는 비교 연산자 제대로 알기

🔗 예제파일 : 02_비교연산자_예제.xlsx 🔗 완성파일 : 02_비교연산자_완성.xlsx

비교 연산자는 두 개의 값을 비교하여 참(True) 또는 거짓(False)을 구분하는 연산자로, =(같다)
나 〉(크다), 〈(작다), 〉=(크거나 같다), 〈=(작거나 같다), 〈〉(같지 않다) 등의 연산자를 사용해요.
단 비교 연산자는 논리곱(AND, 그리고)의 비교가 불가능하며, 1(참)과 0(거짓)의 연산 논리합
(OR, 또는) 형태에서만 비교가 가능합니다.

1 [비교연산자] 시트에서 G열에 매출 분석 결과를 표시하려고 합니다. 평균 이익금이 2천만
원 초과이면 '우수', 미만이면 '저조'로 기준을 정하고 G4셀에 『=IF(F4〉20000000,"우수","저
조")』를 입력한 후 [Enter]를 누르세요.

2 G4셀에 '우수'가 표시되면 G4셀의 자동 채우기 핸들(╋)을 G11셀까지 드래그하여 조건에 따
라 '우수', '저조'와 같이 매출 분석 결과를 표시하세요.

핵심
기능 **03** # 셀/범위 참조하는 참조 연산자 제대로 알기

◎ 예제파일 : 03_참조연산자_예제.xlsx   ◎ 완성파일 : 03_참조연산자_완성.xlsx

다른 셀의 데이터를 가져와서 사용하는 것을 '참조'라고 하는데, 이번에는 두 개 이상의 다중 셀을
활용하는 방법을 배워볼게요. 셀 참조 연산자인 콜론(:), 콤마(,), 공백( )을 사용하면 특정 셀이나
범위를 지정하여 계산할 수 있어요. 콜론(:)은 연속된 셀 범위를 참조할 때, 콤마(,)는 불연속 셀을
참조할 때, 공백은 두 개의 참조에서 공통으로 참조할 때 사용합니다.

1 [참조연산자] 시트의 B12셀에 매출 합계를 구하기 위해 『=SUM(B4:B11』을 입력하고 Enter를
누르세요. 콜론(:)은 엑셀 참조 연산자 중에서 가장 많이 사용하는 연산자로, '어디에서 ~어디
까지'로 해석됩니다. 따라서 여기서 입력한 함수식은 B4셀부터 B11셀까지의 합(SUM)을 추
가합니다.

> **Tip**
>
> SUM 함수를 사용한 수식을 작성할 때 닫는 괄호(\))를 입력하지 않고 Enter를 눌러도 수식이 자동으로 닫히면서 계산됩니다. 이와 같이 수식을 작성할 때 마지막으로 닫는 괄호의 입력만 남았을 때는 그냥 Enter를 눌러도 됩니다.

2 D4셀에 매출 비율을 표시하기 위해 『=B4/$B$12』를 입력하고 Enter를 누르세요.

> **Tip**
>
> 수식을 쉽게 입력하려면 『=』를 입력하고 B4셀을 선택한 후 산술 연산자인 『/』를 입력하세요. 그런 다음 B12셀을 선택하고 F4를 눌러 절대 참조로 바꾸세요. 셀 참조 유형에 대해서는 48쪽의 '잠깐만요'를 참고하세요.

3 D4셀의 자동 채우기 핸들(✛)을 D11셀까지 드래그하면 B12셀(합계)의 값이 고정되어 참조된 매출 비율을 구할 수 있어요.

	A	B	C	D	E	F	G	H
1				기간별 매출분석				
2					❶ 확인			
3	기간	매출	매출누계	매출비율	이익율	이익금	비고	
4	2018년 1분기	656,100,000	656,100,000	18.61%	13.70%	89,885,700		
5	2018년 2분기	909,400,000	1,565,500,000	25.80%	13.70%	214,473,500		
6	2018년 3분기	850,200,000	2,415,700,000	24.12%	13.70%	330,950,900		
7	2018년 4분기	230,000,000	2,645,700,000	6.52%	13.70 ❷ 드래그			
8	2019년 1분기	166,900,000	2,812,600,000	4.73%	13.70%	385,326,200		
9	2019년 2분기	200,500,000	3,013,100,000	5.69%	13.70%	412,794,700		
10	2019년 3분기	121,100,000	3,134,200,000	3.44%	13.70%	429,385,400		
11	2019년 4분기	391,200,000	3,525,400,000	11.10%	13.70%	482,979,800		
12	합계	3,525,400,000						
13								
14								
15								

Tip

엑셀에서는 특정 셀을 참조하고 참조한 셀을 복사하면 이동한 거리만큼 참조한 셀 주소가 변경됩니다. 하지만 매출 비율을 구할 때처럼 분모(B12셀, 합계)를 고정시키는 경우에는 참조가 변경되지 않게 $ 기호를 붙여서 유형을 수정할 수 있어요. 열 앞에 $ 기호가 표시되면 열이 고정되고, 행 앞에 표시되면 행이 고정됩니다.

잠깐만요 **셀 참조 유형 살펴보기**

엑셀에서 다른 셀의 내용을 가져와서 사용하는 것을 '참조'라고 표현해요. 기본적으로 참조한 셀을 복사해서 붙여넣으면 이동한 거리만큼 열이나 행이 변경됩니다. 이때 임의의 셀 범위를 고정하려면 참조 유형을 변경해야 해요. 셀 참조 유형은 '상대 참조', '절대 참조', '혼합 참조'가 있는데, 기능과 표시 형태는 다음과 같고 F4를 눌러 참조 형태를 바꿀 수 있어요.

참조 유형	기능	표시 형태
상대 참조 ┐ └ F4	이동한 거리만큼 행과 열 변경	=A1
절대 참조 ◄┘ ┌ F4	절대 참조 범위가 바뀌지 않음	=$A$1
혼합 참조 ◄┘	$ 표시가 없는 행이나 열이 이동한 거리만큼 변경	=$A1 또는 =A$1

핵심 기능 04 두 값 연결하는 텍스트 연결 연산자 제대로 알기

◆ 예제파일 : 04_텍스트연결연산자_예제.xlsx　　◆ 완성파일 : 04_텍스트연결연산자_완성.xlsx

텍스트 연결 연산자는 & 기호를 사용해 문자와 문자, 문자와 숫자 또는 문자와 수식 결과 등을 연결하는 연산자로, 결과는 반드시 텍스트로 표시됩니다. 따라서 두 가지 이상의 조건에 합 또는 개수를 알고 싶을 때 텍스트 연결 연산자를 유용하게 쓸 수 있어요.

[텍스트연결연산자] 시트에서 셀 참조와 문자열을 혼합하는 방법을 알아볼게요. B14셀에 '어느 기간에 가장 평균 이익금이 많았고 그 금액은 얼마였다.'라고 표시하기 위해 『="평균이익금이 가장 많은 기간은 "&A6&"로, 평균이익금은 "&F6&"입니다."』를 입력하고 Enter를 누르세요. 셀을 참조하여 문자열과 연결된 내용을 나타낼 때는 텍스트 연결 연산자 &를 사용합니다.

> **Tip**
>
> B14셀의 결과값 중에서 금액이 쉼표 스타일로 표시되지 않았습니다. 수식의 결과도 쉼표 스타일로 나타내려면 『="평균이익금이 가장 많은 기간은 "&A6&"로, 평균이익금은 "&TEXT(F6,"#, ##0")&"입니다."』로 입력하세요.

잠깐만요 **텍스트 연결 연산자를 사용할 때 주의할 점 살펴보기**

텍스트 연결 연산자를 이용해서 숫자 데이터와 문자 데이터를 연결하면 문자 데이터로 변경되어 연산이 되지 않아요. 오른쪽 그림의 G7셀에 입력한 수식은 G4:G5 범위에 있는 값의 합을 의미하지만, G4:G5 범위에는 수량과 단위를 텍스트 연결 연산자(&)로 연결한 값이 들어있어서 연산이 제대로 진행되지 않습니다. 따라서 연결하려는 데이터의 속성을 같게 하여 연산 수식을 입력하세요.

핵심 기능 05 | 셀 참조의 핵심! 혼합 참조 쉽게 이해하기

◈ 예제파일 : 05_혼합참조_예제.xlsx ◈ 완성파일 : 05_혼합참조_완성.xlsx

엑셀에서 참조를 사용하지 않는다는 것은 고생을 감수하겠다는 뜻과 같아요. 그만큼 엑셀의 데이터 관리 및 분석에서 참조는 매우 중요합니다. 그 중에서도 혼합 참조는 상대 참조와 절대 참조가 혼합된 방식으로, 행과 열의 두 가지 방향으로 복사하여 사용할 수 있기 때문에 실무 보고서 작성 시 가장 유용한 참조 방법이죠. 혼합 참조에 대해 막연히 어려워만 하지 말고 간단한 구구단 표 만들기로 쉽게 이해해 보세요.

1 [혼합참조] 시트에서 B4셀을 선택하고 『=A4*B3』을 입력한 후 Enter를 누르세요.

> **Tip**
>
> 셀에 입력한 수식이 길어지면 마우스로 인접 셀을 잘못 선택할 수 있기 때문에 방향키를 이용하는 것이 정확해요. 따라서 B4셀에 『=』 입력 → ←를 눌러 A4셀을 참조한 후 곱하기 연산자인 『*』 입력 → ↑를 눌러 B3셀을 참조한 후 Enter를 누르세요.

2 B4셀에 2×2의 결과값이 나타나면 4행의 다른 셀에도 데이터를 채워넣기 위해 B4셀의 자동 채우기 핸들(✚)을 I4셀까지 드래그하세요. 결과가 이상하게 나타나죠? 이때는 특정 열이나 행을 고정하는 혼합 참조를 사용해야 합니다. 참조 유형을 변경하기 위해 C4:I4 범위를 드래그하여 선택하고 Delete를 눌러 입력된 데이터를 모두 삭제하세요.

> **Tip**
>
> 방금 시행한 작업을 취소하려면 Ctrl+Z를 눌러 되돌리는 방법으로 채워넣은 데이터를 빠르게 삭제할 수 있어요.

3 B4셀을 선택하고 수식 입력줄의 'A4' 글자 부분을 선택한 후 [F4]를 세 번 눌러 혼합 참조 ($A4)로 바꾸세요. 다시 수식 입력줄에서 'B3' 글자 부분을 선택하고 [F4]를 두 번 눌러 혼합 참조(B$3)로 변경하고 [Enter]를 눌러 수식을 완성합니다.

4 B4셀에 2×2의 결과값이 나타나면 B4셀의 자동 채우기 핸들(✚)을 I4셀까지 드래그하세요. I4 셀의 자동 채우기 핸들(✚)을 다시 I11셀까지 드래그하여 모든 셀의 구구단 결과값을 구합니다.

잠깐만요 **혼합 참조에서 행과 열 중 어느 부분을 고정해야 할까요?**

실무에서는 교차 형태의 자료를 자주 작성하는데, 이때 혼합 참조를 사용하면서 행과 열 중 어느 부분을 고정시켜야 할지 고민하게 됩니다. 단순하게 참조의 고정은 데이터 나열 방향을 보고 결정한다고 생각하세요.

오른쪽 그림에서 A4셀부터 데이터가 모두 세로로 나열되어 있으므로 해당 방향의 위쪽으로 이동하면 나타나는 A열을 고정하세요. 그리고 B3셀부터 데이터가 가로로 나열되어 있으므로 그대로 왼쪽 방향으로 이동하여 나타나는 3행을 고정시키면 됩니다.

환경설정

데이터기초

데이터분석

데이터관리

실무함수

데이터필터

정보와시각화

데이터활용

특별부록

02 다양한 데이터의 속성 살펴보기

엑셀에서 사용하는 데이터의 종류는 '문자 데이터'와 '숫자 데이터'로 나눌 수 있어요. 입력한 데이터의 속성에 따라 결과값이 달라지기 때문에 다양한 데이터의 형식에 대해 정확하게 알고 있어야 합니다. 특히 날짜와 시간 등의 숫자 데이터는 입력 방법이 까다로워서 실수하여 원하는 값을 표시하지 못하는 경우가 많기 때문에 이번 섹션에서 자세히 배워봅니다. 엑셀 데이터 속성을 익힌 후에는 숫자 데이터에 조건부 표시 형식을 지정하는 방법도 알아봅니다.

> ## PREVIEW

예약어	예약어 설명	비고
y	년도	yyyy=e
	월(숫자표기)	y와 같이 사용
m	월(Jan, Feb...)	mmm
	월(January, February...)	mmmm
d	일	
bbbb	불기년도	
a	요일(월, 화, 수, 목, 금, 토, 일)	aaa
	요일(월요일, 화요일...)	aaaa
d	요일(Sun, Mon...)	ddd
	요일(Sunday, Monday...)	dddd
h	시간(24시간 초과 표기시 대괄호)	
m	분	h와 같이 사용
s	초	
#	숫자표기(유효하지 않은 숫자 생략)	

셀 서식 예약어 / 예약어 적용결과

입력데이터	적용 예약어	결과	비고
2019-01-20	yyyy	2019	
2019-01-20	m	1	
2019-01-20	mmm	Jan	
2019-01-20	mmmm	January	
2019-01-20	d	20	
2019-01-20	bbbb	2562	
2019-01-20	aaa	일	
2019-01-20	aaaa	일요일	
2019-01-20	ddd	Sun	
2019-01-20	dddd	Sunday	
7:25	h	7	
7:25	m	25:00	
7:25:30	s	30	
0.1	#.##	.1	

▲ 날짜/시간/숫자 데이터에 표시 형식 지정하기

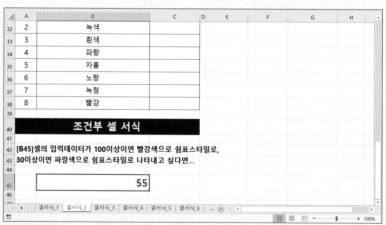

▲ 숫자 데이터에 조건부 표시 형식 지정하기

> 섹션별 주요 내용
>
> 01 | 셀 서식 지정 방법 익히기   02 | 날짜 데이터에 표시 형식 지정하기   03 | 시간 데이터에 표시 형식 지정하기
> 04 | 숫자 데이터에 표시 형식 지정하기   05 | 숫자 데이터에 조건부 표시 형식 지정하기

핵심 기능 | **01** | 셀 서식 지정 방법 익히기

◉ 예제파일 : 01_셀서식_예제.xlsx

1 | [홈] 탭-[표시 형식] 그룹에서 셀 서식 지정하기

[셀서식_1] 시트에서 서식을 지정할 B4:N13 범위를 드래그하여 선택하고 [홈] 탭-[표시 형식] 그룹 에서 [쉼표 스타일]을 클릭합니다.

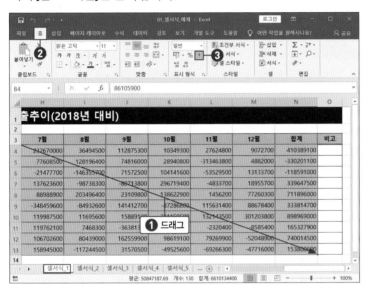

2 | 마우스 오른쪽 단추 눌러 셀 서식 지정하기

[셀서식_2] 시트의 G4셀에 입력된 데이터에 셀 서식을 지정하기 위해 G4셀에서 마우스 오른쪽 단추를 눌러 [셀 서식]을 선택하거나 Ctrl + 1 을 누르세요. [셀 서식] 대화상자가 열리면 [표시 형 식] 탭의 '범주'에서 다양한 셀 서식을 지정할 수 있어요.

▲ '결과' 항목의 날짜 데이터에 사용자 지정 서식 지정하기

핵심
기능 | **02** | # 날짜 데이터에 표시 형식 지정하기

🔹 **예제파일** : 02_셀서식_예제.xlsx 🔹 **완성파일** : 02_셀서식_완성.xlsx

1 [셀서식_2] 시트에는 예약어와 예약어에 대한 설명이 입력되어 있어요. 해당 예약어를 적용하면 셀에 입력한 데이터가 어떻게 표시되는지 알아보기 위해 G4셀에서 마우스 오른쪽 단추를 눌러 [셀 서식]을 선택하세요.

> **Tip**
> Ctrl+1을 눌러도 [셀 서식] 대화상자를 열 수 있어요.

2 [셀 서식] 대화상자가 열리면 [표시 형식] 탭의 '범주'에서 [사용자 지정]을 선택하고 '형식'에 『yyyy』를 입력한 후 [확인]을 클릭하세요. 그러면 G4셀에 입력한 날짜 중에서 연도만 표시됩니다.

> **Tip**
> '형식'에 『yyyy』를 입력하면 '보기'에서 연도가 어떻게 표시되는지 미리 확인할 수 있어요.

3 이번에는 G5셀을 선택하고 Ctrl + 1을 누릅니다. [셀 서식] 대화상자가 열리면 [표시 형식] 탭의 '범주'에서 [사용자 지정]을 선택하고 '형식'에『m』을 입력한 후 [확인]을 클릭하여 G5셀에 입력한 날짜 중에서 월만 표시하세요.

4 G6셀을 선택하고 Ctrl + 1을 누릅니다. [셀 서식] 대화상자가 열리면 [표시 형식] 탭의 '범주'에서 [사용자 지정]을 선택하고 '형식'에『mmm』을 입력한 후 [확인]을 클릭하여 G6셀에 입력한 날짜 중에서 월만 영문 세 글자로 표시하세요.

5 G7셀을 선택하고 Ctrl + 1을 누릅니다. [셀 서식] 대화상자가 열리면 [표시 형식] 탭의 '범주'에서 [사용자 지정]을 선택하고 '형식'에『mmmm』을 입력한 후 [확인]을 클릭하여 G7셀에 입력한 날짜 중에서 월에 해당하는 영문명을 모두 표시하세요.

환경설정

데이터기초

데이터분석

데이터관리

실무함수

데이터필터

정보의시각화

데이터활용

특별부록

6 G8셀을 선택하고 Ctrl+1을 누릅니다. [셀 서식] 대화상자가 열리면 [표시 형식] 탭의 '범주'에서 [사용자 지정]을 선택하고 '형식'에 『d』를 입력한 후 [확인]을 클릭하여 G8셀에 입력한 날짜 중에서 일만 표시하세요.

7 G9셀을 선택하고 Ctrl+1을 누릅니다. [셀 서식] 대화상자가 열리면 [표시 형식] 탭의 '범주'에서 [사용자 지정]을 선택하고 '형식'에 『bbbb』를 입력한 후 [확인]을 클릭하여 G9셀에 석가모니가 열반한 해를 기준으로 하는 불기년도를 표시하세요.

8 G10셀을 선택하고 Ctrl+1을 누릅니다. [셀 서식] 대화상자가 열리면 [표시 형식] 탭의 '범주'에서 [사용자 지정]을 선택하고 '형식'에 『aaa』를 입력한 후 [확인]을 클릭하여 G10셀에 입력된 날짜 중에서 요일을 한 글자로 표시하세요.

9 G11셀을 선택하고 Ctrl+1을 누릅니다. [셀 서식] 대화상자가 열리면 [표시 형식] 탭의 '범주'에서 [사용자 지정]을 선택하고 '형식'에 『aaaa』를 입력한 후 [확인]을 클릭하여 G11셀에 입력한 날짜 중에서 요일을 세 글자로 표시하세요.

10 G12셀을 선택하고 Ctrl+1을 누릅니다. [셀 서식] 대화상자가 열리면 [표시 형식] 탭의 '범주'에서 [사용자 지정]을 선택하고 '형식'에 『ddd』를 입력한 후 [확인]을 클릭하여 G12셀에 입력한 데이터 중에서 요일을 영문 세 글자로 표시하세요.

11 G13셀을 선택하고 Ctrl+1을 누릅니다. [셀 서식] 대화상자가 열리면 [표시 형식] 탭의 '범주'에서 [사용자 지정]을 선택하고 '형식'에 『dddd』를 입력한 후 [확인]을 클릭하여 G13셀에 요일의 영문명을 모두 표시하세요.

환경설정

데이터기초

데이터분석

데이터관리

실무함수

데이터필터

데이터피벗

정보와시각화

데이터활용

특별부록

핵심
기능 **03** **시간 데이터에 표시 형식 지정하기**

● 예제파일 : 03_셀서식_예제.xlsx　　● 완성파일 : 03_셀서식_완성.xlsx

1 엑셀에서는 날짜 데이터 표시 형식만큼 시간 데이터의 표시 형식도 중요합니다. [셀서식_2]
시트에서 G14셀을 선택하고 Ctrl + 1 을 누르세요.

Tip

[홈] 탭-[셀] 그룹에서 [서식]을
클릭하고 '보호'의 [셀 서식]을
선택해도 [셀 서식] 대화상자를
열 수 있어요.

2 [셀 서식] 대화상자가 열리면 [표시 형식] 탭의 '범주'에서 [사용자 지정]을 선택하고 '형식'에
『h』를 입력한 후 [확인]을 클릭하세요. G14셀에 입력한 시간 중에서 시간만 표시되면 G15셀을
선택하고 Ctrl + 1 을 누르세요.

3 [셀 서식] 대화상자가 열리면 [표시 형식] 탭의 '범주'에서 [사용자 지정]을 선택하고 '형식'에 『mm:ss』를 입력한 후 [확인]을 클릭하여 G15셀에 입력한 시간 중에서 분과 초를 두 글자씩 표시하세요.

Tip

'형식'에 『mm』만 입력하면 m을 month로 인식하여 결과가 '01'로 표시됩니다. 따라서 ss(초)와 함께 표시하여 분이 나타나게 지정했어요.

4 G16셀을 선택하고 Ctrl+1을 누릅니다. [셀 서식] 대화상자가 열리면 [표시 형식] 탭의 '범주'에서 [사용자 지정]을 선택하고 '형식'에 『ss』를 입력한 후 [확인]을 클릭하여 G16셀에 입력한 시간 중에서 초만 두 글자로 표시하세요.

5 G14셀부터 G16셀까지 표시 형식을 적용한 시간 데이터 결과값을 확인해 보세요.

환경설정

데이터기초

데이터분석

데이터관리

실무함수

데이터필터

정보의시각화

데이터활용

특별부록

핵심기능 **04** 숫자 데이터에 표시 형식 지정하기

🔵 **예제파일** : 04_셀서식_예제.xlsx   🔵 **완성파일** : 04_셀서식_완성.xlsx

1 날짜와 시간 외에도 실무에서 자주 사용하는 숫자 데이터에 표시 형식을 지정하는 방법을 알아볼게요. [셀서식_2] 시트에서 G17셀을 선택하고 Ctrl+1을 누르세요.

2 [셀 서식] 대화상자가 열리면 [표시 형식] 탭의 '범주'에서 [사용자 지정]을 선택하고 '형식'에 『#.##』을 입력한 후 [확인]을 클릭하세요. 그러면 G17셀에 입력한 데이터 중 유효하지 않은 숫자인 0은 표시되지 않습니다.

Tip

0은 값의 크기가 없는 수로, '무효한 수'라고 불러요. 따라서 0.1의 경우 .1만 실제 데이터가 되고 앞에 위치한 0은 무효한 수가 됩니다.

3 G18셀을 선택하고 `Ctrl`+`1`을 누릅니다.

4 [셀 서식] 대화상자가 열리면 [표시 형식] 탭의 '범주'에서 [사용자 지정]을 선택하고 '형식'에
『0.000』을 입력한 후 [확인]을 클릭하세요. 그러면 G18셀에 입력한 데이터 중 유효하지 않은
숫자인 0을 포함해서 지정한 자릿수인 네 자리가 표시됩니다.

Tip

0.1, 0.12, 0.15와 같이 소수점 이하 첫째 자리, 둘째 자리 데이터
가 나열되어 있을 때 모든 데이터를 소수점 이하 둘째 자리까지
표현하고 싶다면 셀 서식을 '0.00'으로 지정하세요. 이렇게 하면
무효한 수인 0을 포함해서 '0.00'과 같은 형태로 표현됩니다.

5 G19셀을 선택하고 `Ctrl`+`1`을 누릅니다. [셀 서식] 대화상자가 열리면 [표시 형식] 탭의 '범
주'에서 [사용자 지정]을 선택하고 '형식'에 『@』을 입력한 후 [확인]을 클릭하여 G19셀에 입
력한 데이터를 그대로 표시하세요.

환경설정

데이터기초

데이터분석

데이터관리

실무함수

데이터필터

정보의시각화

데이터활용

특별부록

6 G20셀을 선택하고 Ctrl+1을 누릅니다. [셀 서식] 대화상자가 열리면 [표시 형식] 탭의 '범주'에서 [사용자 지정]을 선택하고 '형식'에 『#,##0,』를 입력한 후 [확인]을 클릭하여 G20셀의 데이터에 천 단위마다 쉼표를 표시하세요.

7 G21셀을 선택하고 Ctrl+1을 누릅니다. [셀 서식] 대화상자가 열리면 [표시 형식] 탭의 '범주'에서 [사용자 지정]을 선택하고 '형식'에 『@*!』를 입력한 후 [확인]을 클릭하세요.

> **Tip**
>
> '형식'에 입력하는 『@*!』 중 @은 예약어 중 입력한 문자열을 나타내는 예약어로, 입력된 문자를 그대로 한 번 나타냅니다. 그리고 *은 '모든'의 의미로, 해당 셀의 나머지 빈 영역을 채운다는 뜻입니다. 따라서 그 다음 문자인 !로 빈 영역을 채우기 때문에 결과값에는 입력된 텍스트가 나타나고 나머지 공간은 모두 !로 채워져서 표시됩니다.

8 G21셀에 입력한 문자열은 그대로 남고 여백에 ! 문자로 채워졌는지 확인해 보세요..

핵심 기능 05 숫자 데이터에 조건부 표시 형식 지정하기

● 예제파일 : 05_셀서식_예제.xlsx ● 완성파일 : 05_셀서식_완성.xlsx

1 숫자 데이터에 표시 형식을 지정할 때 특정 조건을 적용하여 나타낼 수 있는데, 여기에서는 [셀서식_2] 시트의 42행과 43행에 입력한 조건을 B45셀의 데이터에 적용해 볼게요. B45셀을 선택하고 Ctrl+1을 누릅니다. [셀 서식] 대화상자가 열리면 [표시 형식] 탭의 '범주'에서 [사용자 지정]을 선택하고 '형식'에 『[빨강][>=100]#,##0;[파랑][>=30]#,##0』을 입력한 후 [확인]을 클릭하세요.

> **Tip**
>
> 31행부터 나열한 여덟 가지 색을 B45셀에 조건부 색으로 지정하려면 반드시 대괄호로 묶어서 표시해야 합니다. 또한 값의 크기를 조건으로 지정할 때는 서식의 순서가 매우 중요해요. 따라서 『[빨강][>=100]#,##0;[파랑][>=30]#,##0』으로 입력한 셀 서식에서 세미콜론(;) 이전과 이후의 내용이 바뀌면 100 이상의 데이터가 입력되어도 파란색으로 표시됩니다. 그러므로 반드시 큰 값의 조건을 앞에 두어 해당 조건을 만족하지 못하면 다음 조건을 검색할 수 있도록 형식을 입력하세요.

2 B45셀의 '123'이 빨간색으로 표시되었는지 확인해 보세요. 이번에는 B45셀에 『55』를 입력하여 파란색으로 표시되었는지 확인해 보세요.

63

Section **03**

데이터 실전,
셀 서식 활용하기

앞에서 표시 형식에 따른 데이터의 속성에 대해 배웠으니 이번에는 실무 예제를 통해 표시 형식을 현장에서 활용하는 방법을 익혀보겠습니다. 매일 작성해야 하는 업무일지의 날짜와 요일을 오타 없이 입력하는 방법부터 주민등록번호의 일부분을 * 기호로 표시하는 방법, 그리고 하이픈 기호(–)로 여백을 채우는 방법까지 실무에서 자주 접하는 현장 밀착 예제로 데이터 표시 형식을 제대로 익혀봅니다.

> **PREVIEW**

▲ 주민등록번호의 일부분을 * 기호로 표시하기

▲ 셀의 빈 여백을 하이픈 기호(–)로 채우기

> 섹션별
> 주요 내용

01 | 매출 이익률을 백분율로 표시하기   02 | 업무일지에 정확하게 날짜와 요일 입력하기
03 | * 기호로 주민등록번호 뒷자리 표시하기   04 | 하이픈 기호(–)로 빈 여백 채우기
05 | 양수와 음수에 서로 다른 서식 지정하기

매출 이익률을 백분율로 표시하기

◈ 예제파일 : 01_백분율_예제.xlsx　◈ 완성파일 : 01_백분율_완성.xlsx

1 [셀서식_3] 시트에서 D4:D11 범위를 드래그하여 선택하고 [홈] 탭-[표시 형식] 그룹에서 [백분율 스타일]을 클릭하세요. 그러면 '0.185'가 반올림되어 '19%'로 표시됩니다.

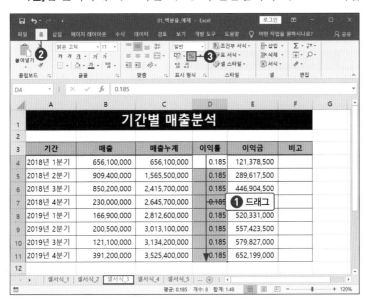

2 [홈] 탭-[표시 형식] 그룹에서 [자릿수 늘림]을 클릭하면 소수점 이하 자릿수가 하나씩 늘어납니다. [자릿수 늘림]을 두 번 클릭해서 소수점 이하 둘째 자리까지 표시하세요.

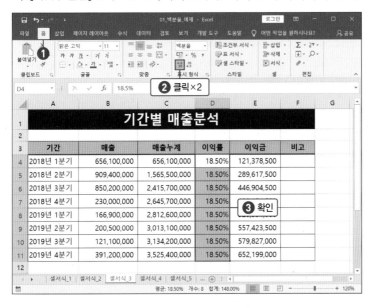

실무 예제 02 업무일지에 정확하게 날짜와 요일 입력하기

● 예제파일 : 02_날짜요일_예제.xlsx ● 완성파일 : 02_날짜요일_완성.xlsx

1 [셀서식_4] 시트의 G3셀에 『2019-02-20』을 입력하고 Ctrl + 1 을 누르세요. [셀 서식] 대화
상자가 열리면 [표시 형식] 탭의 '범주'에서 [사용자 지정]을 선택하고 '형식'에 『yyyy년 m월
d일 aaaa』를 입력한 후 [확인]을 클릭하세요.

2 G3셀에 『2019-02-21』을 입력하면 '2019년 2월 21일 목요일'로 요일까지 자동 변경됩니다. **1**
과정과 같이 셀에 표시 형식을 지정해 두면 날짜만 바꾸어도 요일까지 함께 변경되어 편리합
니다.

실무 예제 | 03 | * 기호로 주민등록번호 뒷자리 표시하기

◆ **예제파일** : 03_주민번호_예제.xlsx ◆ **완성파일** : 03_주민번호_완성.xlsx

1 개인 정보 보호가 강화되어 주민등록번호 중 생년월일을 제외한 뒷자리 번호는 노출하지 않는 경우가 많습니다. [셀서식_5] 시트에서 E열에 표시된 주민등록번호의 뒷자리를 * 기호로 표시하기 위해 E4:E13 범위를 드래그하여 선택하고 Ctrl + 1 을 누르세요.

> **Tip**
>
> 주민등록번호 열세 자리를 연속된 숫자 형태로 입력하면 '7,211.0E+12'와 같이 지수 형태로 나타납니다.

2 [셀 서식] 대화상자가 열리면 [표시 형식] 탭의 '범주'에서 [사용자 지정]을 선택하고 '형식'에 『000000-0,,"******"』를 입력한 후 [확인]을 클릭하세요.

> **Tip**
>
> 쉼표는 천 단위 구분 기호(세 자리 단위 구분)로, 쉼표가 하나면 천 단위로, 쉼표가 두 개이면 백만 단위로 표시됩니다. 따라서 쉼표를 두 개 입력하면 여섯 자리를 생략할 수 있어요.

3 셀 서식의 적용을 확인하기 위해 E4셀에 『7211011534567』을 입력하고 Enter를 누르세요. 그런데 천 단위 구분 기호가 적용되어 '1'이 '2'로 반올림되면서 남녀 구분 기호인 주민등록번호의 뒷자리 중에서 '1'이 '2'로 변경되었어요. 이러한 오류를 해결하기 위해 E4:E13 범위를 드래그하여 선택하고 Ctrl+1을 누르세요. [셀 서식] 대화상자가 열리면 [표시 형식] 탭의 '범주'에서 [사용자 지정]을 선택하고 '형식'에 『0000,,,"**-*******"』을 입력한 후 [확인]을 클릭하세요.

4 E4셀의 주민등록번호의 다섯 번째 숫자부터 아홉 자리가 * 기호로 변경되었으면 E4셀을 선택한 상태에서 [홈] 탭-[클립보드] 그룹에서 [서식 복사]를 더블클릭하세요. 마우스 포인터가 ✛♣ 모양으로 변경되었으면 E5:E13 범위를 드래그하여 서식을 복사합니다. 이제 주민등록번호의 다섯 번째 숫자는 3보다 클 수 없으므로 반올림해서 숫자가 잘못 표시되는 오류가 발생하지 않아요.

하이픈 기호(-)로 빈 여백 채우기

◈ 예제파일 : 04_빈여백_예제.xlsx　◈ 완성파일 : 04_빈여백_완성.xlsx

1 [셀서식_6] 시트에서 A열에 입력된 목차의 빈 여백을 하이픈 기호(-)로 채우기 위해 A3:A12 범위를 드래그하여 선택하고 Ctrl+1을 누릅니다. [셀 서식] 대화상자가 열리면 [표시 형식] 탭의 '범주'에서 [사용자 지정]을 선택하고 '형식'에 『@*-』을 입력한 후 [확인]을 클릭하세요.

> **Tip**
>
> @ 기호는 입력되는 텍스트 그대로 표현하는 예약어입니다. 이후 공백은 모두 -(채울 문자) 기호로 채우도록 '*(공백 모두 채우기) 기호'를 사용한 것입니다.

2 빈 여백이 - 기호로 채워졌는지 확인해 보세요. 이와 같이 셀 서식을 지정하면 입력한 텍스트의 길이가 바뀌어도 나머지 여백에는 하이픈 기호가 자동으로 채워져서 편리하게 작업할 수 있어요.

실무 예제 05 양수와 음수에 서로 다른 서식 지정하기

◉ 예제파일 · 05_양수음수_예제.xlsx ◉ 완성파일 : 05_양수음수_완성.xlsx

1 [셀서식_7] 시트에서 B4:N13 범위를 드래그하여 선택하고 Ctrl+1을 누르세요.

2 [셀 서식] 대화상자가 열리면 [표시 형식] 탭의 '범주'에서 [사용자 지정]을 선택하고 '형식'에 『[파랑]#,##0.;ㅁ』까지 입력한 후 한자를 누릅니다. 한글 자음 'ㅁ'으로 입력할 수 있는 특수 문자 목록이 표시되면 Tab을 눌러 목록을 확장하고 [▲]을 선택하세요.

> **Tip**
>
> 특수 문자를 입력할 때는 한글 자음을 입력한 후 한자를 누르세요. 찾는 특수 문자가 곧바로 표시되지 않으면 Tab을 누르거나 목록에서 오른쪽 아래에 있는 [보기 변경] 단추(≫)를 클릭하여 목록을 확장하세요.

3 특수 문자 ▲이 입력되면 나머지 형식인 『[빨강]#,##0,』를 입력하고 [확인]을 입력하세요.

Tip

셀 서식으로 표현할 수 있는 색은 총 여덟 가지이고 반드시 대괄호([ ])를 이용해서 입력해야 합니다.

예 [검정], [파랑], [녹청], [녹색], [자홍], [빨강], [흰색], [노랑]

4 양수에는 파란색과 쉼표 스타일이, 음수에는 마이너스 기호 대신 ▲이 표시되고 빨간색과 쉼표 스타일이 적용되어 매출 추이의 변화를 쉽게 확인할 수 있어요.

Section **04** 효율적인 데이터 관리와 분석 위한 사전 작업하기

입력한 데이터에 적합한 표시 형식을 적용했다면 이제 본격적으로 데이터를 관리하고 분석하기 위해 데이터를 일관성 있게 입력하는 방법과 수식을 직관적으로 해석할 수 있게 작성하는 방법에 대해 배워봅니다. 또한 특정 데이터만 선택하여 원하는 결과를 도출하는 방법에 대해서도 배워봅니다. 이번 섹션에서 익히는 내용은 실무에서 보고서를 작성하거나 데이터를 관리할 때 유용하게 사용하는 기능으로, 다음 과정으로 넘어가기 전에 꼭 알아두어야 해요.

> **PREVIEW**

	날짜	품목	단위	판매점포	거래처	판매량	단가	판매금액	비고
1716	2018-12-27	3공바인더	개	구로점	Y문구	13	2,500	32,500	
1717	2018-12-27	샤프	자루	강화문점	T문구	81	760	61,560	
1718	2018-12-27	키보드	개	구로점	H문구	305	22,000	6,710,000	
1719	2018-12-28	공DVD-RW	50장	강남점	L문구	661	28,000	18,508,000	
1720	2018-12-28	스카치테잎	개	부천점	E문구	497	570	283,290	
1721	2018-12-28	키보드	개	일산점	B문구	906	22,000	19,932,000	
1722	2018-12-29	스카치테잎	개	성남점	V문구	636	570	362,520	
1723	2018-12-29	코팅지	100장	안양점	Q문구	816	5,700	4,651,200	
1724	2018-12-29	스카치테잎	개	구로점	Z문구	585	570	333,450	
1725	2018-12-30	USB 16G	개	강북점	H문구	402	40,000	16,080,000	
1726	2018-12-30	3공바인더	개	일산점	I문구	637	2,500	1,592,500	
1727	2018-12-30	볼펜	자루	강서점	G문구	316	350	110,600	
1728	2018-12-30	인주	개	성북점	X문구	942	3,500	3,297,000	
1729	2018-12-30	스카치테잎	개	안산점	V문구	48	570	27,360	
1730	2018-12-30	USB 4G	개	안양점	V문구	324	20,000	6,480,000	
1731	2018-12-30	A4용지	박스	안산점	Y문구	617	18,000	11,106,000	
1732	2018-12-31	연필	타스	성남점	P문구	319	5,500	1,754,500	
1733	2018-12-31	키보드	개	인천점	M문구	190	22,000	4,180,000	
1734	2018-12-31	A4용지	박스	부천점	V문구	265	18,000	4,770,000	

틀고정 | 드롭다운_목록에서_선택 | 이름정의 | 표 | 유효성검사

▲ 데이터베이스를 표로 만들어 효율적으로 관리하기

▲ 유효성 검사로 사용자 지정 조건에 맞는 자료만 선택하기

섹션별 주요 내용

01 | 틀 고정해 항상 머리글 표시하기　**02** | 드롭다운 목록에서 편리하게 데이터 입력하기

03 | 이름 정의해 쉽게 수식 입력하기　**04** | 표 적용해 효율적으로 데이터 관리하기

05 | 유효성 검사로 사용자 지정 항목만 입력하기

실무예제 01 틀 고정해 항상 머리글 표시하기

🔹 예제파일 : 01_틀고정_예제.xlsx 🔹 완성파일 : 01_틀고정_완성.xlsx

1 하나의 파일에 데이터의 양이 너무 많아 스크롤하여 아래쪽의 내용을 검토하다 보면 머리글이 보이지 않아 불편할 때가 많아요. 이때 '틀 고정' 기능을 사용하면 행 또는 열을 고정시켜서 계속 표시할 수 있어 편리합니다. [틀고정] 시트에서 A열과 1행을 고정시키기 위해 B2셀을 선택하고 [보기] 탭-[창] 그룹에서 [틀 고정]-[틀 고정]을 선택하세요.

2 Ctrl+↓를 눌러 데이터의 맨 마지막 행으로 이동한 후 고정시킨 1행의 머리글이 항상 표시되는지 확인해 보세요.

73

실무 예제 **02** 드롭다운 목록에서 편리하게 데이터 입력하기

● 예제파일 : 02_드롭다운_예제.xlsx　　● 완성파일 : 02_드롭다운_완성.xlsx

1 [드롭다운_목록에서_선택] 시트의 B1735셀에 데이터를 추가하려고 해요. 만약 데이터를 입력할 때 이전 데이터를 고려하지 않고 『A4용지』나 『A4 용지』처럼 같은 의미의 다른 데이터 (가운데 공백이 포함된 텍스트와 그렇지 않은 텍스트)를 입력하면 데이터 관리에 문제가 생깁니다. 따라서 품목 데이터를 일관성 있게 입력하기 위해 이름 상자에 『B1735』를 입력하고 Enter를 눌러 B1735셀로 이동한 후 마우스 오른쪽 단추를 눌러 [드롭다운 목록에서 선택]을 선택하세요.

2 품목이 추가될 때마다 내용을 직접 입력할 필요 없이 셀을 선택하면 이전에 입력한 품목이 드롭다운 목록으로 자동 표시됩니다. 여기서 입력하려는 데이터를 선택하세요.

Tip

Alt + ↓를 눌러도 드롭다운 목록에서 데이터를 선택할 수 있어요.

실무 예제 | 03 이름 정의해 쉽게 수식 입력하기

● 예제파일 : 03_이름정의_예제.xlsx   ● 완성파일 : 03_이름정의_완성.xlsx

1 [이름정의] 시트에서 H2셀을 선택하고 Ctrl+Shift+↓를 눌러 H1734셀까지 한 번에 범위로 지정하세요. 이름 상자에 『금액』을 입력하고 Enter를 누르면 선택한 범위의 이름이 '금액'으로 정의됩니다.

Tip

'이름 정의' 기능을 사용하면 수식을 직관적으로 이해할 수 있어요. 이름을 정의해도 데이터나 화면에 변화가 생기지 않지만, 선택한 범위에 이름이 지정되어 수식을 입력할 때 편리해요.

2 '판매금액'의 합계를 구하기 위해 K3셀에 『=SUM(금액』을 입력하고 Enter를 누르세요.

Tip

H2:H1734 범위를 드래그하여 선택할 필요 없이 **1** 과정에서 정의한 이름인 '금액'을 수식에 입력하여 빠르게 계산할 수 있어요.

3 이름 정의를 이용해 수식을 쉽게 입력하는 방법에 대해 좀 더 알아볼까요? K4셀을 선택하고 『=SUM(』까지 입력한 후 F3 을 누르세요. [이름 붙여넣기] 대화상자가 열리면 삽입하려는 이름을 선택하고 [확인]을 클릭하세요. 이렇게 정의한 이름을 이용해서 함수식 '=SUM(금액'을 작성한 후 Enter 를 눌러 함수식을 완성하세요.

> **Tip**
> K4셀에 『=SUM(금액』을 입력하고 [수식] 탭-[정의된 이름] 그룹에서 [수식에서 사용]-[이름 붙여넣기]를 선택해도 [이름 붙여넣기] 대화상자를 열 수 있어요.

잠깐만요 **정의한 이름을 수정 및 삭제, 새로 정의하기**

3 과정에서 지정한 이름은 [이름 관리자] 대화상자에서 관리할 수 있어요. [수식] 탭-[정의된 이름] 그룹에서 [이름 관리자]를 클릭하여 [이름 관리자] 대화상자를 열고 정의한 이름이나 범위를 수정 및 삭제하거나 새로운 이름을 정의하면 됩니다.

표 적용해 효율적으로 데이터 관리하기

🔵 예제파일 : 04_표적용_예제.xlsx 🔵 완성파일 : 04_표적용_완성.xlsx

1 대량의 데이터를 쉽게 관리하려면 표로 만드는 것이 편리해요. [표] 시트에서 데이터가 입력된 임의의 셀을 선택하고 **[삽입] 탭-[표] 그룹**에서 **[표]**를 클릭하세요. [표 만들기] 대화상자가 열리면 [머리글 포함]에 체크한 상태에서 [확인]을 클릭합니다.

> **Tip**
>
> 예제파일의 데이터에는 머리글이 포함되어 있어 [표 만들기] 대화상자의 [머리글 포함]에 체크되어 있어요.

2 K3셀에 '판매금액'의 합계를 표시하기 위해 『=SUM(』을 입력하고 H2셀을 선택한 후 Ctrl+Shift+↓와 Enter를 차례로 눌러 함수식을 완성하세요. K3셀에 '판매금액'의 총합계인 '12,246,965,550'이 구해졌는지 확인해 보세요.

77

3 A1셀을 클릭하고 Ctrl+↓를 눌러 마지막 행으로 이동하고 1735행에 다음의 그림과 같이 임의의 데이터를 추가하세요. 그러면 데이터를 추가 입력한 행에 표 서식이 자동으로 적용되어 편리합니다.

4 K3셀로 이동해서 '판매금액'의 합계에 추가한 데이터 값이 반영되었는지 확인해 볼까요? H1735셀에 추가한 '18,000'원이 반영되어 판매 금액의 합계가 변동되었습니다. 이와 같이 데이터를 표로 지정하여 관리하면 서식 적용 및 합계, 필터 등의 다양한 작업을 쉽게 할 수 있어요.

> **Tip**
>
> 데이터를 표로 지정하면 동적 범위를 지원하므로 데이터를 매우 편리하게 활용할 수 있어요. 자동 필터를 자주 사용하는 사용자라면 데이터를 표로 지정할 때 자동 필터가 자동으로 적용되므로 작업 단계가 줄어서 일석이조의 효과를 얻을 수 있어요.

유효성 검사로 사용자 지정 항목만 입력하기

◈ 예제파일 : 05_유효성검사_예제.xlsx   ◈ 완성파일 : 05_유효성검사_완성.xlsx

1 [유효성검사] 시트의 B3셀에 I7:I10 범위의 '거래처' 항목을 선택하여 입력할 수 있게 지정해 볼게요. B3셀을 선택하고 **[데이터] 탭-[데이터 도구] 그룹**에서 **[데이터 유효성 검사]**를 클릭하세요. [데이터 유효성] 대화상자가 열리면 [설정] 탭의 '제한 대상'에서 [목록]을 선택하고 '원본'에 커서를 올려놓은 상태에서 I7:I10 범위를 드래그하여 선택한 후 [확인]을 클릭하세요.

2 B3셀에 내림 단추(▾)가 나타나면 클릭한 후 사용자가 지정한 I7:I10 범위에 있는 거래처 항목만 표시되는지 확인해 보세요.

3 이번에는 B4셀에 완제품과 부품을 선택하여 입력할 수 있도록 지정하기 위해 B4셀을 선택하고 [데이터] 탭-[데이터 도구] 그룹에서 [데이터 유효성 검사]를 클릭하세요. [데이터 유효성] 대화상자가 열리면 [설정] 탭의 '제한 대상'에서 [목록]을 선택하고 '원본'에는 콤마(,)로 구분한 『완제품,부품』을 입력한 후 [확인]을 클릭하세요.

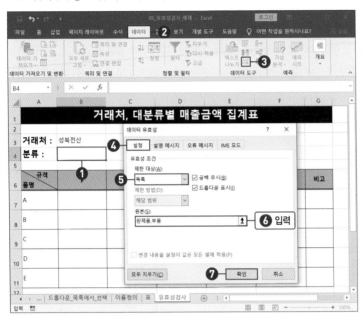

4 B4셀의 내림 단추(▾)를 클릭하면 [완제품]과 [부품]을 선택할 수 있어요.

Up무 능력 향상을 위한 활용 실습

1 | 100만 단위로 매출 표시하고 색으로 양수, 음수 구분하기

● **예제파일** : 100만단위_셀서식_예제.xlsx   ● **완성파일** : 100만단위_셀서식_완성.xlsx

전년 대비 매출금액을 100만 단위로 표시하되 양수는 파란색과 쉼표 스타일로, 음수는 마이너스 기호 대신 역삼각형(▼), 빨간색, 쉼표 스타일로 표시하고 데이터의 열 너비를 자동으로 조절해 보세요.

Hint
① [Sheet1] 시트에서 B4:N13 범위의 셀 데이터 서식을 변경하세요.
② B열부터 N열까지 드래그하여 열 전체를 선택하고 열 인덱스 사이에 마우스 포인터를 올려놓은 후 ✛ 모양으로 변경되면 더블클릭해서 데이터의 크기에 맞게 열 너비를 자동으로 조절하세요.

2 | 셀 서식 이용해 숫자 데이터에 단위 추가하기

● **예제파일** : 단위추가하기_예제.xlsx   ● **완성파일** : 단위추가하기_완성.xlsx

셀 서식을 이용해서 사업계획서의 B열에 입력된 숫자 데이터에 Page(s) 단위를 추가해 보세요.

Hint
① [Sheet1] 시트에서 B3:B12 범위를 드래그하여 선택하고 Ctrl+1을 누르세요.
② [셀 서식] 대화상자가 열리면 [표시 형식] 그룹에서 [사용자 지정]을 선택하고 '형식'에는 [G/표준]의 뒤에 단위 『"Page(s)"』를 입력한 후 [확인]을 클릭하세요.

CHAPTER 03

복잡한 빅데이터,
마우스 클릭만으로
분석 끝내기

SECTION 01   데이터 분석, 4단계로 끝내기

SECTION 02   빠르고 쉬운 데이터 분석 기능 익히기

SECTION 03   현장 예제로 실무 데이터 분석하기

SECTION 04   효율적인 데이터 관리를 위한 3단계 과정 익히기

SECTION 05   실무 데이터 관리해 업무 시간 단축하기

데이터베이스를 활용하는 방법은 매우 다양해요. 엑셀에서 기본적으로 제공하는 함수나 데이터 통합 등의 기능을 이용하여 데이터를 관리 및 분석할 수도 있지만, 단 한 번의 마우스 클릭만으로도 40만 개 이상의 빅데이터를 단숨에 활용하고 분석할 수 있어요. 특히 이번 챕터에서 배울 피벗 테이블은 많은 양의 데이터(빅데이터)를 쉽고 빠르게 처리하며, 다양한 통계량 산출 및 분석을 가능하게 합니다. 자, 이제 효율적인 데이터 분석을 위한 피벗 테이블의 사용법부터 실무 예제를 통한 응용 활용법 까지 제대로 학습해 보겠습니다.

데이터 분석,
4단계로 끝내기

이번 섹션에는 실무 현장에서 실제로 사용된 40만 개 이상의 빅데이터를 집계 및 분석하고 시각화하는 작업을 진행해 볼게요. 데이터의 효율적인 활용을 위한 표 적용부터 마우스 클릭만으로 완성하는 매출 집계, 시각화, 매출 내용 필터와 데이터 분석의 핵심인 피벗 테이블의 사용까지 데이터 활용법을 단 4단계만으로 끝낼 수 있도록 알려줍니다. 어떤 빅데이터든지 데이터 분석 4단계만 제대로 알고 있으면 데이터를 쉽게 분석할 수 있기 때문에 꼭 익혀두세요.

PREVIEW

▲ [피벗 테이블 필드] 작업 창
이용해 기간별 매출 집계하기

▲ 시각적 이해를 돕는 차트 작성하기

섹션별
주요 내용

01 | 표 작성하기 — 데이터 분석 1단계   02 | 피벗 테이블 작성하기 — 데이터 분석 2단계

03 | 목적에 맞는 보고서 작성하기 — 데이터 분석 3단계   04 | 차트 작성하기 — 데이터 분석 4단계

실무
예제 **01** **표 작성하기** — 데이터 분석 1단계

● 예제파일 : 01_데이터분석_예제.xlsx   ● 완성파일 : 01_데이터분석_완성.xlsx

1 데이터를 분석하기 전에 가장 먼저 해야 할 일은 표를 적용하는 것이에요. [DB] 시트에서 데
이터가 입력된 임의의 셀을 선택하고 **[삽입] 탭-[표] 그룹**에서 **[표]**를 클릭하세요. 표로 만들 범
위가 지정되면서 [표 만들기] 대화상자가 열리면 지정 범위에 머리글이 포함되어 있으므로
[머리글 포함]에 체크한 상태에서 [확인]을 클릭하세요.

Tip

Ctrl+T를 눌러도 표를 만들 수 있어요. 데이터에 표를 적용하여 관리하는 자세한 이유는 77쪽을 참고하세요.

2 데이터에 표가 적용되는 순서대로 '표1', '표2', '표3'과 같은 이름이 붙는데, 표가 많아지면 이름
이 헷갈릴 수 있으므로 표 이름을 변경해 볼게요. 표 안의 데이터가 선택된 상태에서 [표 도구]
의 **[디자인] 탭-[속성] 그룹**에서 **[표 이름]**의 입력 상자에 『매출DB』를 입력하고 Enter를 누르세요.

2010 | 2013 | 2016 | 2019 | OFFICE 365

실무 예제 | 02 | 피벗 테이블 작성하기 — 데이터 분석 2단계

◈ 예제파일 : 02_데이터분석_예제.xlsx ◈ 완성파일 : 02_데이터분석_완성.xlsx

1 이제 본격적으로 데이터를 분석하기 위해 피벗 테이블을 기능을 사용해 볼게요. [DB] 시트의 표 전체가 선택된 상태에서 [표 도구]의 **[디자인] 탭-[도구] 그룹**에서 **[피벗 테이블로 요약]**을 클릭하세요.

앞의 예제를 계속 이어서 실습해도 됩니다.

> **Tip**
>
> 만약 표로 지정하지 않은 데이터를 집계 및 분석하는 경우에는 **[삽입] 탭-[표] 그룹**에서 **[피벗 테이블]**을 클릭하세요. [피벗 테이블 만들기] 대화상자가 열리면 '표/범위'에는 데이터가 입력된 임의의 셀을 선택하고 Ctrl + A 를 눌러 연속된 셀 범위 전체를 쉽게 지정할 수 있어요.

2 [피벗 테이블 만들기] 대화상자가 열리면 '피벗 테이블 보고서를 넣을 위치를 선택하십시오.' 에서 [새 워크시트]를 선택하고 [확인]을 클릭하세요.

> **Tip**
>
> 표에서 임의의 범위를 선택하고 [표 도구]의 **[디자인] 탭-[도구] 그룹**에서 **[피벗 테이블로 요약]**을 클릭하면 '표/범위'에는 현재 커서가 있는 표 이름인 '매출 DB'가 자동으로 지정됩니다.

3 [Sheet1] 시트가 새로 생성되면서 '피벗 테이블1'이 나타나는지 확인해 보세요.

4 '국내3팀'의 기간별 대분류 매출을 표시하기 위해 [피벗 테이블 필드] 작업 창에서 [팀]을 '필터' 영역으로 드래그하세요.

> **Tip**
>
> [피벗 테이블 필드] 작업 창에서 '필터' 영역은 대전제 조건으로 '필터'에서 선택한 부분을 보고서로 작성할 수 있어요. '열' 영역은 보고서 중 가로로 나열된 필드를 배치하고, '행' 영역은 세로로 나열될 부분을, '값' 영역은 통계량을 나타낼 때 선택하세요.

5 기간별 분석에서 기간은 보고서의 세로에 배치해 볼게요. [피벗 테이블 필드] 작업 창에서 [매출일]을 '행' 영역으로 드래그하세요.

> **Tip**
>
> 엑셀 2016 버전부터는 날짜 데이터(매출일)를 '행' 영역이나 '열' 영역으로 드래그하기만 하면 자동으로 '날짜' 그룹으로 만들어져서 더욱 편리해졌어요.

환경설정

데이터기초

데이터분석

데이터관리

실무함수

데이터필터

정보의시각화

데이터활용

특별부록

6 '대분류'는 보고서의 가로에 배치해 볼게요. [피벗 테이블 필드] 작업 창에서 [대분류]를 '열' 영역으로 드래그하세요.

7 마지막으로 기간별 대분류의 매출 총합계를 표시하기 위해 [피벗 테이블 필드] 작업 창에서 [금액]을 '값' 영역으로 드래그합니다.

8 각 품목별 판매 금액에 통화 서식을 지정해 볼게요. 피벗 테이블 보고서의 '판매금액(값)' 필드에 있는 임의의 셀에서 마우스 오른쪽 단추를 눌러 [필드 표시 형식]을 선택하세요.

9 [셀 서식] 대화상자가 열리면 [표시 형식] 탭의 '범주'에서 [통화]를 선택하고 '음수'에서 통화 방식을 선택한 후 [확인]을 클릭합니다.

10 판매 금액에 통화 서식이 적용되었는지 확인하고 [피벗 테이블 필드] 작업 창을 닫으세요.

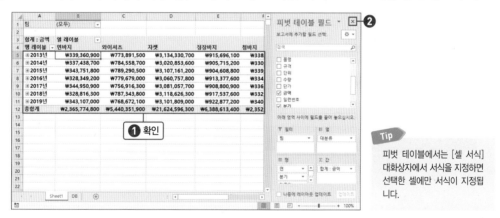

Tip

피벗 테이블에서는 [셀 서식] 대화상자에서 서식을 지정하면 선택한 셀에만 서식이 지정됩니다.

환경설정

데이터기초

데이터분석

데이터관리

실무함수

데이터필터

정보의시각화

데이터활용

특별부록

실무
예제 **03** 목적에 맞는 보고서 작성하기 — 데이터 분석 3단계

🔵 예제파일 : 03_데이터분석_예제.xlsx 🔵 완성파일 : 03_데이터분석_완성.xlsx

1 이번 보고서는 '국내3팀'의 기간별 대분류 매출을 분석하는 것이 목적입니다. 따라서 [Sheet1] 시트에서 B1셀의 내림 단추(▼)를 클릭하고 [국내3팀]을 선택한 후 [확인]을 클릭하세요.

앞의 예제를 계속 이어서 실습해도 됩니다.

2 피벗 테이블 보고서에서 그룹화된 '매출일'의 하위 계층(분기) 매출 금액을 확인해 볼게요. 매출일이 입력된 임의의 셀(A6셀)을 선택하고 [피벗 테이블 도구]의 **[분석] 탭-[활성 필드] 그룹**에서 **[필드 확장]**을 클릭하세요.

> **Tip**
>
> [분석] 탭-[활성 필드] 그룹에서 [필드 확장](⊞)이나 [필드 축소](⊟)가 활성화되어 있지 않으면 피벗 테이블 보고서에서 A열과 같이 계층 구조(년-분기-월)로 되어 있는 셀을 선택하세요. 하지만 값(합계 판매금액) 영역처럼 계층 구조 형태로 나타나 있지 않는 부분을 선택하면 해당 기능은 비활성화됩니다.

3 피벗 테이블 보고서에서 그룹화된 '매출일'의 두 번째 하위 계층인 월 매출 금액을 확인하기 위해 [피벗 테이블 도구]의 **[분석] 탭-[활성 필드] 그룹**에서 **[필드 확장]**을 다시 한 번 더 클릭하세요.

4 월별로 자료가 표시되면 '대분류' 중 '와이셔츠'와 '정장바지', '티셔츠' 매출만 확인해 볼게요. '열 레이블'이 입력된 B3셀의 내림 단추(⊡)를 클릭하고 [(모두 선택)]의 체크를 해제한 후 [와이셔츠], [정장바지], [티셔츠]에 체크하고 [확인]을 클릭하세요.

5 이번에는 피벗 테이블 보고서에서 2018년의 매출 결과를 확인해 볼게요. 아래쪽 화면으로 이동하면 '대분류' 항목이 표시되지 않으므로 B5셀을 선택하고 **[보기] 탭-[창] 그룹**에서 **[틀 고정]-[틀 고정]**을 선택하세요.

6 2018년 3분기 중에서 7월의 '와이셔츠' 매출 자료(raw data)를 확인하기 위해 통계량 셀인 B100셀을 더블클릭하세요.

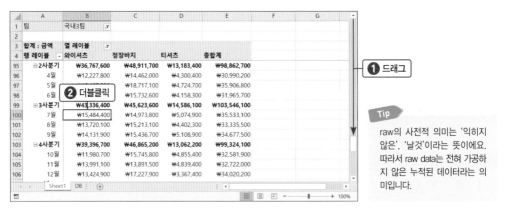

> **Tip**
>
> raw의 사전적 의미는 '익히지 않은', '날것'이라는 뜻이에요. 따라서 raw data는 전혀 가공하지 않은 누적된 데이터라는 의미입니다.

7 새로운 [Sheet2] 시트가 만들어지면서 더블클릭한 B100셀의 매출 자료가 필터링되어 표시됩니다. 하지만 열 너비보다 데이터의 길이가 더 길어서 '#######'으로 나타나므로 열 너비를 데이터에 자동 맞춤하기 위해 A열 머리글부터 L열 머리글을 드래그하여 전체 열을 선택하세요.

8 열과 열 사이에 마우스 포인터를 올려놓고 ✚ 모양으로 변하면 더블클릭하세요. 그러면 열 너비가 데이터 길이에 맞게 자동으로 조절됩니다.

9 피벗 테이블 보고서가 있는 [Sheet1] 시트를 선택하고 A열 중에서 임의의 셀을 선택한 후 [피벗 테이블 도구]의 **[분석] 탭-[활성 필드] 그룹**에서 **[필드 축소]**를 두 번 클릭하세요.

10 '국내3팀'의 특정 항목(대분류)에 대한 매출을 한눈에 볼 수 있는 보고서가 완성되었는지 확인해 보세요.

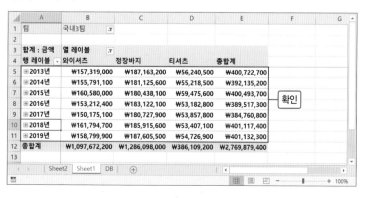

실무 예제 04 차트 작성하기 — 데이터 분석 4단계

● **예제파일** : 04_데이티분석_예제.xlsx   ● **완성파일** : 04_데이터분석_완성.xlsx

1 데이터 분석이 완료된 피벗 테이블 보고서를 차트로 만들기 위해 [Sheet1] 시트에서 피벗 테이블에 있는 임의의 셀을 선택하고 [피벗 테이블 도구]의 **[분석] 탭-[도구] 그룹**에서 **[피벗 차트]**를 클릭하세요. [차트 삽입] 대화상자가 열리면 [모든 차트] 탭에서 [세로 막대형] 범주의 [누적 세로 막대형]을 선택하고 [확인]을 클릭하세요.

앞의 예제를 계속 이어서 실습해도 됩니다.

2 누적 세로 막대형 차트가 삽입되면 적당한 위치에 배치하고 크기를 조절하세요.

위치와 크기 조절

94

3 피벗 테이블 보고서의 데이터가 변경되면 차트에도 곧바로 반영되도록 설정하기 위해 [DB] 시트로 이동한 후 이름 상자에 『K399992』를 입력하고 Enter 를 누릅니다. K399992셀로 이동하면 K399992셀에 『45401』을 입력하고 Enter 를 눌러 2019년 12월 31일 와이셔츠의 금액을 수정하세요.

Tip

임의의 셀로 빨리 이동할 때는 이름 상자에 이동할 셀 주소 (K399992)를 입력한 후 Enter 를 누르세요.

4 피벗 테이블 보고서인 [Sheet1] 탭으로 다시 되돌아와서 확인해 보면 4 과정에서 변경한 와이셔츠 데이터가 반영되지 않은 것을 알 수 있어요. [피벗 테이블 도구]의 [분석] 탭-[데이터] 그룹에서 [새로 고침]의 🔄 를 클릭하여 보고서와 차트의 수치를 변경하세요.

Tip

피벗 테이블 보고서에서 아무 셀이나 클릭한 후 [피벗 테이블 도구]의 [분석] 탭-[데이터] 그룹에서 [새로 고침]을 클릭해도 됩니다.

빠르고 쉬운
데이터 분석 기능 익히기

섹션 01에서는 피벗 테이블을 사용하여 빅데이터를 쉽게 요약하고 분석하는 방법을 익혔는데, 이번 섹션에서는 작성해 놓은 피벗 테이블에 슬라이서를 삽입하여 데이터를 빠르게 필터링하는 방법에 대해 배워봅니다. 시간 표시 막대를 추가하면 년, 월, 일 등의 기간을 기준으로 데이터를 추출할 수 있습니다. 따라서 한 슬라이서에 두 개 이상의 다중 분석 테이블을 연결 및 연동시켜서 더 많은 옵션의 내용을 쉽게 분석하는 방법도 알아봅니다.

> **PREVIEW**

▲ 슬라이서로 기간별, 분류별로
　매출 분석하기

▲ 두 개 이상의 분석 테이블을 연동시켜서 옵션별로 분석하기

> **섹션별**
> **주요 내용**

01 | 슬라이서로 빠르게 데이터 분석 결과 확인하기　**02** | 시간 표시 막대로 기간별 매출 분석하기
03 | 슬라이서 연결해 분석 대시보드 만들기

슬라이서로 빠르게 데이터 분석 결과 확인하기

● **예제파일** : 01_슬라이서_예제.xlsx　　● **완성파일** : 01_슬라이서_완성.xlsx

1　[Sheet1] 시트의 열에 슬라이서를 삽입하기 위해 A열 머리글에서 마우스 오른쪽 단추를 눌러 [삽입]을 선택하세요.

Tip

피벗 테이블로 작성한 보고서에서 원하는 조건에 맞는 분석 결과를 직관적이고 빠르게 검토할 때 슬라이서 기능을 사용합니다.

2　새로운 A열이 삽입되었으면 피벗 테이블에서 임의의 셀을 선택하고 [피벗 테이블 도구]의 **[분석] 탭-[필터] 그룹**에서 **[슬라이서 삽입]**을 클릭하세요. [슬라이서 삽입] 창이 열리면 연도별 대분류 판매 현황을 살펴보기 위해 [대분류]와 [연]에 체크하고 [확인]을 클릭하세요.

3 B열에 입력된 기간과 나란히 놓일 수 있도록 [연] 슬라이서를 A1셀 위치로 이동하고 A열의
너비와 [연] 슬라이서의 크기를 보기 좋게 조절하세요. [대분류] 슬라이서는 B2셀 위치로 이
동하고 2행의 높이와 [대분류] 슬라이서의 크기도 보기 좋게 조절하세요.

4 분석 기간을 선택하기 위해 [연] 슬라이서에서 [2017년]을 선택하고 Ctrl 을 누른 상태에서
[2018년], [2019년]을 차례대로 선택하세요. 그러면 선택 기간에 따라 데이터와 차트가 변경
됩니다.

Tip

슬라이서에서 한꺼번에 여러 항목을 선택하려면 Ctrl 을 이용하거나 슬라이서의 위쪽에 있는 [다중 선택] 단추(≡)를 클릭하여 항목을 선택
할 수 있어요. Alt + S 를 눌러도 다중 선택을 실행할 수 있는데, 이 기능은 엑셀 2016에서 새로 추가되었습니다.

5 이번에는 [대분류] 슬라이서에서 항목을 선택하기 전에 우선 항목을 쉽게 선택할 수 있게 열의 개수를 조정해 볼게요. [대분류] 슬라이서를 선택하고 [슬라이서 도구]의 **[옵션] 탭-[단추] 그룹**에서 **'열'**에 『6』을 입력하세요.

6 [대분류] 슬라이서의 항목이 6개로 변경되면 분석하고 싶은 [면바지]를 선택하고 Ctrl을 누른 상태에서 [자켓]과 [정장바지]를 차례대로 선택하세요. 그러면 선택 항목에 따라 데이터의 내용과 차트의 모양이 바뀌는 것을 확인할 수 있어요.

환경설정

데이터기초

데이터분석

데이터관리

실무함수

데이터필터

정보와시각화

데이터활용

특별부록

시간 표시 막대로 기간별 매출 분석하기

● **예제파일** : 02_시간표시막대_예제.xlsx   ● **완성파일** : 02_시간표시막대_완성.xlsx

1 슬라이서와 함께 기간별 분석을 쉽게 할 수 있는 시간 표시 막대 기능에 대해 알아볼게요. [Sheet1]
시트에서 피벗 테이블에 있는 임의의 셀을 선택하고 [피벗 테이블 도구]의 **[분석] 탭-[필터] 그
룹**에서 **[시간 표시 막대 삽입]**을 클릭하세요.

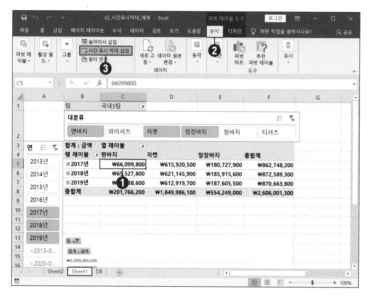

2 [시간 표시 막대 삽입] 창이 열리면 기간이나 시간이 포함된 필드가 표시됩니다. 여기에서는
'매출일' 필드가 기간에 해당하므로 [매출일]에 체크하고 [확인]을 클릭하세요.

> **Tip**
>
> 시간 표시 막대는 엑셀 2013 버전부터 추가된 기능으로, 엑셀 2007과 엑셀 2010 버전에서는 사용할 수 없습니다.

3 2017년부터 2019년까지의 매출을 분석해 볼게요. [Sheet1] 시트에 삽입된 [매출일] 시간 표시 막대에서 [월]의 내림 단추(▼)를 클릭하고 [년]을 선택하세요.

4 열거된 연도 중에서 분석하려는 연도인 2016년부터 2018년까지 드래그하여 선택하고 해당 기간의 매출 데이터와 차트가 변경되어 표시되는지 확인해 보세요.

Tip

시간 표시 막대에서 기간을 선택하면 [연] 슬라이서에서 선택한 기간의 필터는 해제됩니다. 따라서 슬라이서와 시간 표시 막대를 동시에 사용하기보다는 데이터 분석을 할 때 하나의 기능만 단독으로 사용하는 것이 좋습니다.

환경설정

데이터기초

데이터분석

데이터관리

실무함수

데이터필터

정보의시각화

데이터활용

특별부록

실무 예제 03 슬라이서 연결해 분석 대시보드 만들기

◉ 예제파일 : 03_피벗테이블_슬라이서_연결_예제 ◉ 완성파일 : 03_피벗테이블_슬라이서_연결_완성.xlsx

1 하나의 자료로 여러 개의 피벗 테이블 보고서를 작성하고 두 개 이상의 피벗 테이블을 슬라이서로 연결하면 분석 대시보드를 만들어서 쉽게 분석할 수 있어요. 데이터베이스를 표로 만들기 위해 [DB] 시트에서 데이터가 입력된 임의의 셀을 선택하고 Ctrl+T를 누르세요. [표 만들기] 대화상자가 열리면 [머리글 포함]에 체크한 상태에서 [확인]을 클릭하세요.

> **Tip**
>
> 앞의 예제에서 피벗 테이블 만들기의 전 과정인 표와 피벗 테이블 만들기를 이미 배웠지만, 워낙 중요한 과정이므로 해당 과정을 예제마다 반복하여 실습할 수 있도록 구성했습니다. 피벗 테이블 만들기에 익숙해질 때까지 계속 따라해 보세요.

2 표 이름을 변경해 볼게요. 표 안의 데이터가 선택된 상태에서 [표 도구]의 [디자인] 탭-[속성] 그룹에서 [표 이름]의 입력 상자에 『매출DB』를 입력하고 Enter를 누르세요.

3 이름을 지정했으면 피벗 테이블을 만들기 위해 [표 도구]의 **[디자인] 탭-[도구] 그룹**에서 **[피벗 테이블로 요약]**을 클릭하세요. [피벗 테이블 만들기] 대화상자가 열리면 '피벗 테이블 보고서를 넣을 위치를 선택하십시오.'에서 [새 워크시트]를 선택하고 [확인]을 클릭하세요.

4 새로운 [Sheet1] 시트에 피벗 테이블이 만들어지면 연도별 매출 보고서를 작성해 볼게요. 피벗 테이블에 있는 임의의 셀을 선택하고 [피벗 테이블 필드] 작업 창에서 [매출일]은 '행' 영역으로, [금액]은 '값' 영역으로 드래그하세요.

5 하나 이상의 피벗 테이블을 만들 것이므로 헷갈리지 않도록 피벗 테이블마다 이름을 정해야 해요. [피벗 테이블 도구]의 **[분석] 탭-[피벗 테이블]** 그룹에서 '**피벗 테이블 이름**'에 『**연매출분석**』을 입력하고 Enter를 누르세요.

6 판매 금액에 통화 서식을 지정하기 위해 B4셀에서 마우스 오른쪽 단추를 눌러 [필드 표시 형식]을 선택하세요. [셀 서식] 대화상자가 열리면 [표시 형식] 탭의 '범주'에서 [통화]를 선택하고 '음수'에서 통화 방식을 선택한 후 [확인]을 클릭하세요.

> **Tip**
> B4셀 외에 판매 금액이 있는 아무 셀이나 선택하고 마우스 오른쪽 단추를 눌러도 됩니다.

7 데이터 분석을 쉽게 도와주는 슬라이서를 삽입하기 위해 **[분석] 탭-[필터] 그룹**에서 **[슬라이서 삽입]**을 클릭하세요. [슬라이서 삽입] 창이 열리면 [연]에 체크하고 [확인]을 클릭하세요.

8 [연] 슬라이서가 삽입되면 적당한 위치에 배치하고 크기를 조절하세요. 데이터 분석을 한눈에 보여줄 차트를 삽입하기 위해 피벗 테이블에 있는 임의의 셀을 선택하고 [피벗 테이블 도구]의 **[분석] 탭-[도구] 그룹**에서 **[피벗 차트]**를 클릭하세요. [차트 삽입] 대화상자가 열리면 [모든 차트] 탭에서 [세로 막대형] 범주의 [묶은 세로 막대형]을 선택하고 [확인]을 클릭하세요.

> **Tip**
>
> 묶은 세로 막대형 차트를 선택한 이유는 매출의 크기를 나타내는 가장 손쉬운 차트이기 때문입니다.

9 묶은 세로 막대형 차트가 삽입되면 표와 [연] 슬라이서의 아래쪽으로 이동하고 크기를 적절하게 조절하세요. 분석하려는 기간을 선택하기 위해 [연] 슬라이서에서 [2017년]을 선택하고 Ctrl 을 누른 상태에서 [2018년]과 [2019년]을 차례대로 선택하세요.

10 두 번째 피벗 테이블 보고서를 작성하기 위해 [DB] 시트를 선택하고 [표 도구]의 **[디자인]** **탭-[도구]** 그룹에서 **[피벗 테이블로 요약]**을 클릭하세요.

11 [피벗 테이블 만들기] 대화상자가 열리면 두 번째 피벗 테이블 보고서를 이미 작성한 피벗 테이블 보고서의 옆에 배치하기 위해 '피벗 테이블 보고서를 넣을 위치를 선택하십시오.'에서 [기존 워크시트]를 선택하세요. '위치'에 커서를 올려놓고 [Sheet1] 시트의 G3셀을 선택하여 'Sheet1!$G$3'을 입력한 후 [확인]을 클릭하세요.

12 두 번째 피벗 테이블에서는 '관할 지역별 대분류의 매출 보고서'를 작성해 볼게요. '피벗 테이블 필드' 작업 창에서 [관할지역]은 '행' 영역으로, [대분류]는 '열' 영역으로, [금액]은 '값' 영역으로 드래그하세요.

환경설정

데이터기초

데이터분석

데이터관리

실무함수

데이터필터

정보의시각화

데이터활용

특별부록

13 두 번째 생성된 피벗 테이블 보고서의 이름을 변경해 봅시다. [피벗 테이블 도구]의 **[분석]**
탭—[피벗 테이블] 그룹에서 '피벗 테이블 이름'에 『**지역별매출**』을 입력하고 Enter 를 누르세요.

14 판매 금액에 통화 서식을 지정하기 위해 값이 입력된 임의의 셀(H5셀)에서 마우스 오른쪽
단추를 눌러 [필드 표시 형식]을 선택하세요. [셀 서식] 대화상자가 열리면 [표시 형식] 탭의
'범주'에서 [통화]를 선택하고 '음수'에서 통화 방식을 선택한 후 [확인]을 클릭하세요.

15 슬라이서를 삽입하기 위해 [피벗 테이블 도구]의 **[분석] 탭–[필터] 그룹**에서 **[슬라이서 삽입]**을 클릭하세요. [슬라이서 삽입] 창이 열리면 [관할지역]과 [대분류]에 체크하고 [확인]을 클릭하세요.

16 [관할지역] 슬라이서와 [대분류] 슬라이서가 삽입되면 다음의 그림과 같이 적당한 위치로 이동하고 크기를 조절하세요.

> **Tip**
>
> [관할지역] 슬라이서는 F3셀의 근처에 배치하고 F열의 너비와 [대분류] 슬라이서의 크기를 적당히 조절합니다. [대분류] 슬라이서는 1행과 2행의 행 높이를 적당히 조절하고 G1셀의 근처에 배치하세요.

환경설정

데이터기초

데이터분석

데이터관리

실무함수

데이터편집

정보의시각화

데이터활용

특별부록

17 [대분류] 슬라이서의 열 개수를 조정하기 위해 [대분류] 슬라이서만 선택하고 [슬라이서 도구]의 **[옵션] 탭-[단추] 그룹**에서 '**열**'에 『6』을 입력하세요.

18 두 번째 피벗 테이블 보고서에 차트를 삽입하기 위해 두 번째 피벗 테이블 중 임의의 데이터 셀(F5셀)을 선택하고 [피벗 테이블 도구]의 **[분석] 탭-[도구] 그룹**에서 **[피벗 차트]**를 클릭하세요. [차트 삽입] 대화상자가 열리면 [모든 차트] 탭에서 [영역형] 범주의 [영역형] 차트를 선택하고 [확인]을 클릭하세요.

> **Tip**
>
> 영역형 차트를 선택한 이유는 특정 기간의 항목별 변화나 규모, 변화 등을 표시하기 좋은 차트이기 때문입니다.

19 영역형 차트가 삽입되면 크기를 조절하여 적당한 위치에 배치하고 [피벗 테이블 필드] 작업 창을 닫으세요.

20 [연] 슬라이서는 '연매출분석' 피벗 테이블 보고서와 연결되어 있지만, '지역별매출' 피벗 테이블 보고서와는 연결되어 있지 않으므로 [연] 슬라이서를 다른 피벗 테이블 보고서와 연결해 볼게요. [연] 슬라이서를 선택하고 [슬라이서 도구]의 **[옵션] 탭-[슬라이서 스타일] 그룹**에서 **[보고서 연결]**을 클릭하세요. [보고서 연결(연)] 대화상자가 열리면 [지역별매출]에 체크하고 [확인]을 클릭하세요.

21 이와 같은 방법으로 [관할지역] 슬라이서를 다른 피벗 테이블 보고서와 연결해 볼게요. [관할지역] 슬라이서를 선택하고 [슬라이서 도구]의 **[옵션] 탭-[슬라이서 스타일] 그룹**에서 [보고서 연결]을 클릭하세요.

22 [관할지역] 슬라이서는 '지역별매출' 피벗 테이블 보고서와 연결되어 있지만, '연매출분석' 피벗 테이블 보고서와는 연결되어 있지 않아요. [보고서 연결(관할지역)] 대화상자가 열리면 [연매출분석]에 체크하고 [확인]을 클릭하세요.

23 이번에는 [대분류] 슬라이서를 다른 피벗 테이블 보고서와 연결하기 위해 [대분류] 슬라이서를 선택하고 [슬라이서 도구]의 **[옵션] 탭-[슬라이서] 그룹**에서 [보고서 연결]을 클릭하세요.

24 [보고서 연결(대분류)] 대화상자가 열리면 '연매출분석' 피벗 테이블 보고서와 연결하기 위해 [연매출분석]에 체크하고 [확인]을 클릭하세요.

25 관할 지역과 대분류를 변경하기 위해 [관할지역] 슬라이서에서 [서울]을 선택하고 Ctrl 을 누른 상태에서 [경기], [강원], [경남], [경북], [충북]을 선택하세요. [대분류] 슬라이서에서 [면바지]를 선택하고 Ctrl 을 누른 상태에서 [정장바지], [청바지]를 선택하세요.

26 선택한 항목에 따라 보고서의 내용과 차트가 변경되었는지 확인해 보세요.

> **Tip**
>
> [연] 슬라이서와 [대분류] 슬라이서, [관할지역] 슬라이서에서 항목을 선택하면 연결된 두 개의 피벗 테이블 보고서의 내용과 차트가 함께 변경되는 것을 확인할 수 있어요.

03 현장 예제로 실무 데이터 분석하기

지금까지 익힌 데이터 분석 기능만 봐도 피벗 테이블을 마우스만으로도 데이터를 쉽게 집계 및 분석할 수 있는 매우 매력적인 기능임에 틀림이 없습니다. 따라서 실무 현장에서 피벗 테이블 없이 데이터를 분석 및 관리하는 일은 상상도 할 수 없죠. 이제부터는 업무 현장에서 다루는 실무 예제를 통해 엑셀 사용자들이 깜짝 놀랄 만큼 쉬우면서도 활용도가 높은 피벗 테이블의 다양한 분석 기능에 대해 자세히 알아봅니다.

> **PREVIEW**

▲ 별도의 시트에 지역별 매출 각각 작성하기

▲ 기간별 매출 분석하고 비율 표시하기

섹션별
주요 내용
01 | 관할 지역별로 매출 집계표 작성하기   02 | 특정 기간별 매출을 비율로 표시하기

2010 | 2013 | 2016 | 2019 | OFFICE 365

실무
예제 | **01** **관할 지역별로 매출 집계표 작성하기**

◈ 예제파일 : 01_지역매출집계_예제.xlsx   ◈ 완성파일 : 01_지역매출집계_완성.xlsx

1 지역별 판매 금액 분석 보고서를 작성할 때 관할 지역을 일일이 필터링할 필요 없이 마우스 클릭 한 번으로 별도의 시트로 분리할 수 있어요. 먼저 데이터를 표로 만들기 위해 [DB] 시트에서 데이터가 입력된 임의의 셀을 선택하고 [삽입] 탭-[표] 그룹에서 [표]를 선택하세요. [표 만들기] 대화상자가 열리면 [머리글 포함]에 체크한 상태에서 [확인]을 클릭하세요.

2 데이터 분석용 피벗 테이블을 만들기 위해 [표 도구]의 [디자인] 탭-[도구] 그룹에서 [피벗 테이블로 요약]을 클릭하세요. [피벗 테이블 만들기] 대화상자가 열리면 '피벗 테이블 보고서를 넣을 위치를 선택하십시오.'에서 [새 워크시트]를 선택하고 [확인]을 클릭하세요.

3 지역별 판매 금액을 기간별로 분석하기 위해 [피벗 테이블 필드] 작업 창에서 [매출일]을 '행' 영역으로 드래그하세요.

Tip

'필터' 영역에서는 그룹을 만들 수 없으므로 '행' 영역이나 '열' 영역에 날짜 데이터를 드래그하여 그룹화한 후 '필터' 영역으로 다시 드래그해야 합니다.

4 특정 연도와 분기로 데이터를 분석하기 위해 '행' 영역에 있는 [연]과 [분기]를 '필터' 영역으로 드래그하세요. '보고서에 추가할 필드 선택'에서 [매출일]의 체크를 해제하여 '행' 영역에서 [매출일]을 삭제하세요.

Tip

엑셀 2016 버전의 자동 그룹 기능 때문에 '행' 영역에 자동으로 [연], [분기], [월]까지 만들어집니다. 하지만 분석의 목적이 분기 분석이어서 '행' 영역에서 [월]을 '보고서에 추가할 필드 선택'쪽으로 드래그하여 삭제해야 해요.

5 '연'의 내림 단추(▼)를 클릭하고 분석하려는 [2019년]을 선택한 후 [확인]을 클릭하세요.

6 '분기'의 내림 단추(⏷)를 클릭하고 분석하려는 분기인 [1사분기]를 선택한 후 [확인]을 클릭하세요.

7 [피벗 테이블 필드] 작업 창에서 [판매직원]은 '행' 영역으로, [대분류]는 '열' 영역으로, [금액]은 '값' 영역으로 드래그하세요.

8 판매 금액의 셀 서식을 변경해 볼게요. 값 영역 데이터 중 임의의 셀(판매 금액)에서 마우스 오른쪽 단추를 눌러 [필드 표시 형식]을 선택하세요.

환경설정

데이터기초

데이터분석

데이터관리

실무함수

데이터필터

정보의시각화

데이터활용

특별부록

9 [셀 서식] 대화상자가 열리면 [표시 형식] 탭의 '범주'에서 [통화]를 선택하고 '음수'에서 통화
방식을 선택한 후 [확인]을 클릭하세요.

10 [피벗 테이블 필드] 작업 창에서 별도의 시트에 표시할 항목인 [관할지역]을 '필터' 영역으로
드래그하세요.

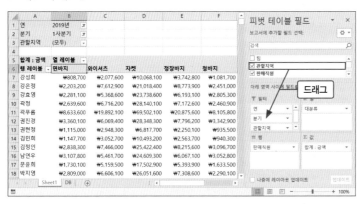

11 별도의 시트에 관할 지역별로 매출을 집계해 볼게요. [피벗 테이블 도구]의 **[분석] 탭-[피벗 테이블] 그룹**에서 [옵션]의 내림 단추(▾)를 클릭하고 **[보고서 필터 페이지 표시]**를 선택하세요.

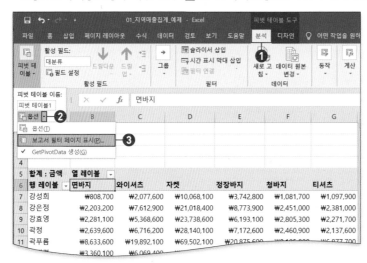

12 [보고서 필터 페이지 표시] 대화상자가 열리면 별도의 시트로 분리하려는 [관할지역]을 선택하고 [확인]을 클릭하세요.

Tip

별도의 시트에 특정 지역만 표시하려면 A3:B3 범위에 위치한 '관할지역'의 내림 단추(▼)를 클릭하고 원하는 지역을 선택한 후 **11** 과정을 실행하세요.

13 관할 지역별로 '2019년'과 '1사분기' 매출 결과가 별도의 시트에 각각 생성되었는지 확인해 보세요.

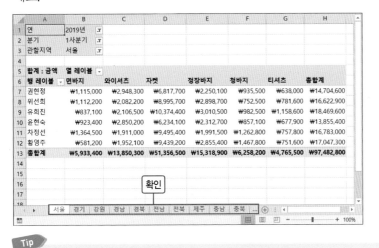

Tip

만약 **8~9** 과정에서 필드 표시 형식을 변경하지 않고 **11** 과정의 보고서 필터 페이지 표시를 실행하면 분리된 자료에도 표시 형식이 지정되지 않은 상태로 나타납니다.

실무
예제 | **02** | ## 특정 기간별 매출을 비율로 표시하기

🔵 **예제파일** : 02_기간매출비율_예제.xlsx   🔵 **완성파일** : 02_기간매출비율_완성.xlsx

1 특정 기간의 매출을 피벗 테이블 보고서로 작성하고 해당 기간의 매출 비율에 값 표시 형식을 지정해 볼게요. 값 표시 형식에 따라 전체 매출 대비 특정 항목에 대한 비율을 나타낼 수 있어 요. 먼저 데이터를 표로 만들기 위해 [DB] 시트에서 데이터가 입력된 임의의 셀을 선택하고 **[삽입] 탭-[표] 그룹**에서 **[표]**를 선택하세요. [표 만들기] 대화상자가 열리면 **[머리글 포함]**에 체 크한 상태에서 **[확인]**을 클릭하세요.

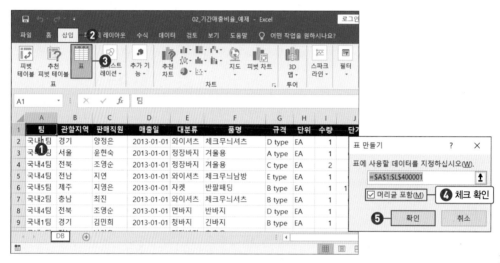

2 피벗 테이블을 만들기 위해 [표 도구]의 **[디자인] 탭-[도구] 그룹**에서 **[피벗 테이블로 요약]**을 클릭 하세요. [피벗 테이블 만들기] 대화상자가 열리면 '피벗 테이블 보고서를 넣을 위치를 선택하 십시오.'에서 **[새 워크시트]**를 선택하고 **[확인]**을 클릭하세요.

3 화면의 오른쪽에 [피벗 테이블 필드] 작업 창이 열리면 기간별 매출 분석을 위해 [매출일]은 '행' 영역으로 드래그하고 '행' 영역의 [연]과 [매출일]은 다시 '필터' 영역으로 드래그합니다. '행' 영역의 [분기]는 '보고서에 추가할 필드 선택'으로 드래그하여 삭제하세요.

Tip

116쪽의 **3** 과정 'Tip'에서 설명한 것처럼 '필터' 영역에서는 곧바로 기간별 분석을 할 수 없기 때문에 '행' 영역이나 '열' 영역으로 드래그한 후 '필터' 영역으로 다시 드래그하는 것입니다.

4 2019년 3월, 4월, 5월 매출을 분석하기 위해 '연'의 내림 단추(▼)를 클릭하고 분석 기간인 [2019년]을 선택한 후 [확인]을 클릭하세요.

5 **4** 과정과 같은 방법으로 '매출일'의 내림 단추(▼)를 클릭하고 [여러 항목 선택]에 체크합니다. [(모두)]의 체크를 해제하고 [3월], [4월], [5월]에 차례대로 체크한 후 [확인]을 클릭하세요.

6 팀별 매출 분석을 위해 [피벗 테이블 필드] 작업 창에서 [팀]과 [대분류]는 '행' 영역으로, [금액]은 '값' 영역으로 드래그하세요.

7 판매 금액의 셀 서식을 변경하기 위해 값이 입력된 임의의 셀에서 마우스 오른쪽 단추를 눌러 [필드 표시 영역]을 선택하세요.

8 [셀 서식] 대화상자가 열리면 [표시 형식] 탭의 '범주'에서 [통화]를 선택하고 '음수'에서 통화 방식을 선택한 후 [확인]을 클릭하세요.

9 비율을 나타내기 위해 [피벗 테이블 필드] 작업 창에서 [금액]을 다시 한 번 '값' 영역으로 드래그하세요.

Tip
'값' 영역으로 드래그하는 항목은 다중 사용이 가능합니다.

10 C4셀을 선택하고『팀별비율』을 입력한 후 Enter를 눌러 이름을 변경하세요.

11 값 표시 형식을 변경하여 팀별 비율을 표시해 볼게요. C5셀에서 마우스 오른쪽 단추를 눌러 [값 표시 형식]-[상위 합계 비율]을 선택하세요.

Tip
전체 매출을 100%라고 가정하면 국내1팀의 매출 비율이 20.50%로 표시됩니다.

환경설정

데이터기초

데이터분석

데이터관리

실무함수

데이터편집

정보의시각화

데이터활용

특별부록

12 [값 표시 형식 (팀별비율)] 대화상자가 열리면 '기준 필드'에서 [팀]이 선택되어 있는지 확인하고 [확인]을 클릭하세요.

13 '전체비율'을 나타내기 위해 [피벗 테이블 필드] 작업 창에서 [금액]을 다시 한 번 '값' 영역으로 드래그하세요.

14 D4셀을 선택하고 『전체비율』을 입력한 후 Enter 를 눌러 이름을 변경하세요. '전체비율' 항목에 표시 형식을 지정하기 위해 D5셀에서 마우스 오른쪽 단추를 눌러 [값 표시 형식]-[열 합계 비율]을 선택하세요.

Tip
전체 열의 합계에서 해당 금액이 차지하는 비율을 표시합니다.

15 대분류 항목 중에서 매출이 많은 항목을 위쪽에 배치하기 위해 B6셀에서 마우스 오른쪽 단추를 눌러 [정렬]-[숫자 내림차순 정렬]을 선택하세요.

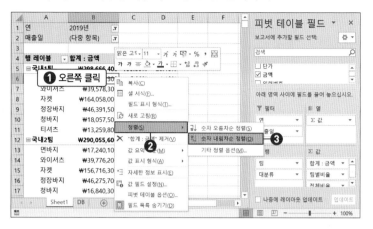

16 팀 항목 중 매출이 많은 팀을 위쪽에 배치하기 위해 B5셀에서 마우스 오른쪽 단추를 눌러 [정렬]-[숫자 내림차순 정렬]을 선택하세요.

17 2019년 3월, 4월, 5월의 팀별 대분류의 항목이 나타나면서 판매 금액과 비율이 높은 순서대로 팀별로 나뉘어 배치되었는지 확인해 보세요.

환경설정

데이터기초

데이터분석

데이터관리

실무함수

데이터편집

정보의시각화

데이터활용

특별부록

효율적인 데이터 관리를 위한 3단계 과정 익히기

엑셀로 데이터를 작성하고 관리하면서 항상 아쉬웠던 부분은 바로 데이터의 효율적인 관리였습니다. 애써 분석한 자료를 제대로 관리하지 못하고 방치해 둔다면 엑셀을 사용하는 의미가 없겠죠? 하지만 엑셀 2013 버전부터 새로 추가된 데이터 모델을 활용하면 테이블 간 데이터의 관계 설정을 통해 효율적으로 데이터를 관리하면서 분석까지 가능하게 되었습니다. 따라서 이번 섹션에서는 데이터 모델을 통한 데이터의 관리와 활용, 그리고 분석에 대해 알아봅니다.

> **PREVIEW**

▲ 다중 테이블의 관계 설정 및 관리하기

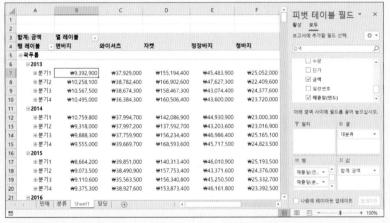

▲ 관계 설정 및 데이터 모델 이용해 데이터 분석하기

> 섹션별 주요 내용

01 | 표 이름 지정하기 — 데이터 관리 1단계   02 | 표 관계 설정하기 — 데이터 관리 2단계

03 | 피벗 테이블 보고서 작성하기 — 데이터 관리 3단계

실무 예제 01 표 이름 지정하기 — 데이터 관리 1단계

● 예제파일 : 01_데이터관리_예제.xlsx ● 완성파일 : 01_데이터관리_완성.xlsx

1 활용도 높은 데이터 관리를 위해 우선 표를 만들어야 하므로 [판매] 시트에서 데이터가 입력된 임의의 셀을 선택하고 **[삽입] 탭-[표] 그룹**에서 **[표]**를 클릭하세요. [표 만들기] 대화상자가열리면 [머리글]에 체크되었는지 확인하고 [확인]을 클릭하세요.

2 표에 지정된 이름이 헷갈릴 수 있으므로 표 이름을 변경해 볼게요. 표를 선택한 상태에서 [표도구]의 **[디자인] 탭-[속성] 그룹**에서 '**표 이름**'의 입력 상자에 『**판매**』를 입력하고 [Enter]를 누르세요.

3 [분류] 시트를 선택하고 **1** 과정과 같은 방법으로 표로 지정해 볼게요. 데이터가 입력된 임의의 셀을 선택하고 **[삽입] 탭-[표] 그룹**에서 **[표]**를 클릭하세요.

4 [표 만들기] 대화상자가 열리면 [머리글]에 체크되었는지 확인하고 [확인]을 클릭하세요.

5 표의 이름을 변경하기 위해 표를 선택한 상태에서 [표 도구]의 **[디자인] 탭-[속성] 그룹**에서 '**표 이름**'에 『**분류**』를 입력하고 Enter를 누르세요.

6 이번에는 [담당] 시트의 데이터베이스를 표로 지정해 볼게요. [담당] 시트에서 데이터가 입력된 임의의 셀을 선택하고 **[삽입] 탭-[표] 그룹**에서 **[표]**를 클릭하세요.

7 [표 만들기] 대화상자가 열리면 [머리글]에 체크되었는지 확인하고 [확인]을 클릭하세요.

8 표의 이름을 변경해 볼게요. 표를 선택한 상태에서 [표 도구]의 **[디자인] 탭-[속성] 그룹**에서 '표이름'에 『담당』을 입력하고 Enter를 누르세요.

실무 예제 | 02 표 관계 설정하기 — 데이터 관리 2단계

🔵 **예제파일** : 02_데이터관리_예제.xlsx 🔵 **완성파일** : 02_데이터관리_완성.xlsx

1 127~129쪽에서 만든 표의 관계를 설정해 볼게요. [담당] 시트에서 **[데이터] 탭-[데이터 도구] 그룹**의 **[관계]**를 클릭하세요.

앞의 예제를 계속 이어서 실습해도 됩니다.

2 관계 설정을 위한 [관계 관리] 대화상자가 열리면 [새로 만들기]를 클릭하세요.

3 [관계 만들기] 대화상자가 열리면 '테이블'에서는 [워크시트 표: 판매]를, '열(외래)'에서는 [품명]을, '관련표'에서는 [워크시트 표: 분류]를, '관련 열(기본)'에서는 [품명]을 선택하고 [확인]을 클릭하세요.

4 [관계 관리] 대화상자로 되돌아오면 두 번째 관계 설정을 위해 다시 한 번 [새로 만들기]를 클릭하세요.

5 [관계 만들기] 대화상자가 열리면 '테이블'에서는 [워크시트 표: 판매]를, '열(외래)'에서는 [관할지역]을, '관련표'에서는 [워크시트 표: 담당]을, '관련 열(기본)'에서는 [관할지역]을 선택하고 [확인]을 클릭하세요.

6 [관계 관리] 대화상자로 되돌아오면 더 이상 추가할 관계가 없으므로 [닫기]를 클릭하세요.

환경설정

데이터기초

데이터분석

데이터관리

실무함수

데이터필터

정보와시각화

데이터활용

특별부록

실무 예제 03 피벗 테이블 보고서 작성하기 — 데이터 관리 3단계

◑ **예제파일** : 데이터관리_예제.xlsx　　◑ **완성파일** : 03_데이터관리_완성.xlsx

1 [담당] 시트에서 관계 설정된 표의 피벗 테이블 보고서를 작성해 볼게요. 피벗 테이블 범위를 드래그하여 선택하고 [표 도구]의 **[디자인] 탭–[도구] 그룹**에서 **[피벗 테이블로 요약]**을 클릭하세요.

앞의 예제를 계속 이어서 실습해도 됩니다.

2 [피벗 테이블 만들기] 대화상자가 열리면 '피벗 테이블 보고서를 넣을 위치를 선택하십시오.' 에서 [새 워크시트]를 선택하세요. '여러 테이블을 분석할 것인지 선택'에서 [데이터 모델에 이 데이터 추가]에 체크하고 [확인]을 클릭하세요.

3 빈 피벗 테이블이 생성되면 [피벗 테이블 필드] 작업 창에서 [모두]를 클릭하세요.

4 담당자별 특정 기간의 대분류 매출을 분석하기 위해 [피벗 테이블 필드] 작업 창에서 관계 설정된 '담당', '분류', '판매'의 ▷ 단추를 클릭하여 하위 항목을 확장하세요. '담당'의 [담당자]와 '판매'의 [매출일]은 '행' 영역으로, '분류'의 [대분류]는 '열' 영역으로, '판매'의 [금액]은 '값' 영역으로 드래그하세요.

5 피벗 테이블의 '매출일' 부분이 자동으로 그룹 지정되어 있지 않으므로 매출일 중 임의의 셀에서 마우스 오른쪽 단추를 눌러 [그룹]을 선택하세요.

6 [그룹화] 대화상자가 열리면 [월]을 클릭하여 선택을 해제하고 분석하려는 기간인 [분기]와 [연]만 선택한 후 [확인]을 클릭하세요.

> **Tip**
>
> 주간 분석을 하려면 [월]을 클릭해 선택을 해제한 후 [일]을 선택하세요. [그룹화] 대화상자의 오른쪽 아래에 '날짜 수'가 활성화되면 『7』을 입력하고 [확인]을 클릭해 주간 그룹을 만들 수 있어요. 이와 같이 속성이 숫자인 모든 데이터는 사용자가 그룹화할 수 있기 때문에 날짜 데이터도 숫자 속성을 이용해 일주일 동안의 그룹을 만들 수 있습니다.

7 매출에 셀 서식을 적용하기 위해 값이 입력된 임의의 셀(B7셀)에서 마우스 오른쪽 단추를 눌러 [필드 표시 형식]을 선택하세요.

8 [셀 서식] 대화상자가 열리면 [표시 형식] 탭의 '범주'에서 [통화]를 선택하고 '음수'에서 통화 방식을 선택한 후 [확인]을 클릭하세요.

9 관계 설정한 세 개의 표와 데이터 모델을 이용하여 하나의 피벗 테이블 보고서가 완성되었는지 확인해 보세요.

환경설정

데이터기초

데이터분석

데이터관리

실무함수

데이터필터

정보와시각화

데이터활용

목차부록

잠깐만요 **날짜 데이터를 입력할 때 유의 사항 살펴보기**

숫자 속성의 데이터는 모든 사용자 그룹이 가능해요. 따라서 날짜 데이터의 경우 별도의 열로 나누어 열, 월, 일을 표시할 필요 없이 하나의 열에 함께 표시하는 것이 좋습니다.

▲ 날짜 데이터가 잘못 입력된 예   ▲ 날짜 데이터가 제대로 입력된 예

실무 데이터 관리해
업무 시간 단축하기

사내에 구축된 시스템에서 잘 정리된 분석 데이터를 다운로드해서 관리하는 일은 어렵지 않지만, 대부분의 영세업자나 중소기업에서는 비용 때문에 자체 데이터 분석 시스템을 갖추고 있지 못한 경우가 많아요. 이번 섹션에서는 피벗 테이블을 활용하여 특정 다수의 데이터를 집계 및 분석해야 하는 방법에 대해 알려줍니다. 또한 지금까지 분석한 데이터의 분석 정보를 시각화하고 시각화된 결과를 출력하는 방법도 알려줍니다.

> **PREVIEW**

분류 / 지역	자켓	정장바지	와이셔츠	면바지	티셔츠	청바지	비고
강원	609,361,500	179,040,900	152,323,400	67,464,000	56,092,200	66,401,900	
경기	595,732,200	178,618,400	154,735,800	66,911,100	55,708,900	68,774,300	
경남	916,603,700	279,215,100	234,047,100	100,267,700	79,983,200	98,764,100	
경북	926,625,900	272,885,800	235,504,200	100,908,600	81,490,500	103,496,900	
서울	610,302,100	180,306,700	149,895,700	67,630,100	54,699,400	69,508,700	
전남	929,455,300	265,432,500	226,550,100	104,155,500	80,389,000	100,445,200	
전북	944,751,600	281,684,200	234,152,300	105,378,900	81,520,800	99,567,200	
제주	1,866,081,600	543,262,700	465,542,700	200,897,700	167,523,800	197,926,000	
충남	945,878,700	281,031,300	230,769,500	100,599,600	79,619,200	100,273,800	
충북	923,126,400	277,222,300	219,840,700	98,716,900	81,368,100	99,882,900	

2017~2019년 매출현황

▲ 다중 시트의 데이터를 하나로 집계하기

▲ 조건부 서식 이용해 데이터 시각화하기

> **섹션별 주요 내용**

01 | 빠른 실행 도구 모음에 피벗 도구 추가하기   02 | 리본 메뉴에 피벗 테이블 그룹 만들기

03 | 피벗 테이블로 다중 시트 데이터 하나로 취합하기   04 | 조건부 서식으로 데이터 시각화하기

05 | 아이콘 집합으로 지역별 목표 결과 표시하기

핵심
기능 **01** 빠른 실행 도구 모음에 피벗 도구 추가하기

◈ **예제파일** : 새 통합 문서에서 시작하세요.

1 피벗 테이블을 이용하여 여러 시트에 입력한 데이터를 하나의 보고서로 작성하려면 빠른 실행 도구 모음에 해당 메뉴를 추가하여 작업 속도를 높이는 것이 좋습니다. **[파일] 탭-[옵션]**을 선택하여 [Excel 옵션] 창을 열고 [빠른 실행 도구 모음] 범주를 선택하세요. '명령 선택'에서 [리본 메뉴에 없는 명령]을 선택하고 [피벗 테이블/피벗 차트 마법사]를 선택한 후 [추가]와 [확인]을 차례대로 클릭하세요.

> **Tip**
>
> 피벗 테이블/피벗 차트 마법사는 엑셀 2019의 리본 메뉴에 없는 기능이기 때문에 빠른 실행 모음 도구로 직접 메뉴를 만들어 봅니다.

2 엑셀 작업 화면으로 되돌아오면 리본 메뉴의 위쪽에 있는 빠른 실행 도구 모음에서 맨 오른쪽에 [피벗 테이블/피벗 차트 마법사] 도구(📊)가 추가되었는지 확인해 보세요.

> **Tip**
>
> 빠른 실행 도구 모음에 삽입한 도구를 삭제하려면 도구에서 마우스 오른쪽 단추를 눌러 [빠른 실행 도구 모음에서 제거]를 선택하세요.

리본 메뉴에 피벗 테이블 그룹 만들기

📎 **예제파일** : 새 통합 문서에서 시작하세요.

1 [파일] 탭-[옵션]을 선택하여 [Excel 옵션] 창을 열고 [리본 사용자 지정] 범주를 선택하세요.
'리본 메뉴 사용자 지정'에서 [삽입]-[표]의 ⊞를 클릭하고 [새 그룹]을 클릭한 후 [이름 바꾸
기]를 클릭하세요.

2 [이름 바꾸기] 대화상자가 열리면 리본 메뉴에 추가할 그룹의 이름을 지정하기 위해 '표시 이
름'에 『다중시트 피벗테이블』을 입력하고 [확인]을 클릭하세요.

> **Tip**
> '기호' 목록에서 원하는 기호를 선택하면 기호까지 지정할 수 있어요.

3 [Excel 옵션] 창으로 되돌아오면 '명령 선택'에서 [리본 메뉴에 없는 명령]을 선택하고 [피벗 테이블/피벗 차트 마법사]를 선택한 후 [추가]와 [확인]을 차례대로 클릭하세요.

4 리본 메뉴의 [삽입] 탭에 [다중시트 피벗테이블] 그룹이 추가되었는지 확인해 보세요.

환경설정

데이터기초

데이터분석

데이터관리

실무함수

데이터필터

정보의시각화

데이터활용

특별부록

잠깐만요 **리본 메뉴에서 [다중시트 피벗테이블] 그룹 삭제하기**

삽입한 그룹을 삭제하려면 [파일] 탭-[옵션]을 선택 하여 [Excel 옵션] 창을 열고 [리본 사용자 지정] 범 주의 해당 그룹에서 마우스 오른쪽 단추를 눌러 [제 거]를 선택하세요.

2010 | 2013 | 2016 | 2019 | OFFICE 365

실무
예제 **03** 피벗 테이블로 다중 시트 데이터 하나로 취합하기

● **예제파일** : 03_다중시트취합_예제.xlsx　● **완성파일** : 03_다중시트취합_완성.xlsx

1 [2017년] 시트에서 피벗 테이블/피벗 차트 마법사 실행 단축키인 Alt + D 를 누른 후 P 를 누르세요. [피벗 테이블/피벗 차트 마법사 - 3단계 중 1단계] 대화상자가 열리면 '분석할 데이터 위치를 지정하십시오.'에서 [다중 통합 범위]를 선택하고 [다음]을 클릭하세요.

Tip
137~139쪽에서 만든 빠른 실행 도구 모음의 [피벗 테이블/피벗 차트 마법사] 도구(📊)나 리본 메뉴의 [삽입] 탭-[다중시트 피벗테이블] 그룹을 선택하여 피벗 테이블/피벗 차트 마법사를 실행해도 됩니다.

2 [피벗 테이블/피벗 차트 마법사 - 3단계 중 2A단계] 대화상자가 열리면 [하나의 페이지 필드 만들기]를 선택하고 [다음]을 클릭하세요.

3 [피벗 테이블/피벗 차트 마법사 – 3단계 중 2B단계] 대화상자가 열리면 '범위'에 커서를 올려 놓고 A3:G13 범위를 드래그하여 선택한 후 [추가]를 클릭하세요.

4 이와 같은 방법으로 [2018년] 시트를 선택하고 A3:G13 범위를 드래그하여 선택한 후 [추가] 를 클릭하세요.

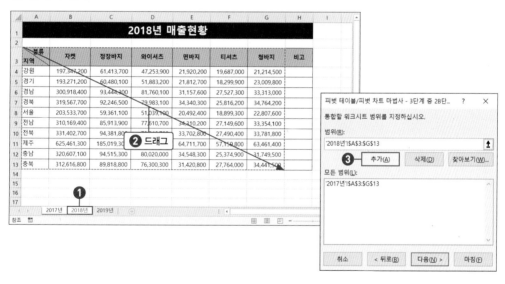

5 마지막으로 [2019] 시트를 선택하고 A3:G13 범위를 드래그하여 선택한 후 [추가]를 클릭하세요. '모든 범위'에 데이터 범위가 모두 추가되었으면 [다음]을 클릭하세요.

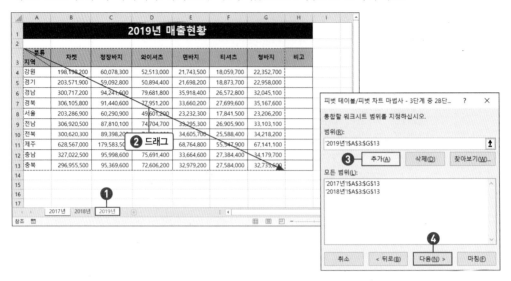

6 [피벗 테이블/피벗 차트 마법사 – 3단계 중 3단계] 대화상자가 열리면 '피벗 테이블 보고서 작성 위치'에서 [새 워크시트]를 선택하고 [마침]을 클릭하세요.

7 새로운 [Sheet1] 시트에 2017년, 2018년, 2019년 데이터가 모두 피벗 테이블로 집계되어 나타납니다. 값 영역의 셀 서식을 변경하기 위해 B5셀에서 마우스 오른쪽 단추를 눌러 [필드 표시 형식]을 선택하세요.

Tip

만약 합계가 아닌 개수가 표시 된다면 3~5 과정에서 범위를 지정할 때 '비고' 항목(H열)까지 선택했기 때문입니다.

8 [셀 서식] 대화상자가 열리면 [표시 형식] 탭의 '범주'에서 [통화]를 선택하고 '음수'에서 통화 방식을 선택한 후 [확인]을 클릭하세요.

9 값 데이터에 1000 단위 구분 기호인 쉼표가 적용되었는지 확인해 보세요.

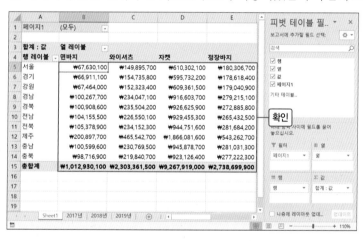

환경설정

데이터기초

데이터분석

데이터관리

실무함수

데이터필터

정보의시각화

데이터활용

특별부록

데이터 통합 기능으로 다중 시트 데이터 하나로 취합하기

🔵 **예제파일** : 03_01_데이터통합_예제.xlsx   🔵 **완성파일** : 03_01_데이터통합_완성.xlsx

피벗 테이블뿐만 아니라 데이터 통합 기능으로도 여러 시트의 데이터를 하나로 취합하여 보고서로 작성할 수 있어요.

❶ [결과] 시트에서 보고서를 작성할 A3셀을 선택하고 [데이터] 탭-[데이터 도구] 그룹에서 [통합]을 클릭하세요.

❷ [통합] 대화상자가 열리면 '함수'에서 [합계]를 선택하고 [2017년] 시트의 A3:G13 범위를 드래그하여 선택한 후 [추가]를 클릭해서 '모든 참조 영역'에 추가하세요. 이와 같은 방법으로 [2018년] 시트와 [2019년] 시트의 A3:G13 범위도 '모든 참조 영역'에 추가하고 '사용할 레이블'에서 [첫 행]과 [왼쪽 열]에 체크한 후 [확인]을 클릭하세요.

Tip

데이터 통합을 실행할 때 [통합] 대화상자의 [원본 데이터에 연결]에 체크하고 [확인]을 클릭하면 원본 데이터가 변경되어도 [결과] 시트에 곧바로 반영되어 나타납니다.

❸ A3셀부터 2017년, 2018년, 2019년 데이터가 취합되어 나타나는지 확인해 보세요.

실무 예제 | 04 조건부 서식으로 데이터 시각화하기

⊙ 예제파일 : 04_조건부_서식_예제.xlsx   ⊙ 완성파일 : 04_조건부_서식_완성.xlsx

1 [데이터막대_1] 시트에서 D4:D7 범위를 드래그하여 선택하세요. 대비율을 한눈에 알아볼 수 있도록 데이터 막대를 적용하기 위해 [홈] 탭-[스타일] 그룹에서 [조건부 서식]-[데이터 막대]를 선택하고 '단색 채우기'의 [파랑 데이터 막대]를 선택하세요.

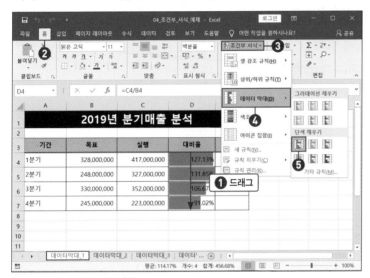

> **Tip**
>
> 피벗 테이블로 분석한 보고서에 조건부 서식을 적용하면 차트를 따로 만들지 않아도 데이터를 시각화할 수 있어요.

2 이번에는 [데이터막대_2] 시트의 '실행공정' 항목에 100%를 기준으로 데이터 막대를 표시해 볼게요. 이 경우 '실행공정' 항목의 합이 100%를 초과할 수 없으므로 C8셀에 『100%』를 입력하고 Enter를 누른 후 데이터 막대가 표시될 C4:C8 범위를 드래그하여 선택하세요.

	공정현황			
				2019년 5월 현재
공사명	공정목표	실행공정	대비율	비고
○○지구 특고압케이블 포설	53.70%	55.80%	103.91%	
XX단지 조경공사	68.40%	65.70%	96.05%	
○○지구 광케이블 포설	25.40%	23.70%		
XX아파트 공조기설치 공사	78.90%	81.00%	102.66%	
		100%		

❸ 드래그

❷ 입력 → Enter

❶

145

3 [홈] 탭-[스타일] 그룹에서 [조건부 서식]-[데이터 막대]를 선택한 후 '단색 채우기'의 [자주 데이터 막대]를 선택하세요. 가장 큰 값인 가상 데이터의 행을 숨기기 위해 8행 머리글에서 마우스 오른쪽 단추를 눌러 [숨기기]를 선택하세요.

4 [데이터막대_3] 시트의 '집행율' 항목에도 100% 기준의 데이터 막대를 표시해 볼게요. 데이터 막대가 표시될 D4:D7 범위를 드래그하여 선택하고 [홈] 탭-[스타일] 그룹에서 [조건부 서식]을 클릭한 후 [데이터 막대]-[기타 규칙]을 선택하세요.

5 [새 서식 규칙] 대화상자가 열리면 '최대값'을 [숫자]로 선택하고 '값'에 『1』을 입력한 후 [확인]을 클릭하세요.

6 '집행율' 항목에 100% 기준의 데이터 막대가 표시되었는지 확인해 보세요.

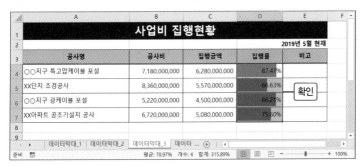

7 [데이터막대_4] 시트에서는 100% 기준의 데이터 막대를 별도의 열에 표시해 볼게요. E4셀에 『=D4』를 입력하고 Enter를 누른 후 E4셀의 자동 채우기 핸들(➕)을 E7셀까지 드래그하세요.

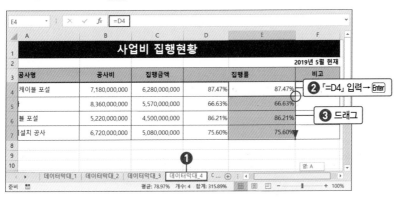

8 [홈] 탭-[스타일] 그룹에서 [조건부 서식]을 클릭하고 [데이터 막대]-[기타 규칙]을 선택하세요.

9 [새 서식 규칙] 대화상자가 열리면 '서식 스타일'의 [막대만 표시]에 체크하세요. '최대값'에 서 [숫자]를 선택하고 '값'에 『1』을 입력한 후 [확인]을 클릭하세요.

10 E열의 '집행율' 항목에 숫자는 표시되지 않고 100% 기준 데이터 막대만 나타났는지 확인해 보세요.

실무 예제 05 아이콘 집합으로 지역별 목표 결과 표시하기

● 예제파일 : 05_아이콘집합_예제.xlsx　● 완성파일 : 05_아이콘집합_완성.xlsx

1 [아이콘집합] 시트에서 B4:M13 범위를 드래그하여 선택하세요. **[홈] 탭-[스타일] 그룹**에서 **[조건부 서식]**을 클릭하고 **[아이콘 집합]-[기타 규칙]**을 선택하세요.

2 [새 서식 규칙] 대화상자가 열리면 '종류'를 모두 [숫자]로 지정합니다. 다음의 그림과 같은 '아이콘 스타일'을 선택하고 '값'에 기준을 입력한 후 [확인]을 클릭하세요.

Tip

아이콘 스타일의 표시 기준은 다음과 같아요.

• 105% 이상 : ✔ 아이콘　　• 90% 이상, 105% 미만 : ❗ 아이콘　　• 90% 미만 : ✖ 아이콘

3 데이터가 열 너비보다 길어서 '####'으로 표시되므로 B열 머리글부터 M열 머리글까지 드래그하여 선택하세요.

4 열과 열 사이에 마우스 포인터를 올려놓고 ✛ 모양으로 바뀌면 더블클릭해서 열 너비를 자동 맞춤합니다.

Up무 능력 향상을 위한 활용 실습

1 | 문자로 입력된 날짜를 정상 날짜로 변환하기

🔵 **예제파일** : 날짜변환_예제.xlsx 🔵 **완성파일** : 날짜변환_완성.xlsx

날짜가 문자 형태로 입력된 상태에서 피벗 테이블을 작성하고 날짜를 그룹으로 만들려면 '선택 범위를 그룹으로 묶을 수 없습니다.'라는 오류 메시지가 나타납니다. 이 경우 문자로 입력된 날짜를 모두 정상 날짜로 변환하고 피벗 테이블을 활용해 데이터를 빠르게 집계 및 분석해 보세요.

Hint

① 문자로 입력된 날짜 부분을 선택하세요. 이때 연속된 범위이므로 D2셀을 선택하고 [Ctrl]+[Shift]+[↓]를 누르면 D2:D400001 범위에 있는 40만 개의 데이터를 쉽게 선택할 수 있어요.

② [데이터] 탭-[데이터 도구] 그룹에서 [텍스트 나누기]를 클릭하세요.

③ 텍스트 나누기 3단계 중 1단계와 2단계는 [다음]을 계속 클릭하세요.

④ 3단계에서 '열 데이터 서식'을 [날짜]로 선택하여 [년월일]로 지정한 후 [마침]을 클릭하세요.

2 | 다중 열에 문자로 입력된 날짜를 정상 날짜로 변환하기

🔵 **예제파일** : 다중열_날짜변환_예제.xlsx 🔵 **완성파일** : 다중열_날짜변환_완성.xlsx

텍스트 나누기는 한 개의 열만 변환 가능하기 때문에 다중 열로 입력되어 있고 연월일이 아닌 형태로 입력되어 있을 때 정상 날짜로 변환해 보세요.

Hint

① 다중 열을 한 개의 열 데이터로 나열하기 위해 변환할 데이터인 B3:I3 범위를 선택하고 복사하세요.

② 붙여넣을 임의의 셀(K3셀)에서 마우스 오른쪽 단추를 눌러 [선택하여 붙여넣기]를 선택하여 [선택하여 붙여넣기] 대화상자를 열고 [값], [행/열 바꿈]에 체크한 후 [확인]을 클릭하세요.

③ [데이터] 탭-[데이터 도구] 그룹에서 [텍스트 나누기]를 선택하여 텍스트 마법사를 실행한 후 1, 2단계에서는 [다음]을 클릭하세요. 3단계에서는 '열 데이터 서식'에서 [날짜]와 [월일년]을 선택하고 [마침]을 클릭하세요.

④ 선택한 범위가 정상 날짜로 변환되었으면 양식에 적용하기 위해 K3:K9 범위를 선택하고 복사하세요.

⑤ B3셀에서 마우스 오른쪽 단추를 눌러 [선택하여 붙여넣기]를 선택하여 [선택하여 붙여넣기] 대화상자를 열고 [값], [행/열 바꿈]에 체크한 후 [확인]을 클릭하세요. 데이터 너비에 맞게 열 너비를 조정하세요.

1 | 보고서의 인쇄 출력 환경 설정하기

▶ 예제파일 : 출력_설정_예제.xlsx   ▶ 완성파일 : 출력_설정_완성.xlsx

보고서를 모두 작성했으면 회의나 미팅 준비를 위한 보고서를 출력해야 합니다. 애써 만든 작업물을 제대로 출력하지 못해서 원하는 결과를 보여주지 못한다면 업무 능력을 인정받기 어렵습니다. 그러므로 실무에서 꼭 알아두어야 할 출력 설정 방법에 대해 잘 익혀야 해요.

1 [출력설정_1] 시트에서 [파일] 탭-[인쇄]를 선택하고 1페이지의 미리 보기를 확인하세요.

> **Tip**
>
> 인쇄 미리 보기의 단축키는 Ctrl + F2 입니다.

2 [다음 페이지] 단추(▶)를 클릭해서 2페이지를 미리 보기하면 1페이지에서 맨 위에 나타났던 머리글이 나타나지 않습니다. ⊙를 클릭하여 다시 엑셀 작업 창으로 되돌아가세요.

3 각 페이지마다 특정 행을 반복해서 출력하도록 설정해 볼게요. [페이지 레이아웃] 탭-[페이지 설정] 그룹에서 [페이지 설정] 대화상자 표시 아이콘(⬚)을 클릭하세요. [페이지 설정] 대화상자가 열리면 [시트] 탭에서 '반복할 행'에 커서를 올려놓고 3행 머리글을 선택한 후 [확인]을 클릭하세요.

> **Tip**
>
> 3행 머리글을 선택하면 '반복할 행'에 '$3:$3'이 나타납니다.

4 Ctrl + F2 를 눌러 인쇄 미리 보기를 표시하고 [다음 페이지] 단추(▶)를 클릭하세요. 그러면 2 페이지에도 3행의 머리글이 반복되어 출력되는 것을 확인할 수 있어요. ⊙를 클릭하여 다시 엑셀 작업 창으로 되돌아가세요.

5 [출력설정_2] 시트에서 출력물의 아래쪽에 현재 시트가 있는 파일 경로와 파일명, 페이지 수를 표시하려고 합니다. [페이지 레이아웃] 탭-[페이지 설정] 그룹에서 [페이지 설정] 대화상자 표시 아이콘(▣)을 클릭하세요.

Tip

그룹 이름의 오른쪽에 있는 대화상자 표시 아이콘(▣)을 클릭하면 해당 그룹의 옵션을 모두 확인하여 설정할 수도 있고 특정 옵션을 선택할 수 있는 대화상자가 열려요.

6 [페이지 설정] 대화상자가 열리면 파일 경로와 페이지 수를 출력물의 아래쪽에 표시하기 위해 [머리글/바닥글] 탭을 선택하고 [바닥글 편집]을 클릭하세요.

환경설정

데이터기초

데이터분석

데이터편집

실무함수

데이터필터

정보의시각화

데이터활용

특별부록

7 [바닥글] 대화상자가 열리면 바닥글에 페이지를 00페이지 중 0페이지로 나타내기 위해 '오른쪽 구역'에 커서를 올려놓고 [전체 페이지 수 삽입] 단추(🔲)를 한 번 클릭하세요.

8 '오른쪽 구역'에 나타난 '&[전체 페이지 수]'의 뒤에 한 칸 띄고 『중』을 입력한 후 다시 한 칸 띄고 [페이지 번호 삽입] 단추(🔲)를 클릭하세요.

9 '왼쪽 구역'에는 파일 경로를 표시하기 위해 '왼쪽 구역'에 커서를 올려놓고 [파일 경로 삽입] 단추(🔲)를 클릭한 후 [확인]을 클릭하세요. [페이지 설정] 대화상자로 되돌아오면 [확인]을 클릭하세요.

10 엑셀 작업 화면으로 되돌아와서 Ctrl+F2를 누르세요. 인쇄 미리 보기 화면이 나타나면 왼쪽 아래에는 파일 경로가, 오른쪽에는 00페이지 중 0페이지라고 나타나는지 확인해 보세요.

> **Tip**
>
> 9 과정부터 설명하는 파일 경로 표시는 사용자의 작업 환경에 따라 다르게 표시될 수 있어요.

2 | 주간 단위로 매출 분석하기

● **예제파일** : 주간매출_예제.xlsx ● **완성파일** : 주간매출_완성.xlsx

주간별로 매출 분석을 하려면 '그룹' 기능을 이용해야 해요. 그러면 사용자가 원하는 기간만큼의 날짜를 지정하여 분석할 수 있습니다.

1 [Sheet1] 시트의 [피벗 테이블 필드] 작업 창에서 [팀]과 [매출일]은 '행' 영역으로, [대분류]는 '열' 영역으로, [금액]은 '값' 영역으로 드래그하세요. 피벗 테이블이 완성되었으면 금액이 표시된 셀에서 마우스 오른쪽 단추를 눌러 [필드 표시 형식]을 선택하세요.

2 [셀 서식] 대화상자가 열리면 통화 표시 형식을 지정하세요. 주간 매출 분석을 위해 피벗 테이블에서 임의의 날짜 데이터에서 마우스 오른쪽 단추를 눌러 [그룹]을 선택하세요.

3 [그룹화] 대화상자가 열리면 [월], [분기], [연]을 클릭해서 선택을 해제하고 [일]을 선택하세요. '날짜 수'가 활성화되면 사용자가 원하는 그룹의 단위가 주간이므로 『7』을 입력하고 [확인]을 클릭한 후 주간 단위로 매출이 분석되었는지 확인해 보세요.

3 | 피벗 테이블의 기본 레이아웃 변경하기

▶ **예제파일** : 피벗테이블_레이아웃_예제.xlsx ▶ **완성파일** : 피벗테이블_레이아웃_완성.xlsx

엑셀 2007 버전부터는 피벗 테이블이 기본적으로 '압축 형식으로 표시'됩니다. 하지만 엑셀 2003 버전부터 피벗 테이블을 사용한 유저들은 레이아웃을 '개요 형식으로 표시'로 보는 게 더 편하다고도 해요. 따라서 이번에는 매번 레이아웃을 바꾸지 않고 기본 레이아웃을 변경하는 방법을 알아보겠습니다.

1 [DB] 시트에서 피벗 테이블을 작성하기 위해 표에 있는 임의의 셀을 선택하고 [표 도구]의 [디자인] 탭-[도구] 그룹에서 [피벗 테이블로 요약]을 클릭하세요. [피벗 테이블 만들기] 대화상자가 열리면 [확인]을 클릭합니다.

> **Tip**
>
> 표에 있는 임의의 셀을 선택해야 [표 도구]가 나타납니다.

2 새로운 [Sheet1] 시트의 [피벗 테이블 필드] 작업 창에서 몇 개의 필드를 이동 및 배치하면 '압축 표시 형식'으로 나타나는 것을 확인할 수 있어요.

3 피벗 테이블을 작성하면 왼쪽 그림과 같이 '개요 표시 형식' 레이아웃으로 나타나는 것이 보기에 편합니다.

4 이전에는 매번 [피벗 테이블 도구]의 [디자인] 탭-[레이아웃] 그룹에서 [보고서 레이아웃]-[개요 형식으로 표시]를 선택해야 '개요 표시 형식' 레이아웃으로 나타났어요.

5 엑셀 2019 버전부터는 피벗 테이블 기본 레이아웃을 지정할 수 있습니다. [파일] 탭-[옵션]을 클릭하여 [Excel 옵션] 창을 열고 [데이터] 범주에서 [기본 레이아웃 편집]을 클릭하세요.

6 [기본 레이아웃 편집] 창이 열리면 '보고서 레이아웃'에서 [개요 형식으로 표시]를 선택하고 [확인]을 클릭하세요. [Excel 옵션] 창으로 되돌아오면 [확인]을 클릭하세요. 그러면 이제부터 피벗 테이블을 작성할 때 압축 표시 형식이 아니라 개요 표시 형식으로 기본 레이아웃이 표시되는 것을 확인할 수 있어요.

Tip

피벗 테이블은 '개요 형식으로 표시'로 나타낼 수 있어요. 하지만 엑셀 2003 버전 이후에는 일반적으로 '압축 형식으로 표시'를 사용하므로 이 책의 실습은 '압축 형식으로 표시' 방식을 이용하는 것이 좋습니다.

CHAPTER 04

함수 검색은 이제 그만! 실무 함수 제대로 익히기

SECTION 01   실무에 꼭 필요한 필수 함수 익히기

SECTION 02   숫자 데이터 계산하는 수학/삼각 함수 익히기

SECTION 03   날짜 계산 및 기간 경과 관련 함수 익히기

SECTION 04   원하는 정보 검색하는 찾기/참조 함수 익히기

SECTION 05   보고서 작성에 효율적인 실무 함수 활용하기

SECTION 06   엑셀 2019 신규 함수 적극 활용하기

챕터 3에서 배웠듯이 엑셀은 마우스만으로 데이터를 집계하고 쉽게 분석할 수 있는 프로그램이에요. 하지만 이러한 기능은 원래의 데이터(raw data)가 제대로 준비되어 있어야 효율적으로 작동합니다. 만약 사내 시스템을 통해 제공되는 데이터에 분석하려는 내용이 포함되어 있지 않거나 피벗 테이블만으로 원하는 분석을 할 수 없는 경우에는 함수를 사용해야 합니다. 그런데 많은 사람들이 함수 사용은 어렵다고만 느껴서 인터넷 검색에 의존하거나 주변 동료들의 도움을 받으려고 하죠. 따라서 이번 챕터에서는 실무에 꼭 필요한 함수만 뽑아 제대로 익힐 수 있도록 도와줍니다.

실무에 꼭 필요한 필수 함수 익히기

엑셀에서 기본적으로 제공하는 함수만 알아도 대부분의 실무를 문제없이 해결할 수 있어요. 이번 섹션에서는 업무에서 가장 많이 사용하는 함수만 뽑아 제대로 알려줍니다. SUM 함수와 IF 함수, AVERAGE 함수 등 기본적인 함수의 사용법부터 언제, 어떻게 사용해야 업무에 효율적인지 알아보겠습니다. 이번 섹션만 잘 따라하면 더 이상 함수 때문에 인터넷 검색을 할 필요가 없어요.

> **PREVIEW**

▲ GETPIVOTDATA 함수와 피벗 테이블 활용해 보고서 작성하기

▲ IF 함수 이용해 팀별 매출 평가하기

> **섹션별 주요 내용**

01 | 목표값과 매출액의 합계 구하기 — SUM 함수 02 | 매출 목표값의 평균 구하기 — AVERAGE 함수

03 | 피벗 테이블과 함수로 지역별 매출 구하기 — GETPIVOTDATA 함수

04 | 피벗 테이블과 함수로 지역별 판매 횟수 구하기 — GETPIVOTDATA 함수

05 | 목표 대비 매출의 달성 여부 평가하기 — IF 함수

목표값과 매출액의 합계 구하기

◆ **예제파일** : 01_SUM합계_예제.xlsx ◆ **완성파일** : 01_SUM합계_완성.xlsx

● **SUM 함수**

1 [합계_1] 시트의 B15:C15 범위에 목표값과 매출 합계를 나타내볼게요. 우선 B15셀에 목표값을 구하기 위해 B15셀에 『=SUM(』을 입력하고 B5:B14 범위를 선택한 후 [Enter]를 누르세요.

2 이번에는 이름 정의를 사용하여 매출 합계를 구해볼까요? C5:C14 범위를 드래그하여 선택하고 이름 상자에 『매출』을 입력한 후 [Enter]를 누르세요. 이렇게 하면 C5:C14 범위의 이름이 '매출'로 정의됩니다.

Tip

정의된 이름을 확인하는 방법에 대해서는 162쪽의 '잠깐만요'를 참고하세요.

161

3 **2** 과정에서 정의한 '매출' 이름을 사용하여 함수식을 입력해 볼게요. C15셀을 선택하고 『=SUM (매출』을 입력한 후 [Enter]를 누르세요.

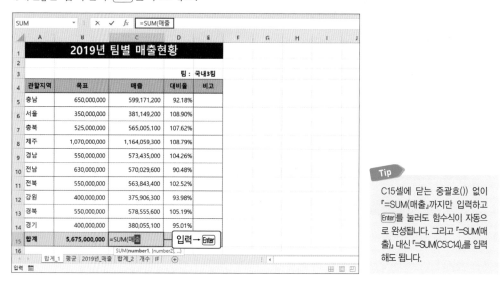

Tip

C15셀에 닫는 중괄호(()) 없이 『=SUM(매출』까지만 입력하고 [Enter]를 눌러도 함수식이 자동으로 완성됩니다. 그리고 『=SUM(매출』 대신 『=SUM(C5:C14)』를 입력해도 됩니다.

4 목표 대비 매출 비율을 나타내기 위해 D15셀을 선택하고 『=C15/B15』를 입력한 후 [Enter]를 누르세요.

잠깐만요 **정의한 이름의 범위 확인하기**

특정 범위에 정의한 이름은 [수식] 탭-[정의된 이름] 그룹에서 [이름 관리자]를 클릭하여 확인할 수 있어요. [이름 관리자] 대화상자가 열리면 정의된 이름을 선택해 보세요. 그러면 '참조 대상'에서 해당 이름이 정의될 참조 범위를 확인할 수 있어요.

5 D15셀에 목표액에 대한 매출액의 대비율이 구해졌는지 확인해 보세요.

환경설정

데이터기초

데이터분석

데이터관리

실무함수
실무함수

데이터편집

정보의시각화

데이터활용

특별부록

잠깐만요 **정의한 이름이 기억나지 않을 때 수식에 쉽게 적용하기**

이름 정의를 사용하면 함수식을 직관적으로 표현할 수 있어 해석이 쉽지만, 데이터 범위에 정의한 이름이 많아 기억이 나지 않거나 헷갈릴 수 있습니다. 이 경우 F3 을 사용하여 정의한 이름을 수식에 쉽게 적용할 수 있어요.

❶ C15셀에 『=SUM(』까지 입력하고 F3 을 누르세요.

❷ [이름 붙여넣기] 대화상자가 열리면 삽입하고 싶은 이름을 더블클릭하거나 선택하고 [확인]을 클릭하세요.

셀 서식 변경 없이 함수 입력하기

ⓞ **예제파일** : 01_01_서식변경_함수_예제.xlsx　　ⓞ **완성파일** : 01_01_서식변경_함수_완성.xlsx

[합계_1] 시트에서 D5:D15 범위의 수식은 모두 [매출/목표]입니다. 그런데 D15셀은 다른 셀과 달리 셀에 회색 채우기 색이 지정되어 있어요. 이 상태에서 자동 채우기로 수식을 입력하면 셀 속성까지 복사되기 때문에 주의해야 합니다. 그래서 162쪽의 4 과정에서 D15셀에 함수식을 별도로 입력한 것이죠. 이 경우 셀 서식과 상관없이 D5:D15 범위에 수식을 한 번에 채우려면 Ctrl + Enter 를 눌러야 합니다.

❶ [합계_1] 시트에서 D5:D15 범위를 드래그하여 선택하세요.

❷ 수식을 입력할 때는 마우스를 이용해서 참조할 셀을 선택하지 않고 커서를 이용해야 합니다. 먼저 『=』를 입력하고 ← 를 한 번 누르면 수식이 '=C5'로 변경됩니다. 그 뒤에 『/』를 입력하고 ← 를 두 번 누르면 '=C5/B5'로 입력됩니다. 이 상태에서 Ctrl + Enter 를 누르면 서식이 다른 셀 범위에 같은 수식을 한 번에 채울 수 있어요.

실무 예제 | 02

매출 목표값의 평균 구하기

● 예제파일 : 02_AVERAGE평균_예제.xlsx   ● 완성파일 : 02_AVERAGE평균_완성.xlsx

● AVERAGE 함수

1 [평균] 시트에서 목표값의 평균을 구하기 위해 B15셀을 선택하고 『=AVERAGE(B5:B14』를 입력한 후 Enter를 누르세요.

> **Tip**
>
> 함수식의 맨 뒤에 닫는 괄호(\))를 입력하지 않고 Enter를 눌러도 함수식이 완성되어 결과값을 구할 수 있습니다. 이것에 대해서는 166쪽의 '잠깐만요'를 참고하세요.

=AVERAGE(B5:B14)
❶

❶은 산술 평균을 산출할 데이터 범위
➡ AVERAGE 함수는 평균을 구하는 함수로, B5셀부터 B14셀까지 입력된 데이터의 평균을 구합니다.

---

2 B15셀에 적용한 평균 수식을 매출과 대비율에도 적용해 볼게요. B15셀의 자동 채우기 핸들 (┼)을 D15셀까지 드래그하여 '매출' 항목과 '대비율' 항목의 평균도 구하세요.

3 D15셀을 선택하고 [홈] 탭-[표시 형식] 그룹에서 [백분율 스타일]을 클릭하여 대비율에 백분율 스타일을 지정하세요. [홈] 탭-[표시 형식] 그룹에서 [자릿수 늘림]을 두 번 클릭하여 소수점 이하 둘째 자리까지 백분율 스타일로 표시하세요.

> **Tip**
> 백분율 스타일을 빠르게 적용하려면 Ctrl + Shift + %를 누르세요.

잠깐만요 **함수식 쉽게 작성하고 셀 범위 빠르게 선택하기**

함수식에 적용해야 할 셀과 범위가 많아질수록 입력이 복잡해집니다. 하지만 다음의 방법을 이용하면 좀 더 빠르고 편리하게 함수식을 작성하거나 셀 범위를 선택할 수 있어요.

❶ 함수식에서 닫는 괄호()) 생략하기

엑셀에서 함수식을 작성할 때 함수를 입력하고 맨 마지막에 닫는 괄호())만 남았다면 그냥 Enter를 누르세요. 예를 들어 『=SUM(B5:B14』까지 입력하고 마지막에 닫는 괄호를 입력하지 않은 상태에서 Enter를 눌러도 함수식은 제대로 입력됩니다. 해당 셀의 함수식을 확인해 보면 '=SUM(B5:B14)'로, 닫히는 괄호가 자동으로 생성된 것을 확인할 수 있어요.

❷ 단축키 눌러 연속된 셀 범위 빠르게 선택하기

연속된 셀 범위를 쉽게 선택하려면 B15셀 선택 → 『=AVERAGE(』 입력 → 첫 번째 셀인 B5셀 선택 → Ctrl + Shift + ↓를 누릅니다. 그러면 화살표 방향으로 선택된 셀부터 연속된 마지막 셀까지 한 번에 선택되므로 함수식은 '=AVERAGE(B5:B14'로 변경됩니다. 이때 Enter를 누르면 연속된 셀 범위의 평균을 빠르게 구할 수 있어요.

피벗 테이블과 함수로 지역별 매출 구하기

🔵 **예제파일** : 03_GETPIVOTDATA지역매출_예제.xlsx 🔵 **완성파일** : 03_GETPIVOTDATA지역매출_완성.xlsx

● **GETPIVOTDATA 함수**

1 앞에서 배운 피벗 테이블과 함수를 동시에 사용하면 좀 더 쉽게 데이터를 집계 및 분석할 수 있어요. 데이터 분석을 위한 가장 첫 단계인 표 만들기를 위해 [2019년_매출] 시트에서 데이터가 입력된 임의의 셀을 선택하고 Ctrl + T 를 누릅니다. [표 만들기] 대화상자가 열리면 [머리글 포함]에 체크한 상태에서 [확인]을 클릭하세요.

2 피벗 테이블을 삽입하기 위해 [표 도구]의 [**디자인**] 탭−[도구] 그룹에서 [**피벗 테이블로 요약**]을 클릭하세요. [피벗 테이블 만들기] 대화상자가 열리면 피벗 테이블 보고서를 넣을 위치를 [새 워크시트]로 선택하고 [확인]을 클릭하세요.

167

3 새로운 [Sheet1] 시트에 [피벗 테이블 필드] 작업 창이 열리면 [관할지역]은 '행' 영역으로, [금액]은 '값' 영역으로 드래그하여 관할 지역별 금액의 합계가 표시된 피벗 테이블을 완성하세요.

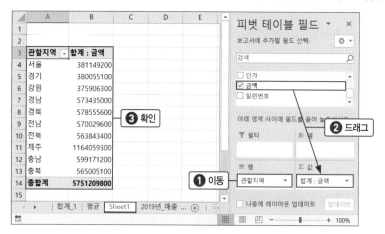

4 [합계_2] 시트를 선택하고 [Sheet1] 시트에 입력된 피벗 테이블 자료를 참조하여 C4셀에 충남 지역의 매출을 구해볼게요. C4셀을 선택하고 『=』를 입력하세요.

5 [Sheet1] 시트를 선택하고 충남 지역의 매출이 있는 B12셀을 선택한 후 Enter를 누릅니다. 그러면 수식 입력줄에 GETPIVOTDATA 함수의 수식이 입력되면서 [합계_2] 시트로 이동하세요.

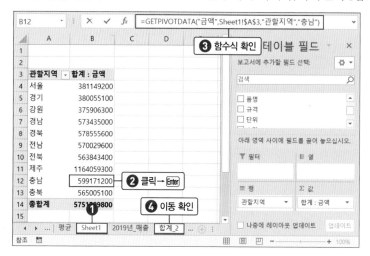

6 [합계_2] 시트에서 C4셀을 선택하면 [Sheet1] 시트의 피벗 테이블 자료에서 참조했던 GETPIVOT DATA 함수식이 자동으로 생성된 것을 확인할 수 있어요.

=GETPIVOTDATA("<u>금액</u>",Sheet1!$A$3,"관할지역","충남")
            ❶   ❷   ❸   ❹

❶ 피벗 테이블 보고서([Sheet1] 시트)의 '값' 영역에 있는 데이터 필드 이름
❷ 특정 시트의 어느 셀이 위치한 곳의 피벗 테이블에서 가져온 데이터임을 명시
❸ 가져올 데이터를 지칭하는 필드 이름
❹ ❸ 필드의 항목 이름
➡ 피벗 테이블 보고서를 쉽게 분석할 수 있는 함수식으로, [Sheet1] 시트의 A3셀이 있는 피벗 테이블에서 관할 지역 중 '충남'을 만족하는 금액의 합계를 표시합니다. GETPIVOTDATA 함수식은 세 번째 인수(❸)부터는 다음에 나오는 인수(❹)와 한 쌍으로 묶여서 구성됩니다. 즉 필드 이름과 항목 이름이 한 쌍이며, 총 126개까지 조건을 만족하는 값을 나타낼 수 있어요.

7 이번에는 C4셀에 입력된 GETPIVOTDATA 함수식의 변수를 변경해 볼게요. C4셀을 선택하고 수식 입력줄에서 마지막 인수 부분인 '"충남"'을 삭제한 후 '충남' 텍스트가 들어있는 『A4』를 입력하세요. 함수식이 '=GETPIVOTDATA("금액",Sheet1!$A$3,"관할지역",A4)'와 같이 변경되면 Enter를 누르세요.

> **Tip**
> 수식 입력줄에서 '"충남"'을 삭제하려면 마우스로 드래그하여 선택한 후 Delete를 누르세요.

8 C4셀에 충남 지역의 매출을 구했으면 C4셀의 자동 채우기 핸들(**+**)을 C13셀까지 드래그하여 다른 지역의 매출도 구하세요.

잠깐만요 **GETPIVOTDATA 함수식의 변수를 손쉽게 변경하는 방법 살펴보기**

❶ 수식 표시줄에서 GETPIVOTDATA 함수식 중 변경할 부분을 클릭하여 선택하고 수식 인수 설명 중 글꼴이 굵게 변한 인수를 선택하세요.

❷ 반전된 부분이 포함된 셀을 클릭하면 함수식의 변수가 바로 변경됩니다.

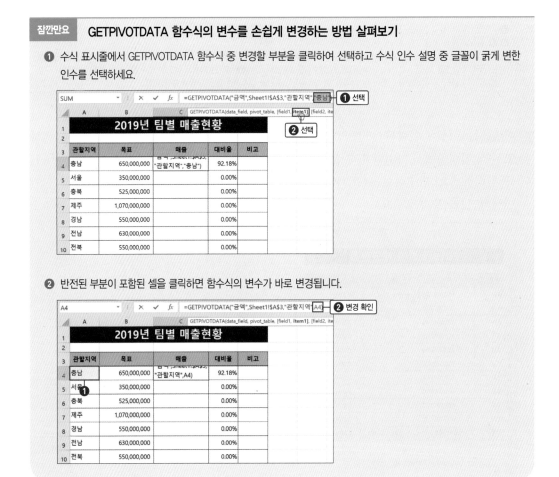

피벗 테이블과 함수로 지역별 판매 횟수 구하기

◑ 예제파일 : 04_GETPIVOTDATA판매횟수_예제.xlsx　　◑ 완성파일 : 04_GETPIVOTDATA판매횟수_완성.xlsx

● **GETPIVOTDATA 함수**

1 [개수] 시트의 C열에 매출의 판매 횟수를 표시해 볼게요. 168쪽에서 설명한 것처럼 [Sheet1]
시트를 선택하고 [피벗 테이블 필드] 작업 창에서 [관할지역]을 '값' 영역으로 드래그하세요.
그러면 피벗 테이블의 마지막 셀(C14셀)에 관할 지역의 개수가 표시됩니다.

2 [개수] 시트에서 충남 지역의 판매 횟수를 나타내기 위해 C5셀을 선택하고 『=』를 입력하세요.
[Sheet1] 시트를 선택하고 충남 지역 개수인 C12셀을 선택한 후 Enter 를 누르면 함수식이 완
성됩니다.

=GETPIVOTDATA("개수 : 관할지역",Sheet1!$A$3,"관할지역","충남")
　　　　　　　　　　　　　　❶　　　　　　　　　❷　　　　　❸　　　　❹

❶ 피벗 테이블 보고서([Sheet1] 시트)의 '값' 영역에 있는 데이터 필드 이름
❷ 특정 시트의 어느 셀이 위치한 곳의 피벗 테이블에서 가져온 데이터임을 명시
❸ 가져올 데이터를 지칭하는 필드 이름
❹ ❸ 필드의 항목 이름
➡ [Sheet1] 시트의 A3셀이 있는 피벗 테이블에서 관할 지역 중 '충남'의 판매 횟수를 나타내는 함수식

171

3 이번에는 [개수] 시트의 C5셀에 입력된 GETPIVOTDATA 함수식의 변수를 변경해 볼게요. C5셀을 선택하고 수식 입력줄에서 마지막 인수 부분인 '"충남"'을 삭제한 후 '충남' 텍스트가 들어 있는 『A5』를 입력합니다. 함수식이 '=GETPIVOTDATA("개수 : 관할지역",Sheet1!$A$3,"관할지역",A5)'와 같이 변경되면 Enter를 누르세요.

4 C5셀에 충남 지역의 판매 횟수를 구했으면 C5셀의 자동 채우기 핸들(+)을 더블클릭하여 C14셀까지 나머지 지역의 판매 횟수도 구하세요.

172

실무 예제 05 목표 대비 매출의 달성 여부 평가하기

예제파일 : 05_IF참거짓_예제.xlsx ● 완성파일 : 05_IF참거짓_완성.xlsx

● IF 함수

1 참과 거짓을 판단하는 IF 함수는 실무 활용 빈도가 매우 높은데, 여기서는 함수 삽입 방법으로 IF 함수의 사용법을 배워볼게요. [IF] 시트의 E열에 목표 대비 매출이 100% 이상이면 '달성'을, 100% 미만이면 '미달'을 표시하려고 합니다. E4셀을 선택하고 『=IF(』까지 입력한 후 [함수 삽입] 단추(*fx*)를 클릭하세요.

2 IF 함수의 [함수 인수] 대화상자가 열리면 첫 번째 인수인 'Logical_test'에는 참과 거짓을 판단하는 조건인 『D4>=100%』를 입력하세요. 그러면 해당 조건은 'D4셀 값이 100% 이상이라면'으로 해석됩니다. 'Value_if_true'에는 조건이 참일 때 표시할 값인 『"달성"』을, 'Value_if_false'에는 조건이 거짓일 때 표시할 값인 『"미달"』을 입력하고 [확인]을 클릭하세요.

> **Tip**
>
> 'Value_if_true'와 'Value_if_false'에 한글을 입력하면 자동으로 큰따옴표("") 안에 입력됩니다.

=IF(D4>=100%,"달성","미달")
① ② ③

❶ IF 함수의 조건절로, 조건은 참, 거짓을 판단할 수 있는 명제
❷ ❶의 조건절이 참일 경우 나타낼 값이나 내용
❸ ❶의 조건절이 거짓일 경우 나타낼 값이나 내용
➡ D4셀의 값이 100% 이상이면 '달성'을, 100% 미만이면 '미달'을 표시하는 함수식

173

3 F열의 '평가_2'에는 매출의 평균값보다 큰지, 작은지를 조건으로 사용해 '평균이하' 또는 '평균이상'을 표시하려고 합니다. F4셀을 선택하고 『=IF(』를 입력한 후 [함수 삽입] 단추(*fx*)를 클릭하세요.

4 IF 함수의 [함수 인수] 대화상자가 열리면 첫 번째 인수인 'Logical_test'에는 참과 거짓을 판단하는 조건이 되도록 『AVERAGE($C$4:$C$13)>C4』를 입력하세요. 그러면 해당 조건은 'C4셀 값이 C4:C13 범위의 평균보다 작다면'으로 해석됩니다. 'Value_if_true'에는 조건이 참일 때 표시할 값인 『"평균이하"』를, 'Value_if_false'에는 조건이 거짓일 때 표시할 값인 『"평균이상"』을 입력하고 [확인]을 클릭하세요.

=IF(AVERAGE($C$4:$C$13)>C4,"평균이하","평균이상")
❶ IF 함수의 조건절로, 조건은 참, 거짓을 판단할 수 있는 명제
❷ ❶의 조건절이 참일 경우 나타낼 값이나 내용
❸ ❶의 조건절이 거짓일 경우 나타낼 값이나 내용
➡ C4:C13 범위의 데이터 산술 평균이 C4셀 값보다 크면 '평균이하'를, 그렇지 않으면 '평균이상'을 표시하는 함수식

5 E3셀과 E4셀에 충남 지역의 매출 달성 상황을 평가한 결과값을 구했으면 나머지 지역의 매출 달성 평가도 완료하기 위해 E4:F4 범위를 드래그하여 선택하세요. F4셀의 자동 채우기 핸들 (┼)을 더블클릭하면 F13셀까지 함수식이 자동으로 채워지면서 평가 결과값이 표시됩니다.

환경설정

데이터기초

데이터분석

데이터관리

실무함수

데이터활용

정보의시각화

데이터활용

특별부록

잠깐만요 **AVERAGE 함수의 참조 범위 쉽게 선택하여 입력하기**

174쪽 **4** 과정의 [함수 인수] 대화상자에서 첫 번째 인수인 'Logical_test'에 조건절을 좀 더 빠르고 쉽게 입력하려면 『AVERAGE(』까지 입력한 후 C4셀을 선택하세요. 그런 다음 Ctrl + Shift + ↓를 눌러 참조 범위를 'C4:C13'으로 표시하고 절대 참조로 변경하기 위해 F4를 한 번 더 누르면 조건절 입력이 끝납니다.

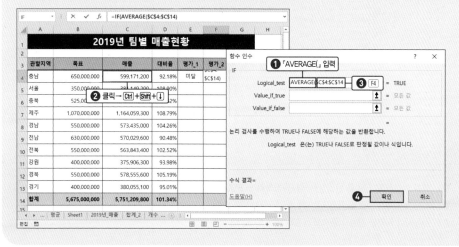

숫자 데이터 계산하는
수학/삼각 함수 익히기

엑셀에서도 마지막 자릿수가 5 이상이면 반올림하거나 버림하는 수학 규칙을 함수를 사용하여 데이터에 적용할 수 있어요. 특히 실무에서는 숫자 데이터를 많이 다루기 때문에 수학/삼각 함수는 반드시 잘 익혀두어야 합니다. 이번 섹션에서는 5 이상이면 반올림하는 일반적인 함수부터 사용자가 지정한 값을 기준으로 절사(내림)나 절상(올림)하는 함수까지 반올림과 관련된 모든 함수에 대해 알아보겠습니다.

PREVIEW

▲ ROUND 함수 이용해 만 단위로 예산 책정하기

▲ CEILING 함수로 근무 시간 대비 금액 계산하기

섹션별
주요 내용

01 교육 예산을 만 단위로 반올림/내림/올림하기 ― ROUND, ROUNDDOWN, ROUNDUP 함수
02 사용자가 지정한 값을 기준으로 내림하기 ― FLOOR 함수
03 사용자가 지정한 값을 기준으로 올림하기 ― CEILING 함수

2010 | 2013 | 2016 | 2019 | OFFICE 365

| 실무
예제 | 01 | 교육 예산을 만 단위로 반올림/내림/올림하기 |

● 예제파일 : 01_ROUND반올림_예제.xlsx   ● 완성파일 : 01_ROUND반올림_완성.xlsx

● ROUND, ROUNDDOWN, ROUNDUP 함수

1 2019년 교육 예산에서 네고 비율을 적용하여 강의 비용을 만 단위로 반올림하거나 절사(내림) 및 절상(올림)해서 금액을 비교하려고 해요. [반올림_1] 시트에서 E5셀에 『=ROUND(C5*(1-D5), -4)』를 입력하고 Enter를 누르세요.

> **Tip**
>
> '절사'와 '절상'은 순한국어는 아니지만, 실무에서 자주 통용되어 예제에 그대로 실었습니다. '절사'는 '내림'을, '절상'은 '올림'을 뜻합니다.

$$=ROUND(C5*(1-D5),-4)$$
$$①\qquad②$$

❶ 반올림할 숫자
❷ 반올림으로 나타낼 자릿수(-4는 만 단위)
➡ 'C5*(1-D5)'로 연산된 결과를 만 단위로 반올림합니다. 반올림할 자릿수인 두 번째 인수는 다음과 같이 지정됩니다.

…	만 자리	천 자리	백 자리	십 자리	일 단위	소수점 이하 첫째 자리	소수점 이하 둘째 자리	소수점 이하 셋째 자리	…
…	-4	-3	-2	-1	0	1	2	3	…

반올림 함수인 ROUND 함수로 함수식을 작성하려면 두 번째 인수인 반올림할 자릿수를 잘 지정해야 합니다. 여기서는 두 번째 인수로 -4를 입력했으므로 천 단위의 숫자가 5 이상이면 반올림해서 만 단위로 나타내라는 뜻입니다. 반올림 수식을 사용하다 보면 두 번째 인수에서 반올림해야 하는지, 두 번째 인수로 반올림해야 하는지 헷갈릴 때가 있어요. 이때는 'ROUND(라운드) 함수의 리을(ㄹ)을 응용해 ~로(ㄹ) 반올림한다!'로 기억하세요! 자릿수 지정 인수인 두 번째 인수는 ROUND 계열 함수(ROUND 함수, ROUNDDOWN 함수, ROUNDUP 함수)에도 같게 적용됩니다.

2 F열에는 네고 비율을 적용한 강의 비용을 만 단위로 절사(내림)한 금액을 표시하려고 해요. F5셀을 선택하고『=ROUNDDOWN(C5*(1-D5),-4)』를 입력한 후 Enter 를 누르세요.

=ROUNDDOWN(C5＊(1-D5),-4)
　　　　　　　　❶　　　❷

❶ 절사(내림)할 숫자
❷ 절사(내림)하여 나타낼 자릿수
➡ 'C5＊(1-D5)'로 연산된 결과를 만 단위로 절사(내림)하고 절사(내림)할 자릿수인 두 번째 인수는 ROUND 함수의 인수 사용법과 같아요. 따라서 천 단위의 숫자가 5 이상이어도 무조건 내림합니다.

3 G열에는 네고 비율을 적용한 강의 비용을 만 단위로 절상(올림)한 금액을 표시하려고 해요. G5셀을 선택하고『=ROUNDUP(C5*(1-D5),-4)』를 입력한 후 Enter 를 누르세요.

=ROUNDUP(C5＊(1-D5),-4)
　　　　　　　❶　　　❷

❶ 절상(올림)할 숫자
❷ 절상(올림)하여 나타낼 자릿수
➡ 'C5＊(1-D5)'로 연산된 결과를 만 단위로 절상(올림)하고 절상(올림)할 자리수인 두 번째 인수는 ROUND 함수의 인수 사용법과 같아요. 따라서 천 단위의 숫자가 5 미만이어도 무조건 올림합니다.

4 나머지 셀에도 **2~3** 과정의 함수식을 복사하기 위해 E5:G5 범위를 드래그하여 선택하세요.

5 G5셀의 자동 채우기 핸들(**+**)을 더블클릭하여 G13셀까지 함수식을 복사하세요.

A	B	C	D	집행예정			H
구분	교육내용	예산	네고비율	만단위 반올림	만단위 절사	만단위 절상	비고
	공통역량강화	30,170,000	14.50%	25,800,000	25,790,000	25,800,000	
	핵심역량강화	29,180,000	14.50%	24,950,000	24,940,000	24,950,000	
	직무역량강화	42,630,000	10.40%	38,200,000	38,190,000	38,200,000	
집합교육	승진자 과정	24,970,000	13.60%	21,570,000	21,570,000	21,580,000	
	기획역량강화	42,990,000	15.00%	36,540,000	36,540,000	36,550,000	
	리더쉽과정	31,170,000	11.70%	27,520,000	27,520,000	27,530,000	
	고급관리자과정	26,140,000	14.40%	22,380,000	22,370,000	22,380,000	
원격교육	PT스킬과정	38,680,000	12.10%	34,000,000	33,990,000	34,000,000	
	보고서작성과정	31,100,000	13.00%	27,060,000	27,050,000	27,060,000	
합계		297,030,000		258,020,000	257,960,000	258,050,000	

실무 예제 02 사용자가 지정한 값을 기준으로 내림하기

● 예제파일 : 02_FLOOR내림_예제.xlsx   ● 완성파일 : 02_FLOOR내림_완성.xlsx

● FLOOR 함수

1 177쪽에서 배운 일반적인 반올림이나 절상(올림), 절사(내림)가 아닌 사용자가 지정한 배수로
올림 또는 내림을 할 수 있어요. 보관 창고별 재고를 한 박스에 120개씩 담아 출하할 경우 출하
가능한 박스 수량을 구하기 위해 [반올림_2] 시트에서 I5셀을 선택하고『=FLOOR(H5,120)』을
입력한 후 Enter를 누르세요.

=FLOOR(H5,120)
① ②

❶ 내림할 숫자
❷ 내림할 배수의 기준이 되는 수
➡ 120의 배수 중 H5셀의 숫자에 가장 가까운 숫자를 찾아 내림하는 함수식. 단 0에 가까워지도록 수를 내림해야 하기 때문에
'=FLOOR(11,3)'이라면 3의 배수 중에서 11에 가장 가까운 숫자는 12이지만, 0에 가까운 수를 반환해야 하므로 결과값은 9가 됩니다.

2 박스 단위로 수량을 파악하기 위해 J5셀에『=I5/120』을 입력하고 Enter를 누르세요.

3 이제 박스를 싣고 갈 운반 차량 대수를 구해볼게요. 차량 한 대당 20박스를 실을 수 있으므로 K5셀을 선택하고 『=ROUNDUP(J5/20,0)』을 입력한 후 Enter 를 누르세요.

Tip

36박스를 모두 차량에 실어야 하므로 178쪽에서 배운 절상(올림) 함수인 ROUNDUP 함수를 사용하세요.

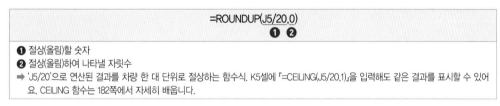

=ROUNDUP(J5/20,0)
　　　　　　　❶　❷

❶ 절상(올림)할 숫자
❷ 절상(올림)하여 나타낼 자릿수
➡ 'J5/20'으로 연산된 결과를 차량 한 대 단위로 절상하는 함수식. K5셀에 『=CEILING(J5/20,1)』을 입력해도 같은 결과를 표시할 수 있어요. CEILING 함수는 182쪽에서 자세히 배웁니다.

4 나머지 셀에도 함수식을 복사하기 위해 I5:K5 범위를 선택하세요. K5셀의 자동 채우기 핸들 (+)을 더블클릭하여 K14셀까지 함수식을 복사하세요.

실무 예제 03 사용자가 지정한 값을 기준으로 올림하기

◐ 예제파일 : 03_CEILING올림_예제.xlsx　◐ 완성파일 : 03_CEILING올림_완성.xlsx

● CEILING 함수

1 아르바이트생의 출근 시간과 퇴근 시간을 15분 단위로 측정하려고 해요. 즉 출근 시간이 8시 1분부터 8시 15분 사이일 경우 8시 15분으로 계산합니다. [반올림_3] 시트에서 C5셀을 선택하고 『=CEILING(B5,"0:15")]』를 입력한 후 Enter를 누르세요. C5셀의 자동 채우기 핸들(✚)을 더블클릭하여 C13셀까지 함수식을 복사하세요.

Tip

'=CEILING(B5,"0:15")'의 두 번째 인수가 문자열인데 연산이 되는 이유는 날짜와 시간 데이터와 같이 셀 서식이 자동으로 지정되는 데이터일 경우 수식에 문자열을 입력해도 계산되기 때문입니다. 예를 들어 9시부터 10분 간격으로 시간을 입력할 때 A1셀에는 『9:00』을, A2셀에는 『=A1+"0:10"』을 입력하고 A2셀의 자동 채우기 핸들(✚)을 아래쪽으로 드래그하면 10분 간격의 시간을 쉽게 입력할 수 있어요.

$$=CEILING(\underset{❶}{B5},\underset{❷}{"0:15"})$$

❶ 올림할 숫자　　　❷ 올림할 배수의 기준이 되는 값
➡ B5셀의 시간을 15분의 배수가 되도록 0에 가까운 방향으로 올림하는 함수식입니다. 배수의 기준이 15분이므로 9시 1분부터 9시 15분까지는 9시 15분으로 올림하여 나타납니다.

2 퇴근 시간은 15분 단위로 내림하여 계산하기 위해 E5셀을 선택하고 『=FLOOR(D5,"0:15")』를 입력한 후 Enter를 누르세요. E5셀의 자동 채우기 핸들(✚)을 더블클릭하여 E13셀까지 함수식을 복사하세요.

Tip

FLOOR 함수에 대한 자세한 설명은 180쪽을 참고하세요.

3 출근 시간과 퇴근 시간으로 아르바이트생의 총 근무 시간을 구해볼게요. F5셀에 『=E5-C5』를 입력하고 [Enter]를 누르세요. F5셀의 자동 채우기 핸들(+)을 더블클릭하여 F13셀까지 함수식을 복사하세요.

4 마지막으로 근무 시간에 단가(시급)를 곱해 금액을 계산해 볼게요. 금액의 경우 원 단위를 절사(내림)한 형태로 표시하기 위해 H5셀에 『=ROUNDDOWN(F5*G5*24,-1)』을 입력하고 [Enter]를 누르세요. H5셀의 자동 채우기 핸들(+)을 더블클릭하여 나머지 셀에도 함수식을 복사하세요.

=ROUNDDOWN(F5＊G5＊24,-1)]
　　　　　　　　　❶　　❷

❶ 절사(내림)할 숫자
❷ 절사(내림)하여 나타낼 자릿수
➡ 'F5＊G5＊24'로 연산된 결과를 일 단위의 숫자가 5 이상이라도 무조건 절사(내림)하는 함수식

날짜 계산 및 기간 경과 관련 함수 익히기

업무에 자주 사용하는 문서 양식을 취합해서 분석해 보면 시간, 날짜, 기간 등 시계열 데이터의 연산을 그룹으로 묶어서 계산하는 경우가 매우 많아요. 그 중에서 특정 날짜를 산출하거나 날짜와 날짜 사이의 기간을 구해야 하는 경우가 특히 많은데, 이번 섹션에서는 날짜 데이터를 분리해 보고 경과 기간을 계산해 보는 등 수식을 이용한 날짜나 기간의 산출에 대한 모든 처리 방법에 대해 배워보겠습니다.

> **PREVIEW**

▲ 날짜 함수로 년, 월, 일 분리하고 정년퇴직일 계산하기

▲ DATEDIF 함수를 활용해 ○년 ○개월 ○일 형태로 협력 기간 계산하기

> 섹션별 주요 내용

01 | 생년월일 분리해 표시하고 정년퇴직일 계산하기 — YEAR, MONTH, DAY 함수

02 | 특정 일 기준으로 경과 기간 표시하기 — DATEDIF 함수

실무 예제 | 01 생년월일 분리해 표시하고 정년퇴직일 계산하기

◈ **예제파일** : 01_DATE날짜_예제.xlsx ◈ **완성파일** : 01_DATE날짜_완성.xlsx

● YEAR, MONTH, DAY 함수

1 직원 현황 데이터에서 개인별 생년월일을 년, 월, 일로 분리해서 표시해 볼게요. [날짜] 시트에서 F4셀에 연도를 표시하기 위해 『=YEAR(D4)』를 입력하고 Enter를 누르세요.

=YEAR(D4)
❶

❶ 나타내려는 연도가 있는 날짜 데이터
➡ D4셀의 날짜 데이터에서 연도만 표시하는 함수식. 이때 표시되는 연도는 1900에서 9999 사이의 정수입니다. 엑셀에서 입력할 수 있는 날짜는 1900년 1월 1일부터 9999년 12월 31일까지이므로 F4셀에 표시되는 연도도 1900에서 9999까지입니다.

2 이번에는 월만 추출해서 표시해 볼게요. G4셀에 『=MONTH(D4)』를 입력하고 Enter를 누르세요.

=MONTH(D4)
❶

❶ 나타내려는 월이 있는 날짜 데이터
➡ D4셀의 날짜 데이터에서 월만 표시하는 함수식

3 H4셀에는 날짜만 표시해 볼게요. H4셀에 『=DAY(D4)』를 입력하고 [Enter]를 누르세요.

=DAY(D4)
❶

❶ 나타내려는 일이 있는 날짜 데이터
➡ D4셀의 날짜 데이터에서 일만 표시하는 함수식

4 분리한 년, 월, 일을 기준으로 I열에는 예상 정년 퇴직일을 표시해 볼게요. 정년 퇴직일은 만 60 세가 되는 달의 마지막 날짜라고 가정해서 I4셀에 『=DATE(F4+60,G4+1,0)』을 입력하고 [Enter]를 누르세요.

=DATE(F4+60,G4+1,0)
❶　❷ ❸

❶ 나타내려는 날짜의 연도를 입력하는 부분
❷ 나타내려는 날짜의 월을 입력하는 부분
❸ 나타내려는 날짜의 일을 입력하는 부분
➡ DATE 함수는 년, 월, 일을 인수로 입력하게 하므로 함수식 '=DATE(2019,6,1)'은 '2019-06-01'이 됩니다. 이것은 2019년 6월의 첫 번째 날짜를 나타내라는 의미로, 세 번째 인수인 일을 0으로 표시하면 그 전월의 마지막 날짜를 나타냅니다. 따라서 이 함수식은 'F4+60'년 'G4+1'월의 0번째 날짜를 표시합니다. 즉 정년의 기준이 만 60세가 되는 달의 마지막 날짜라고 했으므로 'F4+60'년 'G4+1'월의 0번째 날짜는 만 60세가 되는 월의 마지막 날짜가 됩니다.

5 국내영업팀 이혜준 부장의 생년월일을 각각 표현하고 정년퇴직 예정일까지 구했으면 나머지 셀에도 함수식을 채우기 위해 F4:I4 범위를 드래그하여 선택하세요.

6 I4셀의 자동 채우기 핸들(+)을 더블클릭하여 다른 직원들의 생년월일을 각각 표현하고 정년 퇴직 예정일을 구하세요.

잠깐만요 **DATEDIF 함수의 세 번째 자리 인수 살펴보기**

188쪽에서 설명하는 DATEDIF 함수 중 시작일과 종료일 사이의 경과를 나타내는 인수의 기능은 다음과 같습니다.

인수	기능
y	시작일과 종료일 사이에서 만으로 찬 연도의 개수(햇수) 표시
m	시작일과 종료일 사이에서 만으로 찬 월의 개수(개월 수) 표시
d	시작일과 종료일 사이에서 만으로 찬 일의 개수(일 수) 표시
ym	시작일과 종료일 사이에서 만으로 찬 연도(햇수)를 제외하고 만으로 찬 월의 개수(개월 수) 표시
yd	시작일과 종료일 사이에서 만으로 찬 연도(햇수)를 제외하고 만으로 찬 일의 개수(일 수) 표시
md	시작일과 종료일 사이에서 만으로 찬 월(개월)을 제외하고 만으로 찬 일의 개수(일 수) 표시

2010 | 2013 | 2016 | 2019 | OFFICE 365

| 실무
예제 | **02** | **특정 일 기준으로 경과 기간 계산하기** |

◎ 예제파일 : 02_DATE기간_예제.xlsx　◎ 완성파일 : 02_DATE기간_완성.xlsx

● **DATEDIF 함수**

1 협력업체 등록일을 기준으로 특정 일(2019년 6월 30일)까지의 경과 기간을 ○년 ○개월 ○일 형태로 나타내 볼게요. [기간산출] 시트에서 J4셀에 『=DATEDIF(I4,$K$2,"y")&"년 "&DATEDIF (I4,$K$2,"ym")&"개월 "&DATEDIF(I4,$K$2,"md")&"일"』을 입력하고 Enter를 누르세요.

=DATEDIF(I4,$K$2,"y")&"년 "&DATEDIF(I4,$K$2,"ym")&"개월 "&DATEDIF(I4,$K$2,"md")&"일"
　　❶　❷　❸　　　　　　❹　❺　❻　　　　　❼　❽　❾

❶ 경과년도의 개수를 산출할 기간 중 시작일
❷ 경과년도의 개수를 산출할 기간 중 종료일
❸ 시작일과 종료일 사이에 경과년도의 개수를 나타나는 인수로, 365일이 지나 만으로 찬 햇수
❹ 365일이 지나 만으로 찬 연도를 제외하고 경과된 월 개수를 산출할 기간 중 시작일
❺ 365일이 지나 만으로 찬 연도를 제외하고 경과된 월 개수를 산출할 기간 중 종료일
❻ 시작일과 종료일 사이에 만으로 찬 연도를 제외하고 찬 개월을 나타내는 인수
❼ 만으로 찬 월을 제외하고 경과일 개수를 산출할 기간 중 시작일
❽ 만으로 찬 월을 제외하고 경과일 개수를 산출할 기간 중 종료일
❾ 시작일과 종료일 사이에 만으로 찬 개월을 제외하고 경과일수를 나타내는 인수

➡ 시작일과 종료일 사이에 만으로 찬 연도 개수를 산출하고 산출한 수량 뒤에 텍스트 '년'을 연결해서 표시합니다. 시작일과 종료일 사이에 만으로 찬 연도를 제외한 만으로 찬 월 개수를 산출하고 산출한 수량의 뒤에 텍스트 '개월 '을 연결해서 표시합니다. 마지막으로 시작일과 종료일 사이에 만으로 찬 월을 제외한 경과일수를 산출하고 산출한 수량 뒤에 텍스트 '일'을 연결해서 표시합니다. 따라서 결과는 ○년 ○개월 ○일 형식으로 나타납니다.

DATEDIF 함수는 호환성 때문에 존재하는 함수로, 도움말에도 없는 함수입니다. 세 번째 자리에 들어가는 인수는 총 여섯 가지(y, m, d, ym, yd, md)가 있고, 영문자의 대소문자를 구분하지 않으며, 텍스트 형태("y")로 입력합니다. DATEDIF 함수의 인수에 관한 자세한 내용은 187쪽의 '잠깐만요'를 참고하세요.

Tip

DATEDIF 함수에는 오류가 있어요. 예를 들어 A1셀에는 '2019-01-31'이, B1셀에는 '2019-02-29'가 입력되어 있을 경우 두 데이터 사이의 만으로 찬 월의 개수를 나타내면 1이 표시되어야 해요. 그런데 함수식을 『=DATEDIF(A1,B1,"m")』으로 입력하면 0이 반환됩니다. 이와 같이 종료일의 일이 시작일의 일보다 작으면 만으로 찬 월 개수가 하나 작게(-1) 나타나는 오류가 있어요. 따라서 '=DATEDIF("2019-3-31","2019-4-30","m")'의 결과값은 1이지만 0으로 표현됩니다.

2 년과 개월, 일을 표시한 함수식을 별도의 행으로 나타내면 해석하기도 쉽고 이해도 빨라요. 따라서 J4셀을 선택하고 수식 입력줄의 '=DATEDIF(I4,$K$2,"y")&"년 "'의 뒤에 커서를 올려놓은 후 `Alt`+`Enter`를 눌러 다음 행에 커서를 표시하세요. 다시 '&DATEDIF(I4,$K$2,"ym")&"개월 "'의 뒤에 커서를 올려놓고 `Alt`+`Enter`를 눌러 다음 행으로 커서를 보낸 후 `Enter`를 누르세요.

> **Tip**
> `Alt`+`Enter`를 누르면 셀 안에서 줄 바꿈을 할 수 있어요.

3 **2** 과정에서 수정한 J4셀의 자동 채우기 핸들(**+**)을 더블클릭하여 J25셀까지 함수식을 복사하세요.

04 원하는 정보 검색하는 찾기/참조 함수 익히기

일반적인 사무 환경에서 VLOOKUP 함수의 활용 여부를 살펴보면 엑셀 고급 사용자인지를 알 수 있어요. 그만큼 VLOOKUP 함수는 효율성이 높고, 업무 활용 빈도에서 매우 중요하며, 가치가 높은 함수입니다. 특히 대용량 데이터를 다루거나 많은 양의 조견표를 다룰 경우에는 반드시 찾기/참조의 대표 함수인 VLOOKUP 함수를 익혀야 해요. 이번 섹션에서는 원하는 값이나 필요한 정보를 찾을 수 있도록 도와주는 찾기/참조 함수의 활용 방법에 대해 알아보겠습니다.

> **PREVIEW**

▲ VLOOKUP 함수 이용해 매출 집계하고 성과급 지급표 작성하기

▲ 다중 조건 검색이 쉬운 INDEX-MATCH 조합 함수 이용해 배송비 지출 내역 계산하기

> **섹션별 주요 내용**

01 | 기준표 참고해 대분류와 단가 표시하기 — VLOOKUP 함수

02 | 매출 기준으로 팀별 성과급 작성하기 — VLOOKUP 함수

03 | 최저 견적 단가 계산해 구매내역서 작성하기 — MIN, VLOOKUP 함수

04 | 교차 형태의 조견표에서 특정 값 검색하기 — INDEX-MATCH 조합 함수

실무
예제 **01** **기준표 참고해 대분류와 단가 표시하기**

🔊 예제파일 : 01_VLOOKUP기준표참고_예제.xlsx   🔊 완성파일 : 01_VLOOKUP기준표참고_완성.xlsx

● VLOOKUP 함수

1 [2019년_매출] 시트의 E열에 표시해야 하는 대분류의 기준은 [조견표] 시트의 F4:G27 범위
에 나타나 있어요. 따라서 E2셀에 『=VLOOKUP(F2,조견표!$F$4:$G$27,2,0)』을 입력하고
Enter 를 누르세요. E2셀에 결과값이 표시되면 E2셀의 자동 채우기 핸들(╋)을 더블클릭하여 나
머지 셀에도 함수식을 복사하세요.

=VLOOKUP(F2,조견표!$F$4:$G$27,2,0)
❶ ❷ ❸❹

❶ 두 번째 인수인 [조견표] 시트의 F4:G27 범위 중 기준 열인 F4:F27 범위에서 검색하려는 값
❷ 첫 번째 인수가 검색할 기준 열을 포함한 범위(결과를 포함한 범위)
❸ 기준 열에서 첫 번째 인수를 찾은 후 조견표 범위에서 나타낼 데이터가 있는 열 번호
❹ 찾을 조건으로 참(TRUE 또는 1) 또는 거짓(FALSE 또는 0) 입력 가능. 여기서는 거짓(0)으로 작성하면 0은 기준 열에서 정확하게 일
치하는 값만 찾으라는 뜻이므로 조견표의 기준 열인 [조견표] 시트의 F4:F27 범위에서 첫 번째 인수인 검색하려는 값과 정확하게 일
치하는 값을 찾음
➡ [조견표] 시트의 F4:F27 범위에서 F2셀 값과 정확하게 일치하는 값을 찾아서 두 번째 열(기준 열이 F열이므로 오른쪽의 G열)의 값을
나타내는 함수식

> **Tip**
>
> VLOOKUP 함수식의 네 번째 인수에 거짓을 입력하려면 FALSE 또는 숫자 0을 입력하세요.

2 [2019년_매출] 시트의 J열에 품목과 규격에 맞는 단가를 삽입해 볼게요. 해당 기준은 [조건표] 시트의 A4:D123 범위에 나타나 있는데, VLOOKUP 함수는 두 개 이상의 조건을 만족하는 값을 가져올 수 없으므로 파생 열을 사용해야 합니다. [조건표] 시트에 A열을 삽입해서 파생 열을 작성하기 위해 A열 머리글에서 마우스 오른쪽 단추를 눌러 [삽입]을 선택하세요.

Tip

VLOOKUP 함수는 하나의 조건에 맞는 값을 지정한 열에서 가져오는 작업은 가능하지만, 두 개 이상의 다중 조건에서는 특정 값을 나타낼 수 없기 때문에 파생 열을 만들어 주어야 합니다. 따라서 텍스트 연결 연산자(&)를 이용해서 기존 데이터의 앞에 여러 가지 조건을 하나의 조건처럼 만들어 주는 파생 열을 만들고 해당 파생 열을 기준 열로 원하는 열의 값을 나타내는 것입니다.

3 A열이 삽입되면 B4셀과 C4셀의 값을 연결된 문자열로 표시하기 위해 A4셀에 『=B4&C4』를 입력하고 Enter를 누르세요. A4셀에 결과값이 표시되면 A4셀의 자동 채우기 핸들(╋)을 더블 클릭하여 나머지 셀에도 함수식을 복사하세요.

Tip

A4셀에 결과값이 표시되었을 때 텍스트가 모두 나타나지 않으면 셀의 너비를 넓게 조절하세요.

4 VLOOKUP 함수로 단가를 불러올 때 함수식을 쉽게 작성하기 위해 조견표 범위에 이름을 정의해 볼게요. A4:E123 범위를 드래그하여 선택하고 이름 상자에 『단가표』를 입력한 후 [Enter]를 누르세요.

Tip

A4:E123 범위를 빠르게 선택하려면 A4셀을 선택하고 [Ctrl]+[Shift]+[→]를 누르세요. 이렇게 하면 A4:E4 범위가 선택되고 다시 [Ctrl]+[Shift]+[↓]를 누르면 A4:E123 범위가 한 번에 선택됩니다.

5 단가를 표시하기 위해 [2019년_매출] 시트를 선택하고 J2셀에 『=VLOOKUP(F2&G2,단가표,5,0)』을 입력한 후 [Enter]를 누르세요. J2셀에 입력한 함수식을 나머지 셀에도 복사하기 위해 J2셀의 자동 채우기 핸들(✛)을 더블클릭하세요.

Tip

K열의 '금액' 항목에는 수식 '=수량*단가'가 지정되어 있어서 '단가' 항목이 계산되면 자동으로 '금액' 항목에도 결과값이 표시됩니다.

=VLOOKUP(F2&G2,단가표,5,0)
　　　　　　 ❶ 　　❷ ❸❹

❶ 두 번째 인수인 단가표 범위([조견표] 시트의 A4:A123 범위)에서 검색하려는 값
❷ 첫 번째 인수가 검색할 기준 열을 포함한 범위, 즉 결과를 포함한 범위([조견표] 시트의 A4:E123 범위)
❸ 기준 열에서 첫 번째 인수를 찾은 후 조견표 범위에서 나타낼 데이터가 있는 열 번호
❹ 찾을 조건으로 거짓(FALSE 또는 0 입력)을 작성하면 조견표의 기준 열인 [조견표] 시트의 A4:A123 범위에서 첫 번째 인수인 검색하려는 값과 정확하게 일치하는 값을 찾음
➡ [조견표] 시트의 A4:A123 범위에서 F2&G2의 연결 텍스트 값과 정확하게 일치하는 값을 찾아서 다섯 번째 열(기준 열이 A열이므로 오른쪽의 E열)의 값을 나타내는 함수식

| 실무 예제 | **02** | **매출 기준으로 팀별 성과급 계산하기** |

● 예제파일 : 02_VLOOKUP성과급_예제.xlsx ● 완성파일 : 02_VLOOKUP성과급_완성.xlsx

● VLOOKUP 함수

1 2019년 매출을 기준으로 각 팀별 성과급을 계산해 볼게요. 피벗 테이블을 활용해서 팀별 매출을 구하기 위해 [2019년_매출] 시트에서 데이터가 입력된 임의의 셀을 선택하고 Ctrl+T를 누르세요. [표 만들기] 대화상자가 열리면 [머리글 포함]에 체크한 상태에서 [확인]을 클릭하세요.

2 [표 도구]의 [디자인] 탭-[도구] 그룹에서 [피벗 테이블로 요약]을 클릭하세요. [피벗 테이블 만들기] 대화상자가 열리면 피벗 테이블 보고서를 넣을 위치를 [새 워크시트]로 선택하고 [확인]을 클릭하세요.

3 새로운 [Sheet1] 시트에 피벗 테이블이 만들어지면 팀별 매출을 확인하기 위해 [피벗 테이블 필드] 작업 창에서 [팀]은 '행' 영역으로, [금액]은 '값' 영역으로 드래그하세요.

4 [성과급] 시트에 팀별 매출을 표시하기 위해 [Sheet1] 시트의 피벗 테이블에서 작성된 내용을 가져와야 해요. [성과급] 시트의 C4셀에 『=』를 입력하고 [Sheet1] 시트의 '국내1팀' 매출 (B4셀)을 선택한 후 Enter를 누르세요.

=GETPIVOTDATA("금액",Sheet1!$A$3,"팀","국내1팀")
            ❶   ❷   ❸   ❹

❶ 피벗 테이블 보고서([Sheet1] 시트)의 '값' 영역에 있는 데이터 필드 이름
❷ 특정 시트의 어느 셀이 위치한 곳의 피벗 테이블에서 가져온 데이터임을 명시
❸ 가져올 데이터를 지칭하는 필드 이름
❹ ❸ 필드의 항목 이름
➡ [Sheet1] 시트의 A3셀이 있는 피벗 테이블에서 '팀' 중 '국내1팀'을 만족하는 매출의 합계를 표시하는 함수식

환경설정

데이터기초

데이터분석

데이터관리

실무함수

데이터편집

정보와시간화

데이터활용

특별부록

5 C4셀을 선택하고 수식 입력줄의 "'국내1팀'"을 드래그하여 Delete 를 눌러 삭제한 후 『A4』로 수정하고 Enter 를 누르세요. C4셀에 결과값이 계산되면 C4셀의 자동 채우기 핸들(➕)을 C8셀까지 드래그하세요.

6 [성과급] 시트의 D열에 매출 기준 성과급을 입력하려고 하는데, 성과급 조견표를 불러올 때 함수식을 쉽게 작성하기 위해 성과급 기준으로 이름을 정의해 볼게요. [조견표] 시트에서 J4:K9 범위를 드래그하여 선택하고 이름 상자에 『성과급』을 입력한 후 Enter 를 누르세요.

> **Tip**
>
> 이름 정의된 내용을 확인하거나 수정하려면 [수식] 탭-[정의된 이름] 그룹에서 [이름 관리자]를 클릭하세요. [이름 관리자] 대화상자가 열리면 방금 이름 정의한 [성과급]을 선택하고 '참조 대상'에서 참조 범위를 확인할 수 있습니다. 수정이나 삭제 및 편집을 하려면 [편집] 또는 [삭제]를 클릭하세요. 이것에 대해서는 76쪽의 '잠깐만요'를 참고하세요.

7 [성과급] 시트로 이동하여 D4셀에 『=VLOOKUP(C4,성과급,2,1)』을 입력하고 Enter 를 누르세요. D4셀에 국내1팀의 성과급이 계산되면 D4셀의 자동 채우기 핸들(╋)을 D8셀까지 드래그하여 함수식을 복사하세요.

Tip

VLOOKUP 함수식에서 네 번째 인수의 찾을 조건이 참으로 지정되는 경우 조건표의 기준 열의 값은 반드시 오름차순 형태로 입력되어 있어야 해요. 자세한 설명은 197쪽의 '잠깐만요'를 참고하세요.

=VLOOKUP(C4,성과급,2,1)
❶   ❷ ❸❹

❶ 두 번째 인수인 '성과급' 범위([조견표] 시트의 J4:J9 범위)에서 검색하려는 값
❷ 첫 번째 인수가 검색할 기준 열을 포함한 범위, 즉 결과를 포함한 범위([조견표] 시트의 J4:K9 범위)
❸ 기준 열에서 첫 번째 인수를 찾은 후 조견표 범위에서 나타낼 데이터가 있는 열 번호
❹ 찾을 조건으로 참(TRUE 또는 1 입력)을 작성하면 조견표의 기준 열인 [조견표] 시트의 J4:J9 범위에서 첫 번째 인수인 검색하려는 값보다 작거나 같은 값 중 최대값을 찾음
➡ [조견표] 시트의 J4:J9 범위에서 C4셀 값보다 작거나 같은 값(0, 5억, 8억, 10억, 13억) 중에서 최대값(13억)을 찾아서 두 번째 열(기준 열이 J열이므로 오른쪽의 K열)의 값을 나타내는 함수식

성과급의 기준이 되는 '매출' 열을 살펴보면 매출 금액이 적은 액수부터 많은 액수까지 다양한데, 이것을 작은 수에서 큰 수로 정렬하는 방법을 '오름차순'이라고 합니다. 특히 VLOOKUP 함수를 사용하여 성과급과 같이 사이값을 나타낼 때 마지막 인수는 참(TRUE,1)을 써야 하고, 기준이 되는 기준 열(매출 열)은 반드시 오름차순으로 정렬한 조견표를 사용해야 합니다. 만약 '매출' 열이 큰 수에서 작은 수로 정렬된 형태인 내림차순으로 정렬되어 있으면 잘못된 값을 나타낼 수도 있습니다.

성과급 조견표

매출	성과급	비고
-	1,000,000	
500,000,000	1,500,000	
800,000,000	1,800,000	
1,000,000,000	2,200,000	
1,300,000,000	2,500,000	
1,700,000,000	3,200,000	

▲ 기준 열 오름차순(올바른 형태)

성과급 조견표

매출	성과급	비고
1,700,000,000	3,200,000	
1,300,000,000	2,500,000	
1,000,000,000	2,200,000	
800,000,000	1,800,000	
500,000,000	1,500,000	
-	1,000,000	

▲ 기준 열 내림차순(잘못된 형태)

최저 견적 단가 계산해 구매내역서 작성하기

⊙ **예제파일** : 03_VLOOKUP최저단가_예제.xlsx　⊙ **완성파일** : 03_VLOOKUP최저단가_완성.xlsx

● MIN, VLOOKUP 함수

1 [조견표] 시트의 H열에 견적받은 금액 중 최저 단가를 표시해 볼게요. H5셀에 『=MIN(C5,E5,G5)』를 입력하고 Enter 를 누르세요. H5셀에 영도개발의 최저 단가가 계산되면 H5셀의 자동 채우기 핸들(➕)을 H26셀까지 드래그하여 함수식을 복사하세요.

2 [조견표] 시트에서 찾은 최저 단가를 [구매표] 시트의 C4셀에 입력해 볼게요. [구매표] 시트의 C4셀에 『=VLOOKUP(A4,조견표!$A$5:$H$26,8,0)』을 입력하고 Enter 를 누르세요.

환경설정

데이터기초

데이터분석

데이터관리

실무함수

데이터필터

정보시각화

데이터활용

특별부록

=VLOOKUP(A4,조견표!$A$5:$H$26,8,0)
        ❶   ❷   ❸❹

❶ 두 번째 인수인 [조견표] 시트의 A5:H26 범위 중 기준 열인 A5:A26 범위에서 검색하려는 값

❷ 첫 번째 인수가 검색할 기준 열을 포함한 범위(결과를 포함한 범위)

❸ 기준 열에서 첫 번째 인수를 찾은 후 조견표 범위에서 나타낼 데이터가 있는 열 번호

❹ 찾을 조건으로 거짓을 작성하면 조견표의 기준 열인 [조견표] 시트의 A5:A26 범위에서 첫 번째 인수인 검색하려는 값과 정확하게 일
치하는 값을 찾음

➡ [조견표] 시트의 A5:A26 범위에서 A4셀 값과 정확하게 일치하는 값을 찾아서 여덟 번째 열(기준 열이 A열이므로 오른쪽의 H열)의 값
을 나타내는 함수식

3 최저 단가와 수량을 곱한 금액을 계산하기 위해 D4셀에 『=B4*C4』를 입력하고 Enter 를 누르
세요.

4 최저 단가와 금액을 복사해서 구매내역서의 작성을 마무리해 볼게요. C4:D4 범위를 드래그
하여 선택하고 D4셀의 자동 채우기 핸들(✚)을 더블클릭하여 나머지 셀에도 함수식을 복사
하세요.

실무 예제 04 교차 형태의 조건표에서 특정 값 검색하기

● 예제파일 : 04_INDEX-MATCH검색_예제.xlsx   ● 완성파일 : 04_INDEX-MATCH검색_완성.xlsx

● INDEX-MATCH 조합 함수

1 앞의 예제에서 VLOOKUP 함수로 검색 값을 찾아 엑셀 자료를 작성했으면, 이번에는 교차 형태의 조건표에서 특정 값을 찾는 INDEX-MATCH 조합 함수에 대해 배워볼게요. 이렇게 작성하면 함수식이 복잡해지지만, INDEX-MATCH 조합 함수를 사용하면 검색 값을 쉽게 찾을 수 있어요. [조건표] 시트를 살펴보면 지역별 무게에 따라 배송비가 달라지는데, 무게 단위가 누락되어 있네요. 입력된 데이터에 무게 단위를 적용하기 위해 B3:H3 범위를 드래그하여 선택하고 마우스 오른쪽 단추를 눌러 [셀 서식]을 선택하세요.

Tip

교차 형태(크로스탭)는 테이블로 작성된 데이터로, 하나 이상의 조건이 집합되어 있는 형태를 말합니다. 따라서 원하는 값을 검색하려면 행과 열의 교차점을 찾아야 합니다. 해당 내용에 대한 자세한 내용은 209쪽의 교차 보고서를 따라해 보면서 다시 익혀볼게요.

2 [셀 서식] 대화상자가 열리면 [표시 형식] 탭의 '범주'에서 [사용자 지정]을 선택하고 '형식'에 『G/표준"Kg"』을 입력한 후 [확인]을 클릭하세요.

Tip

B3:H3 범위의 데이터는 모두 숫자값이어서 셀 서식을 이용해 숫자의 뒤에 단위 'Kg'을 붙이면 화면에는 '1Kg', '5Kg'과 같이 문자 형태로 보이지만, 실제 숫자 속성은 변경되지 않고 표시 형식만 바뀝니다. 이와 같이 셀 서식 지정은 데이터 속성이나 값은 바꾸지 않고 보이는 것만 변경합니다.

3 함수를 쉽게 적용하기 위해 배송비의 검색 값, 지역, 무게 등에 이름을 정의해 볼게요. 첫 번째 검색 값 범위인 B4:H10 범위를 드래그하여 선택하고 이름 상자에 『배송비』를 입력한 후 Enter 를 누르세요.

지역\무게	1Kg	5Kg	10Kg	20Kg	30Kg	50Kg	100Kg	비고
서울	2,500	3,000	3,600	4,300	5,100	6,100	7,300	
부산	4,500	5,400	6,400	7,600	9,100	10,900	13,000	
광주	5,300	6,300	7,500	9,000		12,900	15,400	
제주	12,300	14,700	17,600	21,100	25,300	30,300	36,300	
춘천	3,200	3,800	4,500	5,400	6,400	7,600	9,100	
마산	4,100	4,900	5,800	6,900	8,200	9,800	11,700	
창원	4,200	5,000	6,000	7,200	8,600	10,300	12,300	

4 지역 범위의 이름을 정의하기 위해 A4:A10 범위를 드래그하여 선택하고 이름 상자에 『지역』을 입력한 후 Enter 를 누르세요.

지역\무게	1Kg	5Kg	10Kg	20Kg	30Kg	50Kg	100Kg	비고
서울	2,500	3,000	3,600	4,300	5,100	6,100	7,300	
부산	4,500	5,400	6,400	7,600	9,100	10,900	13,000	
광주		6,300	7,500	9,000	10,800	12,900	15,400	
제주		14,700	17,600	21,100	25,300	30,300	36,300	
춘천	3,200	3,800	4,500	5,400	6,400	7,600	9,100	
마산	4,100	4,900	5,800	6,900	8,200	9,800	11,700	
창원	4,200	5,000	6,000	7,200	8,600	10,300	12,300	

5 이번에는 B3:H3 범위를 드래그하여 선택하고 이름 상자에 『무게』를 입력한 후 Enter 를 눌러 이름을 정의하세요.

지역\무게	1Kg	5Kg	10Kg	20Kg	30Kg	50Kg	100Kg	비고
서울	2,500	3,000	3,600	4,300	5,100	6,100	7,300	
부산	4,500	5,400			9,100	10,900	13,000	
광주	5,300	6,300	7,500	9,000	10,800	12,900	15,400	
제주	12,300	14,700	17,600	21,100	25,300	30,300	36,300	
춘천	3,200	3,800	4,500	5,400	6,400	7,600	9,100	
마산	4,100	4,900	5,800	6,900	8,200	9,800	11,700	
창원	4,200	5,000	6,000	7,200	8,600	10,300	12,300	

6 이번에는 배송비를 계산해 볼까요? [배송비] 시트에서 E4셀에 『=INDEX(배송비,MATCH
(A4,지역,0),MATCH(B4,무게,1))』을 입력하고 Enter를 누르세요.

=INDEX(배송비,MATCH(A4,지역,0),MATCH(B4,무게,1))
　　　　❶　　　　❷　　　　　　❸

❶ 나타낼 단가가 있는 범위
❷ '지역'으로 이름 정의된 범위([조건표] 시트의 A4:A10 범위)에서 A4셀과 정확하게 일치하는 셀이 몇 번째 있는지 표시. 세 번째 인수
　로 거짓(FALSE 또는 0)을 입력했으므로 정확하게 일치하는 값을 찾음
❸ '무게'로 이름 정의된 범위([조건표] 시트의 B3:H3 범위)에서 B4셀보다 작거나 같은 값 중 최대값이 몇 번째 있는지 나타내고 세 번째
　인수로 참(TRUE 또는 1)을 입력했으므로 작거나 같은 값 중 최대값을 찾음
➡ '이름' 정의된 '배송비'의 범위에서 값을 찾는데, 지역 범위에서 A4셀을 찾은 거리만큼 행 방향으로 이동합니다. 그리고 이동한 셀에서
　'무게' 범위의 B4셀보다 작거나 같은 값 중 최대값에 해당하는 값이 몇 번째인지 찾아 열 방향으로 이동해서 해당 셀의 값을 나타냅
　니다. 즉 배송비 조건표 범위에서 행 방향으로 4만큼 이동한 후 열 방향으로 7만큼 이동한 셀을 표시합니다.

7 수량 곱하기 단가 값인 금액을 계산하기 위해 F4셀에 『=D4*E4』를 입력하고 Enter를 누르세요.

8 E4:F4 범위를 드래그하여 선택하고 F4셀의 자동 채우기 핸들(+)을 더블클릭하여 나머지 셀에도 함수식을 복사하세요.

환경설정

데이터기초

데이터분석

데이터관리

실무함수

데이터필터

정보의시각화

데이터활용

특별부록

잠깐만요 **조합 함수를 쉽게 해석하는 방법 알아보기**

INDEX-MATCH 조합 함수를 처음 사용한다면 함수식의 해석이 어려울 거예요. 하지만 함수 결과를 미리 보는 방법을 이용하면 다른 조합 함수를 사용하거나 다른 사람이 작성한 함수식을 쉽게 해석할 수 있어요.

❶ 첫 번째 MATCH 함수 부분을 수식 입력줄에서 드래그하세요.

=INDEX(배송비,MATCH(A4,지역,0) MATCH(B4,무게,1))
└─ 드래그 ─┘

❷ F9를 누르면 수식 입력줄에 해당 함수식의 결과가 나타납니다.

=INDEX(배송비,4 MATCH(B4,무게,1))

❸ 이와 같은 방법으로 두 번째 MATCH 함수 부분도 선택하고 F9를 눌러 결과를 확인하세요. 이제 행 방향으로 4, 열 방향으로 7만큼 셀이 이동합니다. 이때 해당 셀부터 1로 시작한다는 점에 주의하세요.

=INDEX(배송비,4,7

❹ 배송비 조견표에서 첫 번째 셀인 B4셀에서 행 방향으로 4만큼 이동하면 B7셀입니다. 이 셀에서 다시 열 방향으로 7만큼 이동하면 H7셀이 되고 H7셀의 값인 '36,300'이 나타납니다.

	무게 지역	1Kg	5Kg	10Kg	20Kg	30Kg	50Kg	100Kg	비고
	배송비 조견표								
4	서울	2,500	3,000	3,600	4,300	5,100	6,100	7,300	
5		4,500	5,400	6,400	7,600	9,100	10,900	13,000	
6	광주	5,300	6,300	7,500	9,000	10,800	12,900	15,400	
7	제주	12,300	14,700	17,600	21,100	25,300	30,300	36,300	
8	춘천	3,200	3,800	4,500	5,400	6,400	7,600	9,100	
9	마산	4,100	4,900		8,200	9,800	11,700		
10	창원	4,200	5,000	6,000	7,200	8,600	10,300	12,300	

`4만큼 이동` (at row 4)
`7만큼 이동` (at row 9)

Section

보고서 작성에 효율적인 실무 함수 활용하기

앞의 섹션에서 실무에 필요한 함수의 사용법에 대해 익혔어요. 이제 업무에서 자주 사용하는 현장 예제를 통해 이제까지 배운 함수를 응용하여 실무에 제대로 활용하는 방법을 배워봅니다. 특히 대용량 데이터베이스를 집계 및 분석하기 위해 반드시 익혀야 할 보고서 양식 작성 방법과 기간별 집계 보고서를 쉽게 작성하는 방법, 연도별/분기별 매출 변화를 확인하는 방법에 대해 살펴보겠습니다.

> **PREVIEW**

▲ 중복된 항목 제거해 보고서 양식 완성하기

▲ 빅데이터도 5분 안에 완성하는 기간별 매출 분석 보고서 작성하기

> **섹션별 주요 내용**
> **01** | 보고서로 작성할 데이터 복사하기 **02** | 데이터의 행/열 바꿔서 교차 보고서 작성하기
> **03** | 피벗 테이블로 매출 집계 보고서 작성하기 **04** | 연도별/분기별 매출 변화 확인하기 — GETPIVOTDATA 함수

보고서로 작성할 데이터 복사하기

◎ 예제파일 : 01_데이터복사_예제.xlsx ◎ 완성파일 : 01_데이터복사_완성.xlsx

1 지역 분류별 매출 집계표를 만들 경우 [DB] 시트에서 '지역' 필드와 '분류' 필드를 모두 복사해야 항목이 누락되지 않아요. 먼저 '지역' 필드의 데이터를 복사하기 위해 B1셀을 선택하고 Ctrl+Shift+↓를 눌러 B1:B400001 범위를 한 번에 선택한 후 Ctrl+C를 누르세요.

2 복사한 데이터의 값만 복사하기 위해 [양식작성] 시트를 선택하고 A3셀에서 마우스 오른쪽 단추를 눌러 '붙여넣기 옵션'에서 [값](□)을 클릭하세요.

Tip

복사한 데이터를 붙여넣기(Ctrl+V)를 이용해서 붙여넣을 수도 있어요. 하지만 원래의 데이터(raw data)에 서식이 지정되어 있을 경우에는 서식이 통일되지 않을 수 있으므로 [값](□) 붙여넣기를 선택했어요. 그리고 엑셀 2010 버전부터 '선택하여 붙여넣기' 기능을 '붙여넣기 옵션'에서 제공하고 있기 때문에 '붙여넣기 옵션'의 값은 엑셀 2007 버전에서는 지원하지 않습니다.

3 붙여넣은 데이터 중 중복되는 항목을 삭제해 볼게요. 모든 데이터가 선택된 상태에서 [데이터] 탭-[데이터 도구] 그룹의 [중복된 항목 제거]를 클릭하세요. [중복된 항목 제거] 대화상자가 열리면 중복되어 제거할 항목이 A열인지 다시 한 번 확인하고 [확인]을 클릭하세요.

4 중복된 항목을 제거했다는 메시지 창이 열리면 [확인]을 클릭하세요.

5 보고서에서 두 번째 구분 데이터인 '대분류' 필드를 선택하여 복사해 볼게요. [DB] 시트에서 E1셀을 선택하고 Ctrl+Shift+↓를 눌러 E1:E400001 범위를 한 번에 선택한 후 Ctrl+C를 눌러 복사하세요.

6 [양식작성] 시트를 선택하고 B3셀에서 마우스 오른쪽 단추를 눌러 '붙여넣기 옵션'에서 [값]
(🔢)을 클릭하세요.

7 모든 데이터가 선택된 상태에서 [데이터] 탭-[데이터 도구] 그룹의 [중복된 항목 제거]를 클릭하여
붙여넣은 데이터 중에서 중복된 항목을 삭제하세요.

8 206쪽의 **3~4** 과정과 달리 [중복된 항목 제거 경고] 대화상자가 열립니다. 이것은 현재 제거하려는 중복된 항목과 인접한 셀에 데이터가 있어서 해당 부분까지 확장하여 중복된 항목을 제거할 것인지를 확인하는 경고입니다. [현재 선택 영역으로 정렬]을 선택하고 [중복된 항목 제거]를 클릭하세요.

9 [중복 값 제거] 대화상자가 열리면 중복되어 제거할 항목이 B열인지 다시 한 번 확인하고 [확인]을 클릭하세요.

10 중복된 항목을 제거했다는 메시지 창이 열리면 [확인]을 클릭하고 중복된 값이 제거되었는지 확인해 보세요.

데이터의 행/열 바꿔서 교차 보고서 작성하기

◐ **예제파일** : 02_행열변경_예제.xlsx   ◐ **완성파일** : 02_행열변경_완성.xlsx

1 [양식작성] 시트에서 B열에 입력한 대분류 데이터의 행/열을 바꿔서 열 방향으로 항목을 나열하기 위해 B4:B9 범위를 드래그하여 선택하고 Ctrl+C를 눌러 데이터를 복사하세요. 데이터를 붙여넣을 B3셀에서 마우스 오른쪽 단추를 눌러 '붙여넣기 옵션'에서 [행/열 바꿈](📋)을 클릭하세요.

> **Tip**
>
> 교차(크로스탭) 보고서란, 일종의 테이블 형태로 작성된 보고서를 말합니다. 일반적으로 한 가지 이상의 다중 조건 데이터를 집계한 내용을 간략하게 표현하는 보고서를 작성할 때 사용해요. 그리고 행과 열에 분석 항목이 나열되어 있고 해당 항목의 행과 열의 교차점의 수치를 읽는 형태의 보고서를 '교차 보고서'라고 해요.

2 필요 없는 B4:B9 범위를 드래그하여 다시 선택하고 Delete를 눌러 데이터를 삭제한 후 H3셀에 『비고』를 입력하세요.

3 보고서 양식에 테두리를 그려볼게요. H4셀을 선택하고 Ctrl + A 를 누르세요. H4셀과 연속된 전체 범위가 선택되면 [홈] 탭-[글꼴] 그룹에서 [테두리]의 내림 단추(▾)를 클릭하고 [모든 테두리]를 선택하세요.

4 A3셀을 선택하고 입력되어 있던 '관할지역'을 삭제한 후 Spacebar 를 여러 번 눌러 다음의 그림과 같이 셀의 오른쪽에 『분류』를 입력하세요. Alt + Enter 를 눌러 하나의 셀 안에서 행을 바꾸고 『지역』을 입력한 후 Enter 를 누르세요. A3셀에 구분선을 넣기 위해 A3셀에서 마우스 오른쪽 단추를 눌러 [셀 서식]을 선택하세요.

5 [셀 서식] 대화상자가 열리면 [테두리] 탭에서 오른쪽 아래에 있는 [사선 테두리](▨)를 선택하고 [확인]을 클릭하세요.

6 테두리가 표시된 최종 보고서 양식이 완성되었는지 확인해 보세요.

실무 예제 03 **피벗 테이블로 매출 집계 보고서 작성하기**

◈ 예제파일 : 03_피벗테이블_예제.xlsx   ◈ 완성파일 : 03_피벗테이블_완성.xlsx

1 특정 연도와 분기별로 지역별 매출 집계표를 작성할 경우 집계 보고서를 만들 때는 원하는 결과를 피벗 테이블로 작성해야 해요. [DB] 시트에서 임의의 셀을 선택하고 Ctrl+T를 누르세요. [표 만들기] 대화상자가 열리면 [머리글 포함]에 체크한 상태에서 [확인]을 클릭하세요.

2 [표 도구]의 [디자인] 탭-[도구] 그룹에서 [피벗 테이블로 요약]을 클릭하세요. [피벗 테이블 만들기] 대화상자가 열리면 피벗 테이블 보고서를 넣을 위치를 [새 워크시트]로 선택하고 [확인]을 클릭하세요.

3 새로운 [Sheet1] 시트에 피벗 테이블이 만들어지면서 화면의 오른쪽에 [피벗 테이블 필드] 작업 창이 열리면 [관할지역]과 [매출일]은 '행' 영역으로, [대분류]는 '열' 영역으로, [금액]은 '값' 영역으로 드래그하세요.

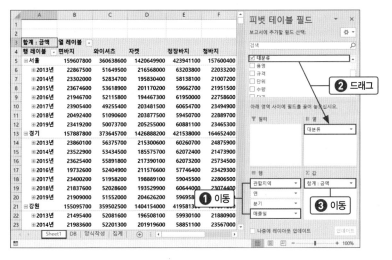

4 분기별로 분석하기 위해 A열에 분기 항목이 표시되도록 A5셀을 선택하고 [피벗 테이블 도구] 의 [분석] 탭-[활성 필드] 그룹에서 [필드 확장]을 클릭하세요.

환경설정

데이터기초

데이터분석

데이터관리

실무함수

데이터필터

정보와시각화

데이터활용

특별부록

5 [집계] 시트에서 기간을 쉽게 입력할 수 있도록 '년'과 '분기' 입력란에 데이터 유효성 검사를 지정해 볼게요. H3셀을 선택하고 [데이터] 탭-[데이터 도구] 그룹에서 [데이터 유효성 검사]를 클릭하세요.

6 [데이터 유효성] 대화상자가 열리면 [설정] 탭의 '제한 대상'에서 [목록]을 선택하세요. '원본'에 선택하려는 연도를 콤마(,)를 이용해서 『2013,2014,2015,2016,2017,2018,2019』로 구분하여 입력하고 [확인]을 클릭하세요.

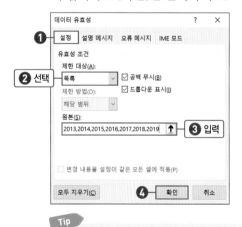

> **Tip**
>
> 임의의 셀에 유효성 검사로 나타날 항목을 입력한 후 '원본'에서 셀을 참조하는 방법도 있어요. 하지만 구분자 콤마(,)로 항목을 모두 나열하면 참조 범위가 없어도 유효성 검사를 지정할 수 있어요.

7 H3셀에 내림 단추(▼)가 나타나면 클릭하고 [2019]를 선택하세요.

8 연도에 이어 분기 입력란에도 데이터 유효성 검사를 지정해 볼게요. H4셀을 선택하고 **[데이터]** **탭-[데이터 도구]** 그룹에서 **[데이터 유효성 검사]**를 클릭하세요.

9 [데이터 유효성] 대화상자가 열리면 [설정] 탭의 '제한 대상'에서 [목록]을 선택하고 '원본'에 선택하려는 분기인 『1,2,3,4』를 입력한 후 [확인]을 클릭하세요.

10 H4셀에 내림 단추(▼)가 나타나면 클릭하고 [1]을 선택하세요.

실무
예제 | **04** | **연도별/분기별 매출 변화 확인하기**

◈ 예제파일 : 04_집계보고서_예제.xlsx　　◈ 완성파일 : 04_집계보고서_완성.xlsx

● **GETPIVOTDATA 함수**

1 조건에 맞는 데이터를 쉽게 선택하기 위해 피벗 테이블의 틀을 고정해 행과 열을 고정시켜 볼 게요. [Sheet1] 시트에서 B5셀을 선택하고 **[보기] 탭-[창] 그룹**에서 **[틀 고정]-[틀 고정]**을 선택 하세요.

2 조건에 맞는 자료를 피벗 테이블에서 가져오기 위해 [집계] 시트에서 B6셀을 선택하고 『=』를 입력하세요.

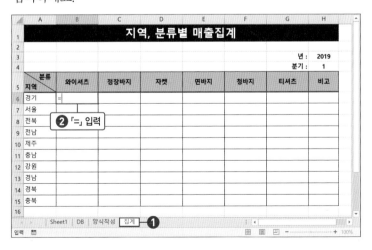

3 [Sheet1] 시트로 이동해서 현재 선택 조건에 맞는 경기 지역의 2019년 1사분기 와이셔츠 매출인 C73셀을 선택하고 Enter를 누르세요.

=GETPIVOTDATA("금액",Sheet1!$A$3,"관할지역","경기","대분류","와이셔츠","분기",2,"연",2019)
   ❶   ❷   ❸   ❹   ❺   ❻   ❼❽❾ ❿

❶ 피벗 테이블 보고서([Sheet1] 시트)의 '값' 영역에 있는 데이터 필드 이름
❷ 특정 시트의 어느 셀이 위치한 곳의 피벗 테이블에서 가져온 데이터임을 명시
❸ 첫 번째 조건의 데이터를 설명하는 필드명   ❹ ❸ 필드의 항목명
❺ 두 번째 조건의 데이터를 설명하는 필드명   ❻ ❺ 필드의 항목 이름
❼ 세 번째 조건의 데이터를 설명하는 필드명   ❽ ❼ 필드의 항목 이름
❾ 네 번째 조건의 데이터를 설명하는 필드명   ❿ ❾ 필드의 항목 이름
➡ 피벗 테이블 보고서([Sheet1] 시트)의 A3셀이 위치한 '관할지역' 필드에서 '경기'를 만족하는 '대분류' 필드 중 '와이셔츠'를 만족하고, '분기' 필드에서 2분기를 만족하며, '연' 필드에서 2019년을 만족하는 금액의 합계를 표시하는 함수식

4 [집계] 시트로 되돌아오면 GETPIVOTDATA 함수의 첫 번째 인수를 변경해 볼게요. B6셀을 선택하고 수식 입력줄에서 첫 번째 변수인 '"경기"'를 드래그한 후 Delete를 눌러 삭제하고 '경기' 지역이 나타나 있는 『A6』을 입력하세요. A6셀과 연관된 지역 데이터는 세로형 데이터이므로 F4를 세 번 눌러 '$A6'으로 참조 형태를 바꾸세요.

> **Tip**
> 매번 헷갈리는 참조 유형($)에 대한 명쾌한 설명은 221쪽의 '잠 깐만요'를 참고하세요.

환경설정

데이터기초

데이터분석

데이터관리

실무함수

데이터필터

정보시각화

데이터활용

특별부록

5 GETPIVOTDATA 함수의 두 번째 인수를 변경해 볼게요. 수식 입력줄에서 두 번째 변수인 '"와 이셔츠'"를 삭제한 후 '와이셔츠' 분류가 나타나 있는 『B5』를 입력하세요. B5셀과 연관된 분류 데이터는 가로형 데이터이므로 F4 를 두 번 눌러 'B$5'로 참조 형태를 바꾸세요.

6 GETPIVOTDATA 함수의 세 번째 인수를 변경해 볼게요. 수식 입력줄에서 세 번째 변수인 '1' 을 삭제한 후 1분기를 선택하는 『H4』를 입력하세요. H4셀은 연관된 데이터 없이 독립적으로 사용되었으므로 F4 를 한 번만 눌러 '$H$4'로 참조 형태를 바꾸세요.

7 GETPIVOTDATA 함수의 네 번째 변수를 변경해 볼게요. 수식 입력줄에서 네 번째 인수인 '2019'를 삭제한 후 2019년을 선택하는 『H3』을 입력하세요. H3셀도 연관된 데이터 없이 독립 적으로 사용되었으므로 F4 를 한 번만 눌러 '$H$3'으로 참조 형태를 바꾼 후 Enter 를 눌러 함 수식을 완성하세요.

219

8 B6셀에 2019년 1사분기 서울 지역의 와이셔츠 매출이 구해졌으면 B6셀의 자동 채우기 핸들 (✚)을 G6셀까지 드래그하여 다른 품목의 매출을 구하세요. 다시 G6셀의 자동 채우기 핸들을 G15셀까지 드래그하여 다른 지역의 품목 매출을 구하세요.

9 마지막으로 다른 연도와 다른 분기를 선택했을 때 매출의 변화를 확인해 볼게요. H3셀과 H4 셀의 내림 단추(▼)를 클릭하여 각각 [2018]과 [4]를 선택하여 해당 기간의 매출로 값이 변환 되는지 확인해 보세요.

$ 기호 이용해 수식의 참조 유형 변경하기

수식에서 참조 유형을 변경할 때 $ 기호를 행과 열의 어느 위치에 붙여야 하는지 항상 헷갈리죠? 쉽게 확인하는 방법을 알려줄게요. '지역' 필드 중 '경기'인 A6셀과 관련된 데이터는 모두 세로로 나열되어 있습니다.

따라서 A6셀은 나열 방향 그대로 위쪽을 확인해 보면 A열이 보여요. 그러므로 'A6'은 A열 앞에 $ 기호를 붙여서 『$A6』을 입력해야 해요.

반면 '분류' 필드의 '와이셔츠'인 B5셀과 관련된 데이터는 모두 가로로 나열되어 있습니다.

따라서 B5셀은 나열 방향 그대로 왼쪽을 확인해 보면 5행이 보여요. 그러므로 'B5'는 5행 앞에 $ 기호를 붙여서 『B$5』를 입력해야 해요.

엑셀 2019 신규 함수 적극 활용하기

엑셀 2016까지는 내장 함수로 제공되지 않고 엑셀 온라인을 통해서만 사용할 수 있었던 여섯 가지 수식이 엑셀 2019부터는 내장 함수로 제공됩니다. 그래서 여섯 가지 추가 내장 함수를 이용하여 간단히 메일링 연결 주소 텍스트를 만들거나 기존에는 배열 수식을 이용해야만 했던 조건별 최고/최저 단가 등을 찾는 일도 가능해졌어요. 이번에는 엑셀 2019 버전 추가 내장 함수의 활용법을 알아보겠습니다.

> **PREVIEW**

▲ TEXTJOIN 함수로 단체 메일 연결 주소 만들기

▲ MAXIFS 함수로 최대 부품 단가 구하기

섹션별 주요 내용

01 │ 단체 메일 연결 주소로 쉽게 메일 보내기 ― TEXTJOIN 함수

02 │ 성과 이름 합쳐서 한 번에 표시하기 ― CONCAT 함수   03 │ 조건에 따라 개인 매출 평가하기 ― IFS 함수

04 │ 업체별로 결제일 표시하기 ― SWITCH 함수   05 │ 부품 단가 중 가장 비싼 가격 표시하기 ― MAXIFS 함수

06 │ 부품 단가 중 가장 싼 가격 표시하기 ― MINIFS 함수

실무 예제 | 01 단체 메일 연결 주소로 쉽게 메일 보내기

🔵 예제파일 : 01_TEXTJOIN함수_예제.xlsx   🔵 완성파일 : 01_TEXTJOIN함수_완성.xlsx

● TEXTJOIN 함수

1 주소록에 있는 메일 주소로 메일을 한 번에 보내 볼게요. [Sheet1] 시트에서 B9셀을 선택하고
『=TEXTJOIN(",",1,B4:B7)』을 입력한 후 Enter 를 누르세요.

$$=TEXTJOIN(",",1,B4:B7)$$
❶❷❸

❶ TEXTJOIN 함수의 첫 번째 인수로, 데이터를 연결할 문자열
❷ TEXTJOIN 함수의 두 번째 인수로, TRUE나 1을 입력하면 세 번째 인수로 지정한 범위 중 빈 셀 무시
❸ TEXTJOIN 함수의 세 번째 인수로, 연결할 데이터

2 B9셀에 주소 목록에 있는 이메일 주소가 모두 표시되었는지 확인해 보세요.

	A	B	C	D	E	F	G
1		주소록					
2							
3	이름	메일주소	연락처	비고			
4	홍길동	abc@daum.net	010-****-1234				
5	이길동	bcd@hotmail.com	010-****-2345				
6	정길동	cde@outlook.com	010-****-3456				
7	박길동	def@gmail.com	010-****-4567				
8							
9	abc@daum.net,bcd@hotmail.com,cde@outlook.com,def@gmail.com				확인		
10							
11							

2010 | 2013 | 2016 | **2019** | OFFICE 365

실무 예제 | **02** | **성과 이름 합쳐서 한 번에 표시하기**

🔵 예제파일 : 02_CONCAT함수_예제.xlsx 🔵 완성파일 : 02_CONCAT함수_완성.xlsx

● **CONCAT 함수**

1 [Sheet1] 시트에서 A열에 입력된 성과 B열에 입력된 이름을 합해서 C열에 전체 이름을 입력해 볼게요. C4셀을 선택하고 『=CONCAT(A4:B4)』를 입력한 후 Enter를 누르세요.

Tip

CONCAT 함수는 여러 범위나 문자열의 텍스트를 결합하지만 구분 기호는 제공하지 않아요. 결합할 텍스트의 사이에 구분 기호(간격 또는 &)를 포함하고 결합된 텍스트 결과에 표시하지 않는 빈 인수를 제거하려면 TEXTJOIN 함수를 사용하세요.

2 C4셀에 전체 이름이 입력되면 C4셀의 자동 채우기 핸들(➕)을 C7셀까지 드래그해서 함수식을 복사하세요.

=CONCAT(**A4:B4**)
　　　　　❶

❶ CONCAT 함수의 인수로, 연결할 문자가 있는 범위. TEXTJOIN 함수와 사용법은 비슷하지만 TEXTJOIN 함수는 데이터의 연결 문자열 지정

실무
예제 **03** 조건에 따라 개인 매출 평가하기

● 예제파일 : 03_IFS함수_예제.xlsx   ● 완성파일 : 03_IFS함수_완성.xlsx

● IFS 함수

1 [Sheet1] 시트에서 E4셀을 선택하고 함수식 『=IFS(D4<40000000,"저조",D4<50000000,"보통", D4>=50000000,"우수")』를 입력한 후 Enter를 누르세요.

=IFS(D4<40000000,"저조",D4<50000000,"보통",D4>=50000000,"우수")
　　　　❶　　　　　❷　　　　　❸　　　　　❹　　　　❺　　　　　❻

❶ IFS 함수의 첫 번째 인수로, D4셀 값이 4천만 원 미만인 경우
❷ IFS 함수의 두 번째 인수로, 첫 번째 인수의 조건이 참이면 나타낼 값
❸ IFS 함수의 세 번째 인수로, D4셀 값이 5천만 원 미만인 경우
❹ IFS 함수의 네 번째 인수로, 세 번째 인수의 조건이 참이라면 나타낼 값
❺ IFS 함수의 다섯 번째 인수로, D4셀 값이 5천만 원 이상인 경우
❻ IFS 함수의 여섯 번째 인수로, 다섯 번째 인수의 조건이 참이면 나타낼 값
➡ 4천만 원 미만이면 '저조', 5천만 원 미만이면 '보통', 5천만 원 이상이면 '우수'로 나타냅니다. 참고로 IFS 함수는 하나 이상의 조건이 충족되는지 확인한 후 첫 번째 TRUE 조건에 해당하는 값을 나타내는데, 최대 127가지의 조건을 입력할 수 있어요.

Tip

IFS 함수는 하나 이상의 조건이 충족되는지의 여부를 확인하고 첫 번째 TRUE 조건에 해당하는 값을 반환합니다. IFS 함수는 여러 개의 중첩된 IF문 대신 사용할 수 있고 다양한 조건을 사용해도 읽기가 쉬워요. 하지만 여러 가지 조건을 올바른 순서로 입력해야 하고 빌드와 테스트 및 업데이트를 수행하기가 매우 어려울 수 있습니다. 일반적으로 IF문이나 IFS문에서 조건을 너무 많이 사용하는 것은 좋지 않습니다.

2 E4셀에 매출액이 구분되면 E4셀의 자동 채우기 핸들(➕)을 E7셀까지 드래그해서 함수식을 복사하세요.

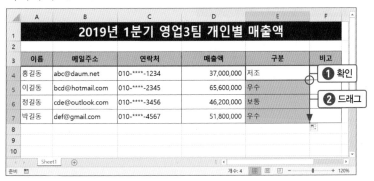

실무
예제 **04** 업체별로 결제일 표시하기

● 예제파일 : 04_SWITCH함수_예제.xlsx　　● 완성파일 : 04_SWITCH함수_완성.xlsx

● SWITCH 함수

1 업체별 결제일을 '10일', '20일', '말일'로 구분하여 표시해 볼게요. [Sheet1] 시트에서 C4셀을 선택하고 『=SWITCH(B4,"완제품","10일","부품","20일","배송업체","30일","조립업체","25일")』을 입력한 후 Enter 를 누르세요.

> **Tip**
>
> SWITCH 함수는 값의 목록에 대한 식을 계산하고 첫 번째 일치하는 값에 해당하는 결과를 반환합니다. 일치하는 항목이 없으면 선택적 기본값이 반환될 수 있습니다. 여기서는 업체마다 다른 결제일 날짜를 정리하여 표시합니다.

=SWITCH(B4,"완제품","10일","부품","20일","배송업체","30일","조립업체","25일")
　　　　　　❶　　　❷　　　❸　　　❹　　　❺　　　❻　　　❼　　　❽　　　❾

❶ SWITCH 함수의 첫 번째 인수로, 구분 기준
❷ SWITCH 함수의 두 번째 인수로, 첫 번째 인수인 B4셀이 '완제품'인 경우
❸ SWITCH 함수의 세 번째 인수로, 세 번째 인수가 참일 때 나타낼 값. 따라서 B4셀이 '완제품'이면 '10일' 표시
❹ SWITCH 함수의 네 번째 인수로, 첫 번째 인수인 B4셀이 '부품'인 경우
❺ SWITCH 함수의 다섯 번째 인수로, 네 번째 인수가 참일 때 나타낼 값. 따라서 B4셀이 '부품'이면 '20일' 표시
❻ SWITCH 함수의 여섯 번째 인수로, 첫 번째 인수인 B4셀이 '배송업체'인 경우
❼ SWITCH 함수의 일곱 번째 인수로, 여섯 번째 인수가 참일 때 나타낼 값. 따라서 B4셀이 '배송업체'이면 '30일' 표시
❽ SWITCH 함수의 여덟 번째 인수로, 첫 번째 인수인 B4셀이 '조립업체'인 경우
❾ SWITCH 함수의 아홉 번째 인수로, 여덟 번째 인수가 참일 때 나타낼 값. 따라서 B4셀이 '조립업체'이면 '25일' 표시

2 C4셀에 결제일이 표시되면 C4셀의 자동 채우기 핸들(+)을 C7셀까지 드래그해서 함수식을 복사하세요.

실무
예제 **05** 부품 단가 중 가장 비싼 가격 표시하기

⟲ 예제파일 : 05_MAXIFS함수_예제.xlsx ⟲ 완성파일 : 05_MAXIFS함수_완성.xlsx

● **MAXIFS 함수**

1 [Sheet1] 시트에서 B9셀을 선택하고 『=MAXIFS(C4:C7,B4:B7,"ABC123")』을 입력한 후 Enter를 누르세요.

=MAXIFS(C4:C7,B4:B7,"ABC123")
　　　　　　❶　　　❷　　　❸

❶ MAXIFS 함수의 첫 번째 인수로, 최대값이 들어있는 범위
❷ MAXIFS 함수의 두 번째 인수로, 찾으려고 하는 값(부품명)이 들어있는 범위
❸ MAXIFS 함수의 세 번째 인수로, 찾으려고 하는 값(부품명)
➡ B4:B7 범위의 'ABC123'의 최대값을 C4:C7 범위에서 찾습니다.

Tip

MAXIFS 함수는 주어진 조건에 맞는 셀에서 최대값을 반환하는 통계 함수로, 여기서는 거래처별 부품 단가표에서 가장 비싼 자재값을 구합니다. MAXIFS 함수 구문은 MAXIFS(max_range,criteria_range1,criteria1, [criteria_range2,criteria2], …)입니다.

2 B9셀에 거래처의 자재 중 최고 가격이 표시되었는지 확인해 보세요.

	A	B	C	D	E	F	G
1	거래처별 ABC123 부품 단가표						
2							
3	업체명	자재명	단가	비고			
4	동양물산	ABC123	129,600				
5	서울전산	ABC123	132,410				
6	대구유통	ABC123	131,540				
7	광주상사	ABC123	130,580				
8							
9	최고가격 :	132,410	확인				
10							

실무 예제 06 부품 단가 중 가장 싼 가격 표시하기

● 예제파일 : 06_MINIFS함수_예제.xlsx   ● 완성파일 : 06_MINIFS함수_완성.xlsx

● **MINIFS 함수**

1 [Sheet1] 시트에서 B9셀을 선택하고『=MINIFS(C4:C7,B4:B7, "ABC123")』을 입력한 후 Enter 를 누르세요.

=MINIFS(C4:C7,B4:B7,"ABC123")
　　　　　　❶　　　 ❷　　 　❸

❶ MINIFS 함수의 첫 번째 인수로, 최소값이 들어있는 범위
❷ MINIFS 함수의 두 번째 인수로, 찾으려는 값(부품명)이 들어있는 범위
❸ MINIFS 함수의 세 번째 인수로, 찾으려는 값(부품명)
➡ B4:B7 범위의 'ABC123'의 최소값을 C4:C7 범위에서 찾습니다.

> MINIFS 함수는 주어진 조건 집합에 맞는 셀에서 최소값을 반환하는 통계 함수로, 여기서는 거래처별 부품 단가표에서 가장 저렴한 자재값을 구합니다. MINIFS 함수 구문은 MINIFS(min_range,criteria_range1,criteria1,[criteria_range2,criteria2],…)입니다.

2 B9셀에 거래처의 자재 중 최저 가격이 표시되었는지 확인해 보세요.

프로 비즈니스맨을 위한 활용 Tip

복잡한 함수식, F9로 단숨에 이해하기

◆ 예제파일 : 수식의해석_예제.xlsx　　◆ 완성파일 : 수식의해석_완성.xlsx

[배송비] 시트에서 배송비를 산출할 때 INDEX-MATCH 조합 함수를 활용했어요. 조합 함수의 경우 수식이 어떻게 적용되어 결과가 나타나는지 이해하기 어렵지만, 수식을 풀어서 해석하면 이해가 쉽습니다. 이때 바로 F9를 사용해요. 조합 함수의 수식 결과 확인은 203쪽에서 다루었으므로 여기서는 수식 중 내부 인수의 결과를 확인하는 방법을 살펴볼게요.

1 [반올림_1] 시트에서 F5셀을 선택하고 수식 입력줄에서 'C5*(1-D5)' 부분을 드래그하여 선택한 후 F9를 누르세요.

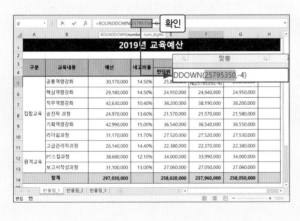

2 해당 셀 수식의 결과가 미리 나타나는지 확인해보세요. 이와 같은 방법으로 수식이 아닌 수식 내부의 인수를 미리 확인할 수 있어요.

CHAPTER 05

원하는 정보만
쏙 뽑아주는
데이터 필터 익히기

SECTION 01   간단하지만 중요한 자동 필터 익히기

SECTION 02   복잡한 조건 빠르게 처리하는 고급 필터 익히기

SECTION 03   고급 필터와 함수 이용해 실무 데이터 편집하기

앞의 챕터에서는 피벗 테이블이나 유효성 검사 등으로 데이터를 분석하고 관리하는 방법에 대해 배웠어요. 그런데 데이터를 제대로 관리하고 분석하려면 활용도 높은 데이터베이스를 만들기 위한 데이터 필터링 작업이 필요합니다. 데이터를 필터링하면 수많은 데이터가 규칙없이 모여 있는 빅데이터에서 분석 목적에 꼭 필요한 정보만 골라내어 사용자가 원하는 조건에 적합한 결과를 빠르게 구할 수 있어요. 이번 챕터에서는 엑셀에서 기본 기능으로 제공하는 자동 필터와 고급 필터를 이용하여 아주 쉽고 간단하게 데이터를 필터링하는 방법과 여기에 수식을 필터 조건으로 추가하여 다중 데이터에서 특정 데이터를 필터링하는 작업을 배워봅니다.

01

간단하지만 중요한
자동 필터 익히기

요즘에는 대량의 데이터를 다루는 일이 점점 더 많아지기 때문에 필요한 데이터만 쉽고 빠르게 필터링하는 방법을 꼭 알고 있어야 해요. 이번 섹션에서는 실제 업무 현장에서 사용하는 40만 행이 넘는 빅데이터 실무 예제를 통해 필터 단추와 표 기능 및 슬라이서로 논리곱(AND)의 조건을 만족하는 데이터를 추출하는 자동 필터를 배워 실전 감각을 익혀봅니다. 간단하지만 실무에 필요한 내용이므로 실습 예제를 꼭 따라해 보세요.

> **PREVIEW**

▲ 국내2팀의 와이셔츠 매출이 10만 원 이상인 데이터만 필터링하기

▲ 슬라이서 활용해 쉽게 데이터 필터링하기

섹션별
주요 내용

01 | 자동 필터로 조건에 맞는 데이터 추출하기   02 | 슬라이서로 특정 직원의 매출 데이터 찾기

**실무
예제 01 자동 필터로 조건에 맞는 데이터 추출하기**

🔗 예제파일 : 01_자동필터_예제.xlsx   🔗 완성파일 : 01_자동필터_완성.xlsx

1 2018년 12월 15일부터 2018년 12월 26일 사이에 국내2팀의 와이셔츠 판매 금액이 10만 원 이상인 자료만 추출하려고 해요. 조건에 맞게 필터링하기 위해 [DB] 시트에서 데이터가 입력된 임의의 셀을 선택하고 **[데이터] 탭-[정렬 및 필터] 그룹**에서 **[필터]**를 클릭하세요.

2 A1셀에 입력된 '팀' 필드명의 내림 단추(▾)를 클릭하고 [(모두 선택)]의 체크를 해제하여 모든 항목의 선택을 해제하세요. [국내2팀]에 체크하고 [확인]을 클릭하여 국내2팀 데이터만 표시하세요.

> **Tip**
> 데이터를 필터링하면 내림 단추(▾)는 필터 단추(⊡)로 모양이 변경됩니다. 그리고 필터링한 후 데이터의 행 번호는 파란색으로 변해요.

3 이번에는 두 번째 조건인 매출일을 필터링해 볼게요. D1셀에 입력된 '매출일' 필드명의 내림 단추(▼)를 클릭하고 [날짜 필터]-[사용자 지정 필터]를 선택하세요.

4 [사용자 지정 자동 필터] 대화상자가 열리면 필터링하려는 기간을 입력해야 합니다. 조건이 2018년 12월 15일부터 2018년 12월 26일까지이므로 '매출일'을 [이후 또는 같음]으로 선택하고 필터 시작일인 『2018-12-15』를 입력하세요. [그리고]와 [이전 또는 같음]을 차례대로 선택하고 필터 종료일인 『2018-12-26』을 입력한 후 [확인]을 클릭하세요.

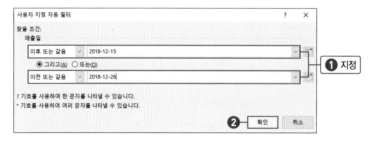

5 세 번째 조건인 와이셔츠를 필터링해 볼게요. E1셀에 입력된 '대분류' 필드명의 내림 단추(▼)를 클릭하고 [(모두 선택)]의 체크를 해제하여 모든 항목의 선택을 해제한 후 [와이셔츠]에 체크하고 [확인]을 클릭하세요.

Tip

자동 필터를 해제하려면 필터 단추(🔽)를 클릭하고 ["팀"에서 필터 해제]를 선택한 후 [확인]을 클릭하세요. 만약 전체 필드의 필터를 한꺼번에 해제하려면 [데이터] 탭-[정렬 및 필터] 그룹에서 [필터]를 클릭하세요.

6 마지막 조건인 매출액 10만 원 이상인 자료를 필터링해 볼게요. K1셀에 입력된 '금액' 필드명의 내림 단추(▼)를 클릭하고 [숫자 필터]-[사용자 지정 필터]를 선택하세요.

7 [사용자 지정 자동 필터] 대화상자가 열리면 '금액'에서 '크거나 같다'의 의미인 연산자 [>=]를 선택하고 『100000』을 입력한 후 [확인]을 클릭하세요.

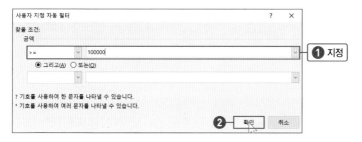

8 국내 2팀의 2018년 12월 15일부터 12월 26일까지 와이셔츠 매출이 10만 원 이상인 데이터만 필터링되었는지 확인해 보세요.

실무 예제 02 | 슬라이서로 특정 직원의 매출 데이터 찾기

◎ 예제파일 : 02_자동필터_슬라이서_예제.xlsx   ◎ 완성파일 : 02_자동필터_슬라이서_완성.xlsx

1 [DB] 시트에서 특정 팀에 소속된 판매 직원 매출 데이터를 필터링해 볼게요. 데이터를 효율적으로 다루려면 우선 표로 지정해야 하므로 데이터가 입력된 임의의 셀을 선택하고 Ctrl + T를 누르세요. [표 만들기] 대화상자가 열리면 [머리글 포함]에 체크한 상태에서 [확인]을 클릭하세요.

2 빠르고 쉽게 필터링을 도와주는 슬라이서를 삽입해 볼게요. [표 도구]의 [디자인] 탭-[도구] 그룹에서 [슬라이서 삽입]을 클릭하세요.

Tip

슬라이서를 사용하여 데이터를 분석하는 방법은 97쪽에서 배웠어요.

3 특정 팀에 소속된 판매직원의 매출 데이터를 필터링하는 조건을 지정해 볼게요. [슬라이서 삽입] 창에서 [팀]과 [판매직원]에 체크하고 [확인]을 클릭하세요.

4 [팀] 슬라이서와 [판매직원] 슬라이서가 삽입되었으면 적절한 위치로 이동하세요. [팀] 슬라이서에서는 [국내4팀]을, [판매직원] 슬라이서에서는 [강효영]을 선택하고 Ctrl 을 누른 상태에서 [박지영]과 [송지숙]을 차례로 선택하여 '국내4팀'에 소속된 '강효영'과 '박지영', '송지숙' 직원의 매출 데이터를 필터링하세요.

잠깐만요 **슬라이서에서 한꺼번에 여러 항목 선택하고 필터 해제하기**

[판매직원] 슬라이서에서 [강효영]을 먼저 선택하고 슬라이서의 오른쪽 위에 있는 [다중 선택] 단추(☰)를 클릭하거나 Alt + S 를 누르세요. 그런 다음 다른 직원을 선택하면 한꺼번에 여러 항목이 선택되고 다시 Alt + S 를 누르면 다중 선택이 해제됩니다.

[판매직원] 슬라이서의 오른쪽 위에 있는 [필터 지우기] 단추(🔽)를 클릭하면 선택한 필터를 쉽게 해제할 수 있어요. 필터 지우기의 단축키는 Alt + C 입니다.

▲ 여러 항목 한 번에 선택하기

▲ 필터 해제하기

엑셀에서는 자동 필터로 논리곱(AND, 그리고) 데이터를 쉽게 필터링할 수 있을 뿐만 아니라 고급 필터로 논리합(OR, 또는)의 조건 데이터도 필터링할 수 있어요. 이번 섹션에서는 엄청난 양의 빅데이터에서도 사용자가 지정한 다양한 조건에 적합한 데이터를 빠르게 필터링할 수 있는 고급 필터에 대해서 알아보겠습니다. 또한 필터링한 결과를 새 시트에 표시하는 방법도 익혀봅니다.

> **P R E V I E W**

▲ 특정 기간의 데이터만 필터링하기

▲ 논리합(OR, 또는)의 조건을 만족하는 데이터 필터링하기

> **섹션별
> 주요 내용**

01 | 고급 필터로 조건에 맞는 데이터만 추출하기 **02** | 특정 기간의 데이터만 필터링하기
03 | 특정 기간의 특정 항목 데이터만 필터링하기 **04** | 논리합(또는) 조건을 만족하는 데이터 필터링하기
05 | 다른 시트에 고급 필터 결과 표시하기

고급 필터로 조건에 맞는 데이터만 추출하기

🔗 예제파일 : 01_고급필터_예제.xlsx   🔗 완성파일 : 01_고급필터_완성.xlsx

1 [DB] 시트에서 국내1팀의 서울 지역 재킷 데이터만 필터링해 볼게요. 필터링하려는 조건 필드명을 복사하기 위해 A1:B1 범위를 드래그하여 선택하고 Ctrl+C를 눌러 복사한 후 N1셀에서 Ctrl+V를 누르세요. E1셀도 Ctrl+C를 눌러 복사하고 P1셀에서 Ctrl+V를 눌러 붙여넣으세요.

Tip

필드명을 복사 및 붙여넣기하지 않고 곧바로 입력할 수도 있어요. 하지만 **1** 과정처럼 작업하는 이유는 필드명을 입력할 때 '대분류 '와 같이 빈 공간이 삽입되면 조건 필드명과 목록 필드명이 달라져서 원하는 데이터를 필터링할 수 없기 때문입니다.

2 조건을 입력하기 위해 N2셀에는 『국내1팀』을, O2셀에는 『서울』을, P2셀에는 『재킷』을 입력하세요. 데이터가 입력된 임의의 셀(L3셀)을 선택하고 [데이터] 탭-[정렬 및 필터] 그룹에서 [고급]을 클릭하세요.

3 [고급 필터] 대화상자가 열리면 '결과'에서 [다른 장소에 복사]를 선택하고 '목록 범위'에는 전체 데이터 범위인 A1:L400001 범위를, '조건 범위'에는 N1:P2 범위를 지정하세요. '복사 위치'에는 R1셀을 지정하고 [확인]을 클릭하세요.

Tip

고급 필터에서 목록 범위를 손쉽게 선택하려면 [고급 필터] 대화상자의 [목록 범위]에 커서를 올려놓고 전체 DB 범위 중 임의의 셀을 선택하세요. 이 상태에서 Ctrl+A를 누르면 선택한 임의의 셀부터 연속된 행과 열 전체 범위를 손쉽게 [목록 범위]에 지정할 수 있어요. 또는 목록 중 첫 번째 셀을 선택하고 Ctrl+Shift+→와 Ctrl+Shift+↓를 차례대로 눌러도 전체 데이터 범위를 선택할 수 있어요.

4 복사 위치로 지정한 R1셀을 기준으로 조건에 맞는 데이터만 필터링되는지 확인해 보세요. 데이터가 열 너비에 모두 들어가지 않으므로 R열 머리글부터 AC열 머리글까지 드래그하여 R열부터 AC열 전체를 선택하세요.

5 열과 열 사이에 마우스 포인터를 올려놓은 후 ✚ 모양으로 변경되면 더블클릭하세요. 이렇게 열 너비를 조정하면 데이터가 셀 너비에 딱 맞게 배치됩니다.

실무예제 02 특정 기간의 데이터만 필터링하기

◉ **예제파일** : 02_특정기간데이터필터_예제.xlsx　◉ **완성파일** : 02_특정기간데이터필터_완성.xlsx

1 [DB] 시트에서 2019년 12월 12일부터 2019년 12월 27일까지의 기간 중 국내1팀의 서울 지역 재킷 매출만 필터링하려고 해요. 먼저 조건 필드명을 복사하기 위해 '팀'(A1셀), '관할지역'(B1 셀), '대분류'(E1셀), '매출일'(D1셀) 필드를 복사해서 다음의 그림과 같이 N1셀을 기준으로 붙여넣기하세요. 이때 매출일은 언제부터 언제까지이므로 두 개의 셀(Q1:R1)에 복사하세요.

Tip

조건 필드명을 복사하는 방법은 239쪽을 참고하세요.

2 필터 조건을 입력하기 위해 N2셀에는 『국내1팀』을, O2셀에는 『서울』을, P2셀에는 『재킷』을 입력하세요. Q2셀에는 조건 기간 시작일인 『>=2019-12-12』를, R2셀에는 조건 기간 마지막 날인 『<=2019-12-27』을 입력하세요. 고급 필터를 실행하기 위해 데이터가 입력된 임의의 셀 (L4셀)을 선택하고 [데이터] 탭-[정렬 및 필터] 그룹에서 [고급]을 클릭하세요.

3 [고급 필터] 대화상자가 열리면 '결과'에서 [다른 장소에 복사]를 선택하고 '목록 범위'에는 전체 데이터 범위인 A1:L400001 범위를, '조건 범위'에는 N1:R2 범위를 지정하세요. '복사 위치'에 T1셀을 지정하고 [확인]을 클릭하세요.

4 복사 위치로 지정한 T1셀을 기준으로 조건에 맞는 데이터만 필터링되면 240쪽과 같이 열 너비를 자동으로 맞추고 최종 결과를 확인해 보세요.

2010 | 2013 | 2016 | 2019 | OFFICE 365

실무 예제 **03**

특정 기간의 특정 항목 데이터만 필터링하기

● **예제파일** : 03_특정기간항목데이터필터_예제.xlsx ● **완성파일** : 03_특정기간항목데이터필터_완성.xlsx

1 [DB] 시트에서 2019년 12월 12일부터 2019년 12월 27일까지의 기간 중 국내1팀의 서울 지역, 재킷 항목의 품명, 규격, 수량, 금액만 필터링하려고 해요. 다음의 그림과 같이 필터링하려는 필드명을 N1셀부터 복사하고 조건을 입력하세요.

팀	관할지역	대분류	매출일	매출일		품명	규격	수량	금액
국내1팀	서울	재킷	>=2019-12-12	<=2019-12-27					

Tip

'품명'은 T1셀에, '규격'은 U1셀에, '수량'은 V1셀에, '금액'은 W1셀에 복사하세요.

2 고급 필터를 실행하기 위해 데이터가 입력된 임의의 셀(K6셀)을 선택하고 [데이터] 탭-[정렬 및 필터] 그룹에서 [고급]을 클릭하세요.

3 [고급 필터] 대화상자가 열리면 '결과'에서 [다른 장소에 복사]를 선택하고 '목록 범위'에는 전체 데이터 범위인 A1:L400001 범위를, '조건 범위'에는 N1:R2 범위를 지정하세요. '복사 위치'에 T1:W1 범위를 지정하고 [확인]을 클릭하세요.

4 복사 위치로 지정한 T1:W1 범위를 기준으로 조건에 맞는 데이터만 필터링되면 입력된 데이터의 길이에 맞게 열 너비를 자동으로 맞추고 최종 결과를 확인해 보세요.

열 너비를 조절하는 방법은 240쪽을 참고하세요.

실무
예제 **04** 논리합(또는) 조건을 만족하는 데이터 필터링하기

◆ 예제파일 : 04_논리합데이터필터_예제.xlsx   ◆ 완성파일 : 04_논리합데이터필터_완성.xlsx

1 앞에서 배운 데이터 필터는 논리곱(AND, 그리고)의 조건을 만족하는 필터였는데, 여기서는 논리합(OR)인 '또는'의 조건을 만족하는 데이터를 필터링해 볼게요. [DB] 시트에서 대분류 중 재킷이거나 매출일 중 2019년 12월 12일부터 2019년 12월 27일인 데이터를 필터링하려고 해요. N2셀에 『재킷』을 입력하고 필터링하려는 조건이 또는(논리합)의 조건이므로 다른 행(3행)인 O3셀에는 『>=2019-12-12』를, P3셀에는 『<=2019-12-27』을 입력하세요.

2 고급 필터를 실행하기 위해 데이터가 입력된 임의의 셀(K5셀)을 선택하고 [데이터] 탭-[정렬 및 필터] 그룹에서 [고급]을 클릭하세요.

3 [고급 필터] 대화상자가 열리면 '결과'에서 [다른 장소에 복사]를 선택하고 '목록 범위'에는
전체 데이터 범위인 A1:L400001 범위를, '조건 범위'에는 N1:P3 범위를 지정하세요. '복사 위
치'에 R1셀을 지정하고 [확인]을 클릭하세요.

4 복사 위치로 지정한 R1셀을 기준으로 조건에 맞는 데이터만 필터링되면 입력된 데이터의 길
이에 맞게 열 너비를 자동으로 맞추고 최종 결과를 확인해 보세요.

잠깐만요 **논리곱과 논리합 이해하기**

함수 =AND(100>10,100>120)의 결과에서 참과 거짓 판단은 다음과 같습니다. 논리곱(AND) 수식이므로 1*0=0이 되며,
결과는 거짓(0)이 됩니다. 반면 논리합(OR) 수식으로 작성되었다면 1+0=1이 되며, 결과는 참(1)이 됩니다.

$$=AND(100{>}10,100{>}120)$$
$$\text{참} \quad \text{거짓}$$
$$1 \qquad 0$$

구분	해석	해당 수식
논리곱	그리고	AND
논리합	또는	OR

실무
예제 | **05** 다른 시트에 고급 필터 결과 표시하기

◈ 예제파일 : 05_다른시트에결과표시_예제.xlsx   ◈ 완성파일 : 05_다른시트에결과표시_완성.xlsx

1 지금까지는 목록 범위가 위치한 시트의 다른 셀에 필터링 결과를 나타냈지만, 이번에는 다른 시트에 필터링 결과를 표시해 볼게요. [DB] 시트에서 2019년 12월 12일부터 2019년 12월 27일 기간 중 재킷 데이터만 필터링하여 [결과] 시트에 결과를 나타내려고 해요. [결과] 시트를 선택하고 **[데이터] 탭-[정렬 및 필터] 그룹**에서 **[고급]**을 클릭하세요.

> **Tip**
>
> 필터 결과를 다른 시트에 나타내려면 반드시 결과가 나타날 시트를 먼저 선택하고 고급 필터를 실행해야 해요.

2 [고급 필터] 대화상자가 열리면 '결과'에서 [다른 장소에 복사]를 선택하고 '목록 범위'에는 [DB] 시트의 A1:L400001 범위를, '조건 범위'에는 [DB] 시트의 N1:P3 범위를 지정합니다.

247

3 마지막으로 '복사 위치'에 커서를 올려놓고 [결과] 시트의 A1셀을 클릭한 후 [확인]을 클릭하세요.

4 복사 위치로 지정한 [결과] 탭의 A1셀을 기준으로 조건에 맞는 데이터만 필터링되면 전체 열을 선택하여 열 너비를 자동으로 맞추고 최종 결과를 확인해 보세요.

정확한 자료만 필터링하는 방법 알아보기

🔵 **예제파일** : 05_01_정확한자료필터_예제.xlsx 🔵 **완성파일** : 05_01_정확한자료필터_완성.xlsx

특정 단어가 들어간 데이터만 필터링하고 싶은데, 특정 단어를 포함한 데이터까지 검색되는 경우가 많아요. 여기서는 특정 단어만 필터링할 수 있는 방법에 대해 알려줍니다.

❶ [DB] 시트에서 판매직원 중 '이화'가 들어간 데이터만 추출하고 싶다면 K2셀에 『이화』를 입력하고 고급 필터를 실행하세요. 그러면 M열의 '판매직원' 항목에 '이화'로 시작하는 모든 데이터가 필터링됩니다.

❷ '이화'라는 정확한 자료만 필터링하고 싶다면 조건에 '='와 필터링하려는 특정 단어를 함께 입력하세요. 즉 K2셀에 『'=이화』를 입력하고 고급 필터를 실행하면 M열에 '이화'가 들어간 데이터만 필터링됩니다.

K2셀에 '=이화' 앞에 '''를 입력하는 이유는 '='가 같다라는 의미로 사용하기 위해서에요. 만약 '''를 입력하지 않으면 '='를 수식의 시작으로 인식하여 원하는 결과가 나오지 않습니다.

Section **03**

고급 필터와 함수 이용해 실무 데이터 편집하기

고급 필터의 조건은 엑셀에서 제공하는 기본 함수로 나타낼 수 있어요. 만약 몇 년 동안 축척한 데이터의 양이 엄청난 문서에서 특정 월의 데이터만 필터링해야 할 때는 함수를 사용해야 합니다. 그렇지 않으면 매년 특정 월의 기간을 계속 입력해야 해서 매우 불편합니다. 이번 섹션에서는 함수와 고급 필터를 이용하여 실무 데이터를 조건에 맞게 편집하는 방법에 대해 배워봅니다.

> **PREVIEW**

2019년 1월 미수금 리스트

거래처	사업자등록번호	담당자직급	이름	연락처	예정 입금액	비고
세기상사	548-54-88484	부장	이혜준	02-4012-5541	70,400,000	
광성물산	845-54-31817	과장	홍길동	02-5729-9173	64,500,000	
삼원과학	738-61-95088	과장	김영진	02-4186-0146	73,300,000	
영원유통	511-42-16308	과장	김우진	02-5737-2183	84,400,000	
전배사	720-66-38347	대리	성지우	02-4626-8405	58,700,000	
학주개발	425-88-41727	대리	곽호득	02-4707-3193	82,200,000	
K2물산	613-87-53742	대리	강병호	02-3282-7306	67,200,000	
유정물산	413-33-79706	대리	권진석	02-7338-4149	79,000,000	
수인물산	631-90-36651	사원	박진식	02-6055-2458	80,100,000	
안종유통	767-63-58941	사원	윤정신	02-4663-0379	62,100,000	

비고 TRUE

수금리스트

▲ 수금 리스트 중 미수금 데이터만 필터링하기

최신 주소록

순번	구분	이름	메일주소	연락처	비고
2	업무	송**	bcd@daum.net	010-****-1570	
3	업무	김**	cde@daum.net	010-****-7120	
4	친구	김**	def@daum.net	010-****-5383	
6	업무	송**	fgh@daum.net	010-****-4101	
7	업무	송**	ghi@daum.net	010-****-5464	
8	업무	최**	ijk@daum.net	010-****-1337	
11	동호회	정**	mno@daum.net	010-****-5428	
12	업무	정**	nop@daum.net	010-****-1867	
14	업무	김**	qrs@daum.net	010-****-5553	
15	친구	정**	rst@daum.net	010-****-5498	
18	친구	박**	uvw@daum.net	010-****-6643	

비고 FALSE

주소록

▲ 주소록에서 최신 연락처로 필터링하기

섹션별 주요 내용

01 │ 특정 월의 데이터만 필터링하기   02 │ 두 개의 표에서 중복되지 않는 데이터만 필터링하기

03 │ 특정 기간에 몇 회 이상 판매한 항목만 필터링하기   04 │ 주소록에서 최신 데이터만 필터링하기

실무
예제 **01** **특정 월의 데이터만 필터링하기**

◈ 예제파일 : 01_특정월데이터필터_예제.xlsx ◈ 완성파일 : 01_특정월데이터필터_완성.xlsx

1 [DB] 시트에 입력된 전체 데이터 중에서 3월의 '품명', '규격', '단위', '수량', '단가', '금액' 필드 데이터만 필터링해 볼게요. N2셀에 필터 조건인 『=MONTH(D2)=3』을 입력하고 Enter 를 누르세요.

> **Tip**
>
> 고급 필터 조건으로 함수를 이용할 경우 조건으로 입력되는 함수의 상위 셀은 반드시 빈 셀이어야 합니다. 이번 예제의 경우 N2셀에 조건 수식이 입력되었으므로 N1셀은 반드시 비워야 합니다. 이것에 대한 자세한 설명은 261쪽을 참고하세요.

=MONTH(D2)=3
❶

❶ 2013-01-01 날짜 중 월(MONTH)인 숫자 1을 나타냄
➡ MONTH 함수는 날짜 중 월(MONTH)을 나타내는 함수에요. 고급 필터는 조건이 참일 때 데이터를 필터링하므로 1이라는 숫자가 특정 월(3월)에 맞는지 비교하기 위해 '=3'을 입력하여 참과 거짓을 판단합니다.

2 다음의 그림과 같이 F1:K1 범위의 '품명', '규격', '단위', '수량', '단가', '금액' 필드명을 P1:U1 범위에 차례대로 복사하여 붙여넣습니다.

> **Tip**
>
> 필드명을 복사하여 붙여넣는 과정은 239쪽을 참고하세요.

3 고급 필터를 실행하기 위해 데이터가 입력된 임의의 셀(K5셀)을 선택하고 [데이터] 탭-[정렬 및 필터] 그룹에서 [고급]을 클릭하세요.

4 [고급 필터] 대화상자가 열리면 '결과'에서 [다른 장소에 복사]를 선택하고 '목록 범위'에는 전체 데이터 범위인 A1:L400001 범위를, '조건 범위'에는 N1:N2 범위를 지정하세요. '복사 위치'에 P1:U1 범위를 지정하고 [확인]을 클릭하세요.

5 조건에 맞는 데이터만 필터링되면 전체 열을 선택하여 열 너비를 자동으로 맞추고 최종 결과를 확인해 보세요.

2010 | 2013 | 2016 | 2019 | OFFICE 365

실무
예제 | **02** **두 개의 표에서 중복되지 않는 데이터만 필터링하기**

◐ 예제파일 : 02_미수금리스트필터_예제.xlsx ◐ 완성파일 : 02_미수금리스트필터_완성.xlsx

1 [수금리스트] 시트에서 2019년 1월 입금 현황 중 현재까지 입금되지 않은 거래처 리스트만 필터링해 볼게요. N4셀에 필터 조건인 『=COUNTIF($J$4:$J$11,B4)=0』을 입력하고 Enter를 누르세요.

$$=COUNTIF(\$J\$4:\$J\$11,B4)=0$$
$$\qquad\qquad\quad ❶ \qquad ❷$$

❶ COUNTIF 함수의 첫 번째 인수로, 개수를 파악할 데이터 범위
❷ COUNTIF 함수의 두 번째 인수로, 첫 번째 인수에서 개수를 파악할 조건
➡ COUNTIF 함수는 첫 번째 인수(❶ 범위)에서 두 번째 인수(❷ 범위)가 몇 개 있는지 COUNT해서 개수를 표시하는 함수입니다. 따라서 J4:J11 범위에 B4셀이 몇 개 있는지를 반환하는 함수로, J4:J11 범위는 입금된 사업자등록번호의 범위와 같으므로 B4셀 (사업자등록번호)의 개수를 파악했을 때 0이라면 미입금 거래처라고 판단합니다. 쉽게 말해서 2016년 1월 입금 현황에 있는 거래처를 제외한 나머지 거래처만 표시하는 함수입니다.

2 고급 필터를 실행하기 위해 E4셀을 선택하고 [데이터] 탭-[정렬 및 필터] 그룹에서 [고급]을 클릭하세요.

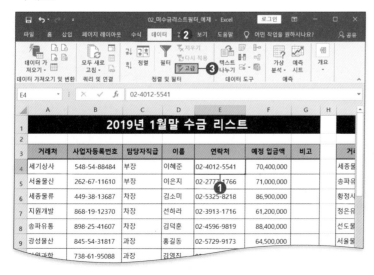

3 [고급 필터] 대화상자가 열리면 '결과'에서 [다른 장소에 복사]를 선택하고 '목록 범위'에는 A3:G21 범위를, '조건 범위'에는 N3:N4 범위를 지정하세요. '복사 위치'에 P3:V3 범위를 지정하고 [확인]을 클릭하세요.

4 전체 입금 목록 중에서 미입금 목록 데이터만 필터링되었는지 확인해 보세요.

03 # 특정 기간에 몇 회 이상 판매한 항목만 필터링하기

◆ **예제파일** : 03_특정기간판매횟수필터_예제.xlsx   ◆ **완성파일** : 03_특정기간판매횟수필터_완성.xlsx

1 [DB] 시트에 입력된 취급 품목 중에서 특정 기간에 어떤 품목의 매출이 집중적으로 발생했는
지 확인할 경우 함수를 조건으로 이용하면 쉽게 필터링할 수 있어요. 2019년 1분기 데이터 중
에서 200회 이상 판매된 품명과 규격을 필터링하기 위해 N2셀에는『>=2019-01-01』을, O2
셀에는『<=2019-03-30』을 입력하세요.

2 두 번째 조건인 200회 이상 판매된 데이터를 필터링하기 위해 함수식을 조건으로 입력해 볼
게요. P2셀에『=COUNTIFS($F$2:$F$57448,F2,$G$2:$G$57448,G2))>=200』을 입력하고 [Enter]
를 누르세요.

=COUNTIFS($F$2:$F$57448,F2,$G$2:$G$57448,G2))=200
　　　　　　　❶　　　　　❷　　　　　❸　　　　　❹

❶ COUNTIFS 함수의 첫 번째 인수로, 두 번째 인수의 값을 COUNT할 범위
❷ COUNTIFS 함수의 두 번째 인수로, 첫 번째 인수에서 COUNT하려는 값
❸ COUNTIFS 함수의 세 번째 인수로, 네 번째 인수의 값을 COUNT할 범위
❹ COUNTIFS 함수의 네 번째 인수로, 세 번째 인수에서 COUNT하려는 값
➡ COUNTIFS 함수는 COUNTIF 함수와 같이 COUNT를 하는 함수입니다. 수식 끝에 'S'가 붙어서 두 가지 이상의 다중 조건에 대
해 COUNT하는 함수로, 그리고(AND)의 조건을 만족하는 값의 개수를 COUNT합니다. F2:F57448 범위에서 F2셀 값을 만족하며,
G2:G57448 범위에서 G2셀 값을 만족하는 값을 COUNT했을 때 결과가 200 이상이면 참을 반환합니다.

3 2019년 1분기의 매출 중 특정 품목의 어떤 규격이 매출이 높은지 확인하기 위해 해당 필드명을 복사해야 하므로 F1:G1 범위의 '품명' 필드명과 '규격' 필드명을 R1:S1 범위에 복사하세요. 고급 필터를 실행하기 위해 데이터가 입력된 임의의 셀(K4셀)을 선택하고 **[데이터] 탭-[정렬 및 필터] 그룹**에서 **[고급]**을 클릭하세요.

4 [고급 필터] 대화상자가 열리면 '결과'에서 [다른 장소에 복사]를 선택하고 '목록 범위'에는 A1: L57448 범위를, '조건 범위'에는 N1:P2 범위를 지정합니다. '복사 위치'에 R1:S1 범위를 지정하고 [동일한 레코드는 하나만]에 체크한 후 [확인]을 클릭하세요.

5 R1:S1 범위에 조건에 맞게 필터링된 데이터를 보기 좋게 정렬해 볼게요. 필터링된 데이터 중에서 임의의 셀(R3셀)을 선택하고 **[데이터] 탭-[정렬 및 필터] 그룹**에서 **[정렬]**을 클릭하세요.

Tip

5 과정의 [고급 필터] 대화상자에서 [동일한 레코드는 하나만]에 체크하지 않으면 결과가 달라지므로 주의하세요.

6 [정렬] 대화상자가 열리면 첫 번째 '정렬 기준'은 [품명]으로, '정렬'은 [오름차순]으로 선택하고 [기준 추가]를 클릭하세요. '다음 기준'은 [규격]으로, '정렬'은 [오름차순]으로 선택하고 [확인]을 클릭하세요.

7 2019년 1분기에 200회 이상 판매된 품목의 규격 데이터가 필터링되었는지 확인해 보세요.

주소록에서 최신 데이터만 필터링하기

❸ 예제파일 : 04_주소록업데이트_예제.xlsx ❸ 완성파일 : 04_주소록업데이트_완성.xlsx

1 [주소록] 시트에서 가장 최근의 주소록 데이터만 필터링하기 위해 H4셀에 함수식『=COUNT IF($D$4:$D$33,D4)=COUNTIF($D$4:D4,D4)』를 입력하고 Enter 를 누르세요.

> **Tip**
>
> 데이터의 변동이 있었을 경우 최근 데이터만 필터링하고 싶을 때도 고급 필터를 사용하세요. 특히 주소록에서 핸드폰 번호가 변경되는 경우에는 기존 데이터를 수정하지 않고 마지막 행에 데이터를 입력한 후 가장 최근 데이터만 필터링하면 편해요.

=COUNTIF($D$4:$D$33,D4)=COUNTIF($D$4:D4,D4)
　　　　　　　❶　　　　❷　　　　　　　❸　　　❹

❶ COUNTIF 함수의 첫 번째 인수로, 두 번째 인수의 값을 COUNT할 범위
❷ COUNTIF 함수의 두 번째 인수로, 첫 번째 인수에서 COUNT하려는 값
❸ COUNTIF 함수의 첫 번째 인수로, 두 번째 인수의 값을 COUNT할 범위
❹ COUNTIF 함수의 두 번째 인수로, 첫 번째 인수에서 COUNT하려는 값
➡ COUNTIF 함수는 첫 번째 인수(❶ 범위)에서 두 번째 인수(❷ 범위)가 몇 개 있는지 COUNT해서 개수를 표시하는 함수입니다. D4:D33 범위에서 D4셀의 COUNT한 결과가 절대 참조로 고정된 D4셀부터 행 방향으로 하나씩 추가되며, 해당 행의 값을 COUNT했을 때 결과가 같다면, 즉 마지막 데이터와 같다면 해당 결과를 표시합니다.

2 데이터가 입력된 임의의 셀(D5셀)을 선택하고 [데이터] 탭-[정렬 및 필터] 그룹에서 [고급]을 클릭하세요.

3 [고급 필터] 대화상자가 열리면 '결과'에서 [다른 장소에 복사]를 선택하고 '목록 범위'에는
A3:F33 범위를, '조건 범위'에는 H3:H4 범위를 지정합니다. '복사 위치'에 J3:O3 범위를 지정
하고 [확인]을 클릭하세요.

4 전체 주소록 데이터 중에서 최신 데이터만 필터링되었는지 결과를 확인해 보세요.

1 | 두 개의 표에서 중복된 데이터 필터링하기

🔵 예제파일 : 중복데이터_필터_예제.xlsx 🔵 완성파일 : 중복데이터_필터_완성.xlsx

현장에서는 두 개의 표에서 중복된 데이터만 또는 중복되지 않은 데이터만 필터링해야 하는 경우가 매우 자주 발생합니다. 이때 함수를 조건으로 하는 고급 필터를 이용하면 간단하게 해결할 수 있어요. 253쪽에서는 중복되지 않는 데이터를 필터링하는 방법을 배웠는데, 여기서는 중복된 데이터를 필터링하는 방법과 유의 사항에 대해 알아봅니다.

1 왼쪽에는 2018년 협력업체 선정 리스트가, 오른쪽에는 2019년 협력업체 선정 리스트가 입력되어 있어요. 두 개의 표에서 2년 연속 선정된 업체만 [연속업체] 시트에 필터링해 볼게요. [협력업체] 시트의 G4셀에 『=COUNTIF($B$4:$B$21,J4)>0』을 입력하고 Enter를 누르세요.

> **Tip**
>
> 2년 연속 선정된 업체를 필터링해야 하므로 2019년 리스트 중 2018년에 있는 항목(사업자등록번호)을 검색해서 찾으면 됩니다. G4셀에 입력한 함수식 중 '$B$4:$B$21'은 변하지 않는 기준 범위이므로 절대 참조로 지정하였고, 이 범위에서 2019년 사업자등록번호를 하나씩 COUNTIF 함수로 적용하기 위해 J4셀은 상대 참조로 지정했어요. 즉 기준이 되는 범위에서 절대 참조는 순환 요소로, 필터할 데이터 항목은 상대 참조로 지정해야 합니다.

2 결과가 나타날 [연속업체] 시트를 선택하고 고급 필터링을 해 볼게요. 그런데 현재 A1셀을 선택한 상태인데, 이 행의 데이터는 1개 행이므로 엑셀은 필터링할 데이터로 인식하지 못해요. 따라서 데이터가 없는 임의의 셀(A5셀)을 선택하고 [데이터]탭-[정렬 및 필터] 그룹에서 [고급]을 클릭하세요.

3 [고급 필터] 대화상자가 열리면 '결과'에서 [다른 장소에 복사]를 선택하고 '목록 범위'에는 [협력업체] 시트의 I3:M21 범위, '조건 범위'는 [협력업체] 시트의 G3:G4 범위를 지정하세요. '복사 위치'는 [연속업체] 시트의 A3:E3 범위를 지정하고 [확인]을 클릭하세요.

4 두 개의 표에서 2018년, 2019년 연속 선정되어 중복된 데이터만 필터링되었는지 확인해 보세요.

2 │ 수식을 조건으로 사용할 때 수식 입력의 위쪽 셀 비우기

🔹 예제파일 : 수식조건_예제.xlsx 🔹 완성파일 : 수식조건_완성.xlsx

섹션 3에서 다룬 내용과 같이 수식을 조건으로 사용하는 고급 필터의 경우 수식을 입력할 위쪽 셀을 반드시 비워야 합니다. 이번 예제를 통해 수식 입력의 위쪽 셀을 왜 비워야 하는지 알아볼게요.

1 [DB] 시트에서 3월 데이터만 필터링하기 위해 수식이 조건으로 입력된 N2셀의 위쪽 셀인 N1셀에 해당 필드의 이름인 D1셀의 '매출일'을 D1셀에서 복사 및 붙여넣으세요.

환경설정

데이터기초

데이터분석

데이터편집

실무함수

데이터필터

정보와시각화

데이터활용

특별부록

2 [데이터] 탭-[정렬 및 필터] 그룹에서 [고급]을 클릭하세요.

3 [고급 필터] 대화상자가 열리면 '결과'에서 [다른 장소에 복사]를 선택하고 '목록 범위'에는 A1:L4000001 범위를, '조건 범위'에는 N1:N2 범위를 지정하세요. '복사 위치'에 P1:U1 범위를 지정하고 [확인]을 클릭하세요.

4 추출 범위의 필드 이름이 잘못되었거나 없다는 메시지 창이 열리면 [확인]을 클릭하세요.

5 수식으로 조건으로 입력할 때 위쪽의 셀(N1셀)을 비워두지 않았기 때문에 아무런 데이터도 필터링되지 않았습니다. 이번에는 N1셀을 선택하고 Delete를 눌러 데이터를 삭제한 후 다시 한 번 더 고급 필터링을 실행하기 위해 [데이터] 탭-[정렬 및 필터] 그룹에서 [고급]을 클릭하세요.

6 [고급 필터] 대화상자가 열리면 '결과'에서 [다른 장소에 복사]를 선택하고 '목록 범위'에는 A1:L4000001 범위를, '조건 범위'에는 N1:N2 범위를 지정하세요. '복사 위치'에 P1:U1 범위를 지정하고 [확인]을 클릭하세요.

7 지정한 조건에 맞게 정상적으로 데이터가 필터링되었는지 확인해 보세요.

환경설정

데이터기초

데이터분석

데이터편집

실무함수

데이터필터

정보와시각화

데이터활용

특별부록

시각적 정보를
한눈에 보여준다!
차트 보고서 작성하기

SECTION 01 매출 추이 나타내는 스파크라인 작성하기

SECTION 02 실무에서 유용한 이중 축 차트 이용하기

SECTION 03 3D 맵으로 지리 데이터 시각화하기

SECTION 04 원형 대 원형 차트로 명확하게 점유율 표시하기

SECTION 05 엑셀 2016 버전부터 추가된 차트 익히기

SECTION 06 엑셀 2019의 새로운 차트 적극 활용하기

데이터를 분석하고 원하는 목적에 맞게 잘 정리했다면 직관적 이해를 위한 정보를 시각화하여 보고서를 작성해야 합니다. 이때 분석 정보를 시각화하기 위한 가장 좋은 방법은 차트를 사용하는 것입니다. 엑셀에서 제공하는 차트 양식이나 조건부 서식, 스파크라인을 활용하면 파워포인트나 키노트(Keynote) 등의 프로그램이 없어도 데이터 결과 보고서를 손쉽게 시각화할 수 있어요. 이번 챕터에서는 더욱 강력해진 엑셀 2019의 차트 기능을 바탕으로 정보를 일목요연하게 보여주는 차트 보고서를 다양한 방법으로 작성해 봅니다.

매출 데이터를 집계해서 간략하게 매출 추이를 확인하려고 합니다. 추이를 나타낼 때는 보통 꺾은선형 차트를 많이 활용하는데, 차트처럼 여러 가지 기능을 사용하지 않고 간단하게 추이 곡선만 나타낼 때 쉽게 활용하는 기능이 바로 스파크라인입니다. 이번 섹션에서는 분석 데이터를 손쉽게 시각화할 수 있는 스파크라인을 이용해서 팀별 월 매출액과 판매 추이 곡선 및 실적을 표시해 보겠습니다.

> **PREVIEW**

연도 :	2018	▼											
팀	**1월**	**2월**	**3월**	**4월**	**5월**	**6월**	**7월**	**8월**	**9월**	**10월**	**11월**	**12월**
국내1팀	97,857	82,070	98,307	92,775	105,851	92,574	89,304	98,966	89,037	92,718	85,295	90,473
국내2팀	100,335	85,982	95,190	101,586	93,207	104,800	96,986	106,310	96,564	96,196	94,147	90,371
국내3팀	101,233	88,750	93,220	92,826	97,051	93,165	105,916	102,391	95,422	95,614	92,060	98,340
국내4팀	102,555	90,497	96,316	95,144	93,006	99,012	109,018	91,969	88,466	99,861	99,287	104,231
국내5팀	100,662	86,788	103,324	95,649	103,238	94,364	97,178	94,675	93,086	101,175	99,902	88,252

▲ 피벗 테이블 활용해 팀별 월 매출 집계하기

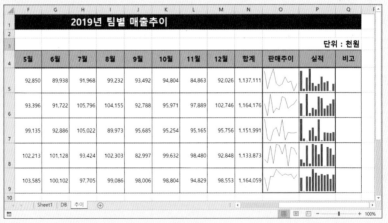

▲ 스파크라인으로 월별 매출 추이 곡선과 막대 차트 표시하기

> **섹션별
> 주요 내용**

01 | 피벗 테이블로 연도별 매출 집계하기   02 | 팀별 월 매출액 표시하기

03 | 스파크라인으로 판매 추이 곡선 표시하기

피벗 테이블로 연도별 매출 집계하기

◉ 예제파일 : 01_연도별매출집계_예제.xlsx ◉ 완성파일 : 01_연도별매출집계_완성.xlsx

1 각 팀별로 특정 연도의 1월부터 12월까지 매출을 간단한 추이 곡선으로 나타내 볼게요. 우선 연도별 매출 집계를 위해 데이터를 표로 지정해야 하므로 [DB] 시트에서 데이터가 입력된 임의의 셀을 선택하고 Ctrl+T를 누르세요. [표 만들기] 대화상자가 열리면 [머리글 포함]에 체크한 상태에서 [확인]을 클릭하세요.

2 피벗 테이블을 활용해 연도별 매출을 집계하기 위해 [표 도구]의 **[디자인] 탭-[도구] 그룹-[피벗 테이블로 요약]**을 클릭하세요. [피벗 테이블 만들기] 대화상자가 열리면 피벗 테이블 보고서를 넣을 위치에서 [새 워크시트]를 선택하고 [확인]을 클릭하세요.

3 새로운 [Sheet1] 시트에 피벗 테이블이 생성되면 [피벗 테이블 필드] 작업 창에서 [팀]과 [매출일]은 '행' 영역으로, [금액]은 '값' 영역으로 드래그하세요.

4 특정 연도별 매출 추이만 나타내면 되므로 불필요한 분기 그룹은 삭제할게요. 그룹화된 매출일 중 임의의 셀에서 마우스 오른쪽 단추를 눌러 [그룹]을 선택하세요.

5 [그룹화] 대화상자가 열리면 '단위'에서 [분기]를 클릭하여 그룹에서 제외하고 [월]과 [연]만 선택한 상태에서 [확인]을 클릭하세요.

6 금액의 표시 형식을 변경하기 위해 금액이 입력된 임의의 셀에서 마우스 오른쪽 단추를 눌러 [필드 표시 형식]을 선택하세요.

7 [셀 서식] 대화상자가 열리면 [표시 형식] 탭의 '범주'에서 [통화]를 선택하고 '음수'에서 통화 형식을 선택한 후 [확인]을 클릭하세요.

8 팀별, 연도별, 월별로 매출 금액이 집계되었는지 확인해 보세요.

환경설정

데이터기초

데이터분석

데이터관리

실무함수

데이터필터

정보의시각화

데이터활용

특별부록

실무예제 02 팀별 월 매출액 표시하기

● 예제파일 : 02_월매출액표시_예제.xlsx   ● 완성파일 : 02_월매출액표시_완성.xlsx

1 [추이] 시트에서 데이터를 쉽게 검색 및 선택할 수 있도록 틀 고정부터 할게요. [Sheet1] 시트에서 B5셀을 선택하고 **[보기] 탭-[창] 그룹**에서 **[틀 고정]-[틀 고정]**을 선택하세요. 이렇게 지정하면 B5셀을 기준으로 행과 열이 모두 고정됩니다.

2 [추이] 시트에 팀별 월 매출 금액을 나타내기 위해 [추이] 시트에서 B5셀을 선택하고 『=』를 입력하세요. 피벗 테이블이 작성된 [Sheet1] 시트에서 2018년 1월 매출 금액인 B71셀을 선택하고 Enter 를 누르세요.

> **Tip**
>
> [추이] 시트의 B5셀은 2018년 1월의 국내1팀의 매출액을 나타내는 셀이고, [Sheet1] 시트의 B71셀에는 2018년 1월 국내1팀의 매출액이 표시되어 있습니다.

3 GETPIVOTDATA 함수를 사용하여 변수를 변경해 볼게요. B5셀을 선택하고 수식 입력줄에서 첫 번째 변수인 '"국내1팀"' 부분을 드래그하여 선택하고 Delete 를 눌러 삭제한 후 A5셀을 선택하세요. A5셀의 팀 데이터는 세로형 데이터이므로 F4 를 세 번 눌러 '$A5'로 변경하세요.

4 두 번째 변수를 변경하기 위해 수식 입력줄에서 '1' 부분을 삭제하고 B4셀을 선택하세요. B4셀의 월 데이터는 가로형 데이터이므로 F4 를 두 번 눌러 'B$4'로 변경하세요.

5 세 번째 변수를 변경하기 위해 수식 입력줄에서 '2018' 부분을 삭제하고 B3셀을 선택하세요. B3셀의 연도는 독립적으로 사용되었으므로 F4 를 한 번 눌러 '$B$3'으로 변경하고 Enter 를 눌러 함수식의 변경을 마무리하세요.

6 B5셀에 입력된 숫자를 천 원 단위로 변경하기 위해 B5셀에서 마우스 오른쪽 단추를 눌러 [셀 서식]을 선택하세요. [셀 서식] 대화상자가 열리면 [표시 형식] 탭의 '범주'에서 [사용자 지정]을 선택하고 '형식'에 『#,##0,』을 입력한 후 [확인]을 클릭하세요.

Tip

67~69쪽에서 배운 것처럼 셀 서식 표시 형식 중 콤마(,)는 천 단위 구분 기호예요. 따라서 '#,##0,'와 같이 콤마(,)를 붙이면 천 단위 구분 기호가 나타납니다. 만약 10만 단위로 표시하려면 '#,##0,,'로 입력하세요. 이때 표시되는 숫자는 반올림 형태로 나타납니다.

7 나머지 셀에도 결과값을 채우기 위해 B5셀의 자동 채우기 핸들(+)을 M5셀까지 드래그하세요. M5셀의 자동 채우기 핸들(+)을 M9까지 드래그하면 '합계'도 자동으로 표시됩니다.

Tip

B5셀을 복사(Ctrl+C)하고 M9셀까지 붙여넣기(Ctrl+V)해도 결과가 같습니다.

실무예제 03 | 스파크라인으로 판매 추이 곡선 표시하기

◈ 예제파일 : 03_판매추이실적_예제.xlsx ◈ 완성파일 : 03_판매추이실적_완성.xlsx

1 월별 매출액을 바탕으로 판매 추이 곡선을 나타내 볼게요. [추이] 시트에서 판매 추이 곡선을 표시할 O5:O9 범위를 드래그하여 선택하고 **[삽입] 탭-[스파크라인] 그룹**에서 **[꺾은선형]**을 클릭하세요.

2 [스파크라인 만들기] 대화상자가 열리면 '데이터 범위'에 '국내1팀'의 1월부터 '국내5팀'의 12월까지 데이터 범위인 『B5:M9』를 입력하고 [확인]을 클릭하세요.

Tip

해당 데이터 범위인 B5:M9 범위를 직접 드래그하여 지정해도 됩니다.

3 이번에는 다른 스파크라인의 형태로 실적을 표시해 볼게요. P5:P9 범위를 드래그하여 선택하고 [삽입] 탭-[스파크라인] 그룹에서 [열]을 클릭하세요. [스파크라인 만들기] 대화상자가 열리면 '데이터 범위'에 『B5:M9』를 입력하고 [확인]을 클릭하세요.

4 P5:P9 범위에 스파크라인이 나타나면 가장 실적이 좋은 달을 빨간색으로 표시해 볼게요. [스파크라인 도구]의 [디자인] 탭-[스타일] 그룹에서 [표식 색]-[높은 점]을 선택하고 '표준 색'의 [빨강]을 선택하세요.

5 이번에는 B3셀의 연도를 변경했을 때 제목의 연도도 동시에 변경해 볼게요. A1셀을 선택하고
『=B3&"년 팀별 매출 추이"』를 입력한 후 Enter를 누르세요.

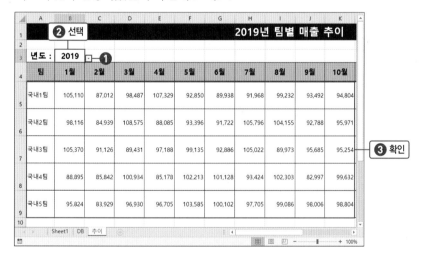

6 B3셀의 연도를 변경했을 때 매출과 스파크라인이 어떻게 변경되는지 확인해 볼게요. B3셀을
선택하고 내림 단추(▼)를 클릭해 [2019]를 선택한 후 팀의 월 매출액과 판매 추이, 실적의 스
파크라인이 변경되었는지 확인해 보세요.

02

실무에서 유용한 이중 축 차트 이용하기

값이 많이 차이 나는 두 개의 계열을 하나의 차트에 보여주는 이중 축 차트는 현업에서 가장 많이 사용하는 차트 보고서의 형태입니다. 또한 이중 축 차트는 모든 차트 작성의 기본이 되기 때문에 이 차트만 잘 알고 있어도 다른 차트를 작성하는 데 많은 도움을 받을 수 있어요. 이번 섹션에서는 피벗 테이블로 분석한 테이블 결과를 이중 축 차트로 시각화하는 과정에 대해 실습해 봅니다.

> **PREVIEW**

▲ 추천 차트 이용해 마우스 클릭 한 번으로 이중 축 차트 작성하기

▲ 선택 옵션에 따라 변화하는 동적 이중 축 차트 작성하기

> **섹션별 주요 내용**

01 | 데이터를 표로 만들고 피벗 테이블 생성하기 02 | 연도별 목표액 검색을 위한 파생 열 만들기
03 | 데이터 유효성 검사로 특정 연도 검색하기 04 | 이중 축 차트로 실적과 대비율 표시하기
05 | 지폐 이미지로 세로 막대형 차트 표현하기 06 | 꺾은선형 차트에 레이블 삽입하기

실무
예제 **01** **데이터를 표로 만들고 피벗 테이블 생성하기**

● 예제파일 : 01_표피벗테이블_예제.xlsx   ● 완성파일 : 01_표피벗테이블_완성.xlsx

1 연도별 팀 목표 대비 실적을 차트로 작성하기 전에 데이터를 다루기 쉽도록 표로 만들어 볼게
요. [DB] 시트에서 데이터가 입력된 임의의 셀을 선택하고 Ctrl+T를 누르세요. [표 만들기]
대화상자가 열리면 [머리글 포함]에 체크한 상태에서 [확인]을 클릭하세요.

2 표가 완성되면 [표 도구]의 [디자인] 탭-[도구] 그룹에서 [피벗 테이블로 요약]을 클릭하세요. [피
벗 테이블 만들기] 대화상자가 열리면 피벗 테이블 보고서를 넣을 위치에서 [새 워크시트]를
선택하고 [확인]을 클릭하세요.

3 새로운 [Sheet1] 시트에 피벗 테이블이 생성되면 [피벗 테이블 필드] 작업 창에서 [팀]과 [매출일]은 '행' 영역으로, [금액]은 '값' 영역으로 드래그하세요.

4 금액이 입력된 임의의 셀에서 마우스 오른쪽 단추를 눌러 [필드 표시 형식]을 선택하세요. [셀 서식] 대화상자가 열리면 [표시 형식] 탭의 '범주'에서 [통화]를 선택하고 '음수'에서 통화 방식을 선택한 후 [확인]을 클릭하세요.

5 매출 합계의 표시 형식이 변경되었는지 확인해 보세요.

실무 예제 | 02 연도별 목표액 검색을 위한 파생 열 만들기

◆ 예제파일 : 02_파생열생성_예제.xlsx ◆ 완성파일 : 02_파생열생성_완성.xlsx

1 연도별 목표액을 쉽게 검색할 수 있도록 파생 열을 만들어 볼게요. [조건표] 시트의 A열 머리글에서 마우스 오른쪽 단추를 눌러 [삽입]을 선택하세요.

Tip
파생 열에 대한 자세한 설명은
192쪽을 참고하세요.

2 A열의 왼쪽에 새로운 열이 추가되었으면 두 개의 조건(년도, 팀)을 하나의 조건으로 만들기 위해 A4셀을 선택하고 『=B4&C4』를 입력한 후 Enter 를 누르세요. A4셀의 자동 채우기 핸들(╋)를 더블클릭하여 나머지 셀에도 수식을 복사하세요.

3 데이터의 길이가 A열의 너비보다 길어서 모두 표시되지 않네요. A열 머리글과 B열 머리글 사이에 커서를 올려놓고 ✛ 모양으로 변경되면 더블클릭하여 열 너비를 자동으로 넓혀줍니다.

4 마지막으로 파생 열인 조건표에 이름을 정의해 볼게요. A4:D38 범위를 드래그하여 선택하고 이름 상자에 『목표』를 입력한 후 Enter를 누르세요.

실무 예제 03 데이터 유효성 검사로 특정 연도 검색하기

◈ **예제파일** : 03_유효성검사검색_예제.xlsx　◈ **완성파일** : 03_유효성검사검색_완성.xlsx

1 검색할 연도를 빠르고 쉽게 선택할 수 있도록 데이터 유효성 검사를 지정해 볼게요. [실적] 시트에서 E3셀을 선택하고 **[데이터] 탭-[데이터 도구] 그룹**에서 **[데이터 유효성 검사]**를 클릭하세요.

2 [데이터 유효성] 대화상자가 열리면 참조 범위 없이 나타나도록 [설정] 탭의 '제한 대상'에서 [목록]을 선택하세요. '원본'에 검색할 연도인 『2013,2014,2015,2016,2017,2018,2019』를 입력하고 [확인]을 클릭하세요.

3 이번에는 임의의 연도를 선택해 볼게요. 유효성 검사로 지정된 E3셀의 내림 단추(▼)를 클릭하고 [2018]을 선택하세요.

4 2018년도의 목표를 조견표에서 검색하여 표시하기 위해 B5셀에 『=VLOOKUP($E$3&A5,목표,4,0)』을 입력하고 Enter를 누르세요. B5셀의 자동 채우기 핸들(✚)을 더블클릭하여 B9셀까지 함수식을 복사하세요.

> **Tip**
> VLOOKUP 함수에 대한 자세한 설명과 사용법은 193~201쪽을 참고하세요.

5 2018년도의 실적을 표시하기 위해 C5셀에 『=』를 입력하고 피벗 테이블이 삽입된 [Sheet1] 시트의 B10셀을 선택한 후 Enter를 누르세요. 이때 C5셀의 조건은 2018년 국내1팀 실적입니다.

6 GETPIVOTDATA 함수를 사용하여 변수를 변경해 볼게요. C5셀을 선택하고 수식 입력줄의 '"국내1팀"'을 삭제한 후 A5셀을 선택하세요. 두 번째 변수인 '2018'을 지우고 E3셀을 선택한 후 F4 를 한 번 눌러 절대 참조인 '$E$3'으로 변경하고 Enter 를 눌러 함수식을 완성하세요.

7 C5셀의 자동 채우기 핸들(+)을 더블클릭하여 C9셀까지 함수식을 복사하세요.

8 마지막으로 대비율을 표시하기 위해 D5셀에 『=C5/B5』를 입력하고 Enter 를 누르세요. D5셀의 자동 채우기 핸들(+)을 더블클릭하여 D9셀까지 수식을 복사하세요.

실무
예제 **04** 이중 축 차트로 실적과 대비율 표시하기

● 예제파일 : 04_이중축차트_예제.xlsx   ● 완성파일 : 04_이중축차트_완성.xlsx

1 [실적] 시트에서 Ctrl을 이용해 차트로 나타낼 A4:A9 범위와 C4:D9 범위를 선택하고 **[삽입]** **탭-[차트]** 그룹에서 **[추천 차트]**를 클릭하세요.

2 [차트 삽입] 대화상자가 열리면 [추천 차트] 탭에서 첫 번째에 위치한 [묶은 세로 막대형]을 선택하고 [확인]을 클릭하세요.

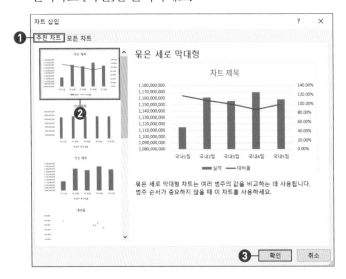

3 차트가 삽입되면 다음의 그림과 같이 적당한 위치에 배치하고 크기를 조절한 후 A1셀의 차트 제목 부분에 『=E3&"년도 목표대비 실적"』을 입력하세요.

4 차트 제목을 데이터와 연동시키기 위해 차트 영역의 차트 제목을 선택하고 수식 입력줄에 『=』 를 입력하세요. 차트 제목이 참조할 A1셀을 선택하고 Enter 를 눌러 차트 제목을 변경하세요.

실무 예제 05 | 지폐 이미지로 세로 막대형 차트 표현하기

🔵 예제파일 : 05_차트이미지_예제.xlsx　🔵 완성파일 : 05_차트이미지_완성.xlsx

1　[실적] 시트에 삽입한 차트의 그림 영역을 변경해 볼게요. 차트의 그림 영역에서 마우스 오른쪽 단추를 눌러 [그림 영역 서식]을 선택하세요.

2　화면의 오른쪽에 [그림 영역 서식] 작업 창이 열리면 [채우기 및 선](🖌)의 '채우기'에서 [그라데이션 채우기]를 선택하고 [닫기] 단추(✖)를 클릭하여 작업 창을 닫으세요.

3 차트의 위치를 변경하기 위해 [차트 도구]의 **[디자인] 탭–[위치] 그룹**에서 **[차트 이동]**을 클릭하세요. [차트 이동] 대화상자가 열리면 [새 시트]를 선택하고 [확인]을 클릭하세요. 그러면 [Chart1] 시트가 생성되면서 차트가 이동합니다.

4 차트 막대를 지폐 이미지로 표현해 볼게요. [실적] 탭에서 A11셀을 선택하고 **[삽입] 탭–[일러스트레이션] 그룹**에서 **[온라인 그림]**을 선택하세요.

5 [온라인 그림] 창이 열리면 『bill』을 입력하고 [Enter]를 누르세요. 관련 이미지가 검색되면 삽입할 이미지를 선택하고 [삽입]을 클릭하세요.

6 삽입된 이미지를 세로 막대형 차트의 막대에 적용해 볼게요. [실적] 시트에 삽입된 이미지를 적당한 크기로 줄이고 배치한 후 복사([Ctrl]+[C])하세요.

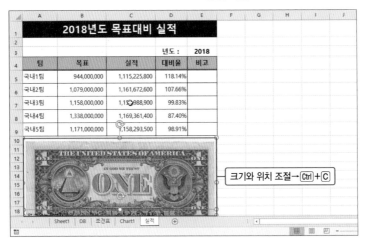

7 [Chart1] 시트에서 막대를 선택하고 지폐 이미지를 붙여넣기([Ctrl]+[V])하세요.

8 삽입한 지폐 이미지를 수정하기 위해 이미지에서 마우스 오른쪽 단추를 눌러 [데이터 계열 서식]을 선택하세요.

9 화면의 오른쪽에 [데이터 계열 서식] 작업 창이 열리면 [채우기 및 선](■)의 [채우기]에서 [쌓기]를 선택하여 지폐 이미지를 쌓기로 변경하세요.

10 [데이터 계열 서식] 작업 창의 [계열 옵션](■)에서 '간격 너비'를 [60%]로 변경하여 지폐의 크기를 보기 좋게 조절하세요.

환경설정

데이터기초

데이터분석

데이터관리

실무함수

데이터필터

정보의시각화

데이터활용

특별부록

실무
예제 **06** **꺾은선형 차트에 레이블 삽입하기**

◉ **예제파일** : 06_차트레이블_예제.xlsx   ◉ **완성파일** : 06_차트레이블_완성.xlsx

1 [Chart1] 시트에 있는 차트의 꺾은선에서 마우스 오른쪽 단추를 눌러 [데이터 레이블 추가]-[데이터 레이블 추가]를 선택하세요.

2 꺾은선형 차트에 데이터 레이블이 삽입되면 서식을 변경해 볼게요. 하나의 데이터 레이블을 선택하고 [홈] 탭-[글꼴] 그룹에서 [굵게]를 클릭한 후 '글꼴 크기'를 [15]로 지정하세요.

Tip

하나의 데이터 레이블을 선택하면 전체 레이블이 한 번에 선택됩니다.

3 연도를 변경하면 데이터가 어떻게 바뀌는지 확인해 볼게요. [실적] 시트에서 E3셀의 내림 단추(▼)를 클릭해 [2017]을 선택하고 표 안의 데이터 변화를 살펴보세요.

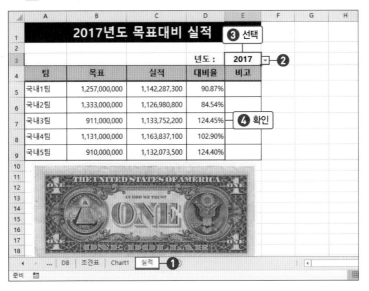

4 변경된 데이터에 따라 차트의 모양도 바뀌었는지 확인해야 합니다. [Chart1] 시트를 클릭하고 차트 보고서도 [실적] 시트의 데이터가 변경됨에 따라 실시간으로 바뀌었는지 확인해 보세요.

환경설정

데이터가공

데이터분석

데이터관리

실무함수

데이터필터

정보의시각화

데이터활용

특별부록

03

3D 맵으로 지리 데이터 시각화하기

엑셀 2013 버전에서 추가 기능으로 제공되던 3D 지리 데이터 시각화를 위한 파워 맵이 엑셀 2019 버전에서는 기본 기능으로 제공되어 리본 메뉴에서 쉽게 찾아 쓸 수 있기 때문에 3D 작업이 매우 편리해졌습니다. 3D 맵을 이용하면 지리 데이터를 한눈에 쉽게 파악할 수 있어요. 이번 섹션에서는 3D 맵 기능으로 지역별 목표 대비 실적을 시각화해 보고 재생하는 방법까지 배워봅니다.

> ## PREVIEW

▲ 3D 맵으로 지역별 실적 나타내기

▲ 3D 맵 재생하기

> 섹션별
> 주요 내용

01 │ 3D 맵으로 지역별 목표 대비 실적 시각화하기   02 │ 3D 맵 재생하기

3D 맵으로 지역별 목표 대비 실적 시각화하기

◈ 예제파일 : 01_3D맵_예제.xlsx   ◈ 완성파일 : 01_3D맵_완성.xlsx

1 [실적] 시트에서 데이터가 입력된 임의의 셀을 선택하고 **[삽입] 탭-[투어] 그룹**에서 **[3D 맵]**의 ⬚를 클릭한 후 **[3D 맵 열기]**를 선택하세요. 이 기능을 사용하려면 데이터 분석 추가 기능을 활성화해야 한다는 메시지 창이 열리면 **[사용]**을 클릭하세요.

2 3D 맵이 나타나면 필드를 배치해 볼게요. 먼저 지역을 표시하기 위해 [3D 맵] 작업 창에서 '위치'의 [지역]을 [시/도]로 선택하세요.

3 실적 필드를 배치하기 위해 [필드 목록] 창에서 [실적]을 '높이'로 드래그하세요.

4 실적의 크기를 별도의 색으로 나타내기 위해 [필드 목록] 창의 [대비율]을 '카테고리'로 드래 그하세요. 지도를 좀 더 명확하고 자세히 보기 위해 '레이어1'을 선택하고 Delete를 눌러 삭제 하세요.

5 모든 설정이 끝났으면 지도를 가리고 있는 '필드 목록'을 감춰야 하므로 **[홈] 탭-[보기] 그룹**에서 **[필드 목록]**을 클릭하세요. 지도를 확대해서 자세히 보고 싶다면 지도의 오른쪽 아래에 있는 **[확대]** 단추(⊕)를 클릭하세요.

Tip

Shift + + 를 눌러도 지도를 확대할 수 있어요. 또한 Shift + + 를 누른 상태에서 마우스 스크롤을 움직여도 확대 또는 축소할 수 있어요.

6 **[홈] 탭-[지도] 그룹**에서 **[지도 라벨]**을 클릭하여 지도에 라벨을 표시하여 3D 맵 지도를 완성하세요.

환경설정

데이터기초

데이터분석

데이터편리

실무함수

데이터관리

정보의시각화

데이터활용

특별부록

3D 맵 재생하기

◆ **예제파일** : 앞에서 완성한 실습 예제로 계속 실습하세요.   ◆ **완성파일** : 02_3D맵재생_완성.xlsx

1 완성한 3D 맵이 제대로 실행되는지 재생하기 위해 **[홈] 탭-[투어] 그룹**에서 **[투어 재생]**의 ▶를 클릭하세요. 투어가 재생되면 최대 화면으로 확인하기 위해 **[홈] 탭-[보기] 그룹**에서 **[투어 편집기]**를 클릭하여 투어 편집 창을 닫은 후 [레이어] 창의 [닫기] 단추(×)를 클릭하세요.

Tip

예제파일 '02_3D맵재생_예제.xlsx'를 열었으면 [삽입] 탭-[투어] 그룹에서 [3D 맵]의 ⬚을 클릭하고 [3D 맵 열기]를 선택하여 3D 맵을 열고 실습하세요.

2 최대 화면으로 3D 맵을 확인해 보세요.

참경설정

데이터기초

데이터분석

데이터관리

실무함수

데이터필터

정보의시각화

데이터활용

특별부록

잠깐만요 **투어 재생 영상을 비디오로 만들기**

3D 맵에 사운드를 삽입하여 비디오 영상을 만들 수 있어요. 지원하는 파일 형식을 참고하여 파일에 배경 음악을 넣어보세요.

❶ 투어 재생으로 실행되는 영상을 비디오로 만들려면 [홈] 탭-[투어] 그룹에서 [비디오 만들기]를 클릭하세요.

❷ [비디오 만들기] 창이 열리면 '비디오 품질 선택'에서 재생에 적합한 옵션을 선택하세요. 비디오에 사운드를 삽입하려면 [사운드트랙 옵션]을 클릭하세요.

❸ [사운드트랙 옵션] 창이 열리면 [찾아보기]를 클릭하여 비디오로 만들려는 오디오 파일을 선택하세요. 이때 지원되는 파일 형식은 .MP4, .MP3, .WMV, .M4A입니다.

04

원형 대 원형 차트로
명확하게 점유율 표시하기

전체적인 분포를 나타내고 특정 계열 요소의 세부 항목까지 표시하고 싶다면 각각의 차트를 따로 만들 필요 없이 원형 대 원형 차트를 사용하세요. 원형 대 원형 차트는 원형 차트 안에 또 하나의 원형 차트가 있는 차트입니다. 따라서 전체 매출을 하나의 원형 차트에 나타내고 특정 지역의 매출을 또 하나의 원형 차트에 세분화해서 표현하는 데 용이하죠. 즉 데이터 계열이 많을 경우 전체 데이터를 잘 표현하지 못했던 원형 차트의 업그레이드된 차트가 바로 원형 대 원형 차트입니다.

> **PREVIEW**

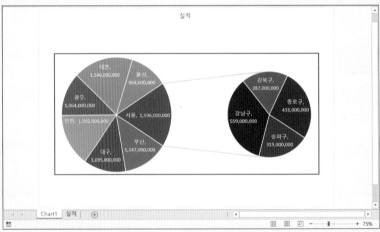

▲ 전체 비율과 특정 계열의 세부 비율 표시하기

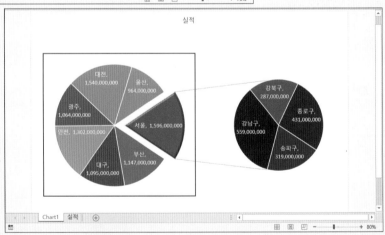

▲ 특정 계열 강조하고 입체 감추기

> 섹션별 주요 내용
>
> 01 | 차트 삽입하고 영역 값 지정하기   02 | 데이터 레이블로 지역과 실적 표시하기
>
> 03 | 원형 차트 조각 분리해 특정 지역 강조하기   04 | 데이터 시트와 차트 제목 연동시키기

실무 예제 01 차트 삽입하고 영역 값 지정하기

◈ **예제파일** : 01_원형대원형차트_예제.xlsx ◈ **완성파일** : 01_원형대원형차트_완성.xlsx

1 전체 데이터와 지역별 실적을 원형 대 원형 차트로 작성해 볼게요. [실적] 시트에서 A3:A13 범위를 선택하고 Ctrl을 누른 상태에서 C3:C13 범위를 선택하세요. [삽입] 탭-[차트] 그룹에서 [원형 또는 도넛형 차트 삽입]을 클릭하고 '2차원 원형'의 [원형 대 원형]을 선택하세요.

2 원형 대 원형 차트가 삽입되면 새 워크시트에서 작업하기 위해 [차트 도구]의 [디자인] 탭-[위치] 그룹에서 [차트 이동]을 클릭하세요. [차트 이동] 대화상자가 열리면 [새 시트]를 선택하고 [확인]을 클릭하세요.

3 새로운 [Chart1] 시트로 차트가 이동하면서 큰 원형 차트는 [실적] 시트의 실적에 따라 지역별로 구분되어 표시되었는지 확인해 보세요. 작은 원형 차트에 표시할 영역 값의 개수를 설정하기 위해 작은 원형 차트에서 마우스 오른쪽 단추를 눌러 [데이터 계열 서식]을 선택하세요.

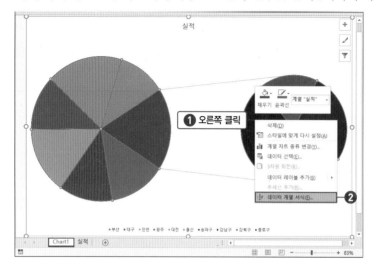

4 화면의 오른쪽에 [데이터 계열 서식] 작업 창이 열리면 [계열 옵션(📊)]에서 '둘째 영역 값'을 확인하고 [닫기] 단추(✕)를 클릭하여 작업 창을 닫으세요.

Tip

엑셀 2010 버전에서는 '둘째 영역 값'에 입력된 개수의 초기값이 '5'였지만, 엑셀 2013 버전부터는 초기값이 '4'로 변경되었습니다. 예제에서는 초기값을 그대로 유지한 채 실습을 진행하지만 사용자의 선택에 따라 값을 바꿀 수 있어요. 이 예제에서 정하는 '둘째 영역 값'은 [실적] 시트의 표에 입력된 데이터 중에서 가장 아래쪽에 있는 데이터부터 배치되는 것으로, '송파구', '강남구', '강북구', '종로구', 이렇게 서울 네 개의 지역이 해당됩니다. 따라서 예제 기준으로 둘째 영역에 포함될 값인 서울의 세부 데이터를 A10:A13, C10:C13 범위에 배치한 것입니다.

데이터 레이블로 지역과 실적 표시하기

◈ **예제파일** : 02_데이터레이블_예제.xlsx   ◈ **완성파일** : 02_데이터레이블_완성.xlsx

1 원형 대 원형 차트에 데이터 레이블을 삽입해 볼게요. [Chart1] 시트의 큰 원형 차트에서 마우스 오른쪽 단추를 눌러 [데이터 레이블 추가]–[데이터 레이블 추가]를 선택하세요.

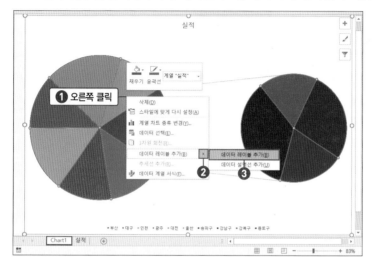

앞의 예제를 계속 이어서 실습해도 됩니다.

2 데이터 레이블 서식을 변경하기 위해 삽입된 데이터 레이블 중 하나를 선택하세요. [홈] 탭–[글꼴] 그룹에서 '글꼴 색'은 '테마 색'의 [흰색, 배경 1], '글꼴 크기'는 [13]을 지정하세요.

Tip

하나의 데이터 레이블을 선택하면 전체 레이블이 한 번에 선택됩니다.

3 계열 요소가 많아 범례에 지정된 색으로만 차트 영역을 구분하기 어려우므로 범례를 삭제할 게요. 차트의 아래쪽에 위치한 범례를 선택하고 Delete 를 눌러 삭제하세요.

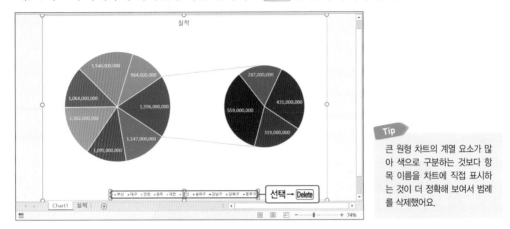

Tip

큰 원형 차트의 계열 요소가 많아 색으로 구분하는 것보다 항목 이름을 차트에 직접 표시하는 것이 더 정확해 보여서 범례를 삭제했어요.

4 삭제한 범례를 대신할 항목 이름을 데이터 레이블에 표시해 볼게요. 하나의 데이터 레이블에서 마우스 오른쪽 단추를 눌러 [데이터 레이블 서식]을 선택하세요.

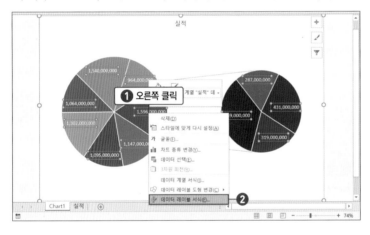

5 화면의 오른쪽에 [데이터 레이블 서식] 작업 창이 열리면 [레이블 옵션](￼)의 [항목 이름]에 체크하고 [닫기] 단추(￼)를 클릭하세요.

6 둘째 영역의 값에 해당하는 첫째 영역의 데이터 레이블을 수정해 볼게요. '기타'가 입력된 데이터 레이블을 선택하고 2~3초 후에 다시 해당 데이터 레이블을 한 번 더 선택하여 '기타' 레이블만 선택하세요.

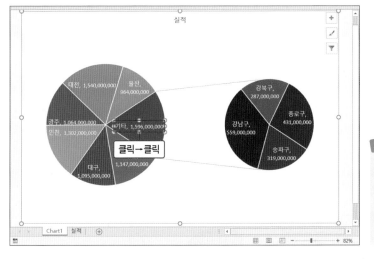

Tip

차트를 작성할 때 하나의 계열만 선택해도 나머지 계열도 함께 선택됩니다. 만약 한 계열만 선택하고 싶다면 전체 계열을 선택한 상태에서 한 계열만 다시 선택하세요.

7 데이터 레이블을 편집할 수 있는 상태가 되면 '기타' 부분을 『서울』로 변경하세요.

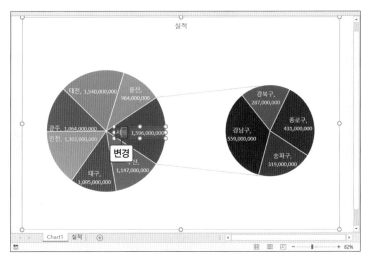

Tip

원형 대 원형 차트에서 둘째 영역을 포함하는 값에 해당하는 첫째 영역의 레이블은 '기타'로 표시됩니다.

실무
예제 **03** **원형 차트 조각 분리해 특정 지역 강조하기**

● 예제파일 : 03_차트조각분리_예제.xlsx ● 완성파일 : 03_차트조각분리_완성.xlsx

1 큰 원형 차트 중에서 서울 지역만 분리해서 강조해 볼게요. [Chart1] 시트에서 '서울'이 입력
된 차트 조각을 선택하여 모든 조각을 선택하고 2~3초 후에 다시 '서울' 차트 조각을 한 번 더
선택하여 '서울' 조각만 선택한 상태에서 '서울' 조각을 오른쪽으로 드래그하여 이동하세요.
'서울' 조각만 분리했으면 좀 더 강조하기 위해 마우스 오른쪽 단추를 눌러 [데이터 요소 서
식]을 선택하세요.

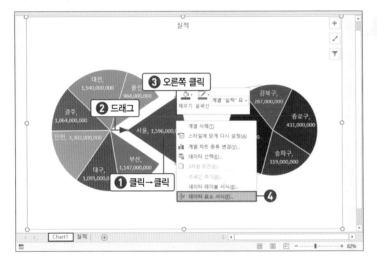

앞의 예제를 계속 이어서 실습해도 됩니다.

2 화면의 오른쪽에 [데이터 요소 서식] 작업 창이 열리면 [효과](□)의 '3차원 서식'에서 '위쪽
입체'의 '너비'에 『6 pt』를 지정하고 [닫기] 단추(⊠)를 클릭하세요. 큰 원형 차트에서 '서울'
조각에 입체감이 생겼는지 확인해 보세요.

실무 예제 | 04 데이터 시트와 차트 제목 연동시키기

◆ **예제파일** : 04_차트제목연동_예제.xlsx ◆ **완성파일** : 04_차트제목연동_완성.xlsx

1 [Chart1] 시트에서 차트 제목을 [실적] 시트의 제목과 같게 표시해 볼게요. 차트 제목 '실적'을 선택하고 수식 입력줄에 『=』를 입력하세요.

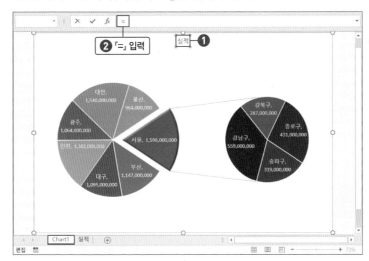

앞의 예제를 계속 이어서 실습해도 됩니다.

2 [실적] 시트를 선택하고 제목이 입력된 A1셀을 선택한 후 Enter를 눌러 [Chart1] 시트의 원형 대 원형 차트의 제목이 데이터 시트의 제목과 같아졌는지 확인해 보세요. 이제 [실적] 시트에서 제목을 변경하면 차트 제목도 자동으로 변경됩니다.

엑셀 2016 버전부터 추가된 차트 익히기

엑셀 2013 버전까지는 데이터의 누적값을 차트로 그리기 위해 여러 가지 팁을 이용했지만, 엑셀 2016 버전부터는 폭포 차트를 이용해서 간단히 작성할 수 있어요. 이번 섹션에서는 계층 수준 간의 값을 비교하고, 비율을 사각형이나 고리형으로 나타내는 트리맵 차트나 선버스트 차트에 대해 배워보겠습니다. 이번 섹션에서 실습하는 선버스트 차트와 폭포 차트, 트리맵 차트를 이용하면 더욱 완성도 높은 엑셀 문서를 완성할 수 있으니 잘 익혀보세요.

> **PREVIEW**

▲ 데이터 비교에 효과적인 선버스트 차트 작성하기

▲ 데이터 증감 표시에 효과적인 폭포 차트 작성하기

> **섹션별 주요 내용**
>
> 01 │ 계층 구조 데이터의 상대 비교하기 — 선버스트 차트　　02 │ 시계열 데이터의 증감 표시하기 — 폭포 차트
> 03 │ 계층 구조 데이터의 비율 표시하기 — 트리맵 차트

실무 예제	**01**	**계층 구조 데이터의 상대 비교하기**

◈ 예제파일 : 01_선버스트차트_예제.xlsx   ◈ 완성파일 : 01_선버스트차트_완성.xlsx

● 선버스트 차트

1 [실적] 시트에서 선버스트 차트로 작성할 A4:D18 범위를 선택하세요. [삽입] 탭-[차트] 그룹에서 [계층 구조 차트 삽입]을 클릭하고 '선버스트'의 [선버스트]를 선택하세요.

> **Tip**
>
> 선버스트 차트로 특정 계열의 구체적 매출이나 지표 등의 분석 결과를 크기 형태로 나타내어 전반적인 분포 상태를 쉽게 확인할 수 있어요.

2 선버스트 차트가 삽입되면 새 시트에서 작업하기 위해 [차트 도구]의 [디자인] 탭-[위치] 그룹에서 [차트 이동]을 클릭하세요.

3 [차트 이동] 대화상자가 열리면 [새 시트]를 선택하고 [확인]을 클릭하세요.

4 새로운 [Chart1] 시트로 선버스트 차트가 이동하면 데이터 레이블에 값을 표시해 볼게요. 데이터 레이블 중 하나에서 마우스 오른쪽 단추를 눌러 [데이터 레이블 서식]을 선택하세요.

5 화면의 오른쪽에 [데이터 레이블 서식] 작업 창이 열리면 [레이블 옵션](■)의 [값]에 체크하고 [닫기] 단추(⊠)를 클릭하세요. 선버스트 차트의 데이터 레이블에 값이 표시되었는지 확인해 보세요.

실무 예제 02 시계열 데이터의 증감 표시하기

🔷 예제파일 : 02_폭포차트_예제.xlsx   🔷 완성파일 : 02_폭포차트_완성.xlsx

● **폭포 차트**

1 [매출실적] 시트에서 2019년 '국내1팀'의 매출 증감을 폭포 차트로 나타낼 것인데, 증감 계열을 추가하기 위해 열을 삽입해 볼게요. D열 머리글에서 마우스 오른쪽 단추를 눌러 [삽입]을 선택하세요.

> **Tip**
> 폭포 차트(waterfall chart)나 다리형 차트를 이용하면 매출의 증감을 서로 다른 색 막대로 표시하여 최종 증감액을 쉽게 나타낼 수 있어요.

2 새로운 열이 추가되면 D3셀에 『증감』을 입력하세요. D4셀은 1월이어서 증감이 없으므로 『=B4』를 입력하고 Enter 를 누르세요.

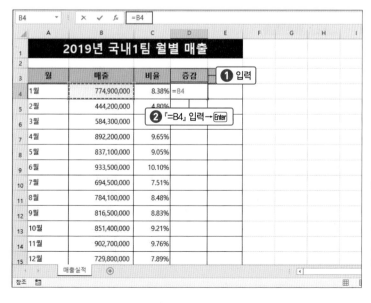

> **Tip**
> 데이터의 길이가 열 너비보다 길어서 '#####' 형태로 표시되면 D열 머리글과 E열 머리글 사이에 커서를 올려놓고 ✛ 모양으로 바뀌었을 때 더블클릭하여 열 너비를 조정하세요.

3 2월부터 이전 월과의 매출 증감을 나타내야 하므로 D5셀에 『=B5-B4』를 입력하고 Enter를 누르세요. D5셀에 증감액이 계산되면 D5셀의 자동 채우기 핸들(✚)을 D15셀까지 드래그하여 수식을 복사하세요. 증감의 합계를 표시하기 위해 D16셀에 『=SUM(D4:D15)』를 입력하고 Enter를 누르세요.

4 이번에는 증감의 합계를 차트로 나타내기 위해 A3:A16 범위를 선택하고 Ctrl을 누른 상태에서 D3:D16 범위를 선택하세요. [삽입] 탭-[차트] 그룹에서 [폭포, 깔때기형, 주식형, 표면형 또는 방사형 차트 삽입]을 클릭하고 '폭포'의 [폭포]를 선택하세요.

5 폭포 차트가 삽입되면 새 시트로 이동하여 작업하기 위해 [차트 도구]의 [디자인] 탭-[위치] 그룹에서 [차트 이동]을 클릭하세요. [차트 이동] 대화상자가 열리면 [새 시트]를 선택하고 [확인]을 클릭하세요.

6 새로운 [Chart1] 시트로 차트가 이동하면 최종 합계 막대를 합계로 표시해 볼게요. '합계' 막대를 선택하여 모든 막대를 선택하고 2~3초 후에 다시 '합계' 막대를 선택하여 '합계' 막대만 선택한 상태에서 마우스 오른쪽 단추를 눌러 [데이터 요소 서식]을 선택하세요.

7 화면의 오른쪽에 [데이터 요소 서식] 작업 창이 열리면 [계열 옵션](📊)의 [합계로 설정]에 체크하고 [닫기] 단추(❌)를 클릭하세요.

8 금액 차이가 명확하게 나타나도록 세로 값 축 서식을 변경해 볼게요. 세로 값 축에서 마우스 오른쪽 단추를 눌러 [축 서식]을 선택하세요.

9 화면의 오른쪽에 [축 서식] 작업 창이 열리면 [축 옵션](📊)의 '최소값'에 『300000000』을 입력하고 [닫기] 단추(❌)를 클릭한 후 완성된 폭포 차트를 확인해 보세요.

> **Tip**
>
> 폭포 차트는 특정 계열의 값이 가감되는 경우 최초 값에서 변화된 최종 결과를 나타낼 때 매우 유용합니다. 예를 들어 자금의 흐름이나 특정 제품의 수입(판매금액)과 지출(자재비, 노무비, 판촉비, 관리비 등)을 나열하고 순수입을 표현할 수도 있어요.

실무 예제 | 03 | 계층 구조 데이터의 비율 표시하기

◈ 예제파일 : 03_트리맵차트_예제.xlsx   ◈ 완성파일 : 03_트리맵차트_완성.xlsx

● 트리맵 차트

1 [매출실적] 시트에서 B3:D13 범위를 선택하세요. [삽입] 탭-[차트] 그룹에서 [계층 구조 차트 삽입]을 클릭하고 '트리맵'의 [트리맵]을 클릭하세요.

> **Tip**
>
> 선버스트 차트와 함께 계층 구조 데이터를 표시하는 트리맵 차트는 계층 구조 데이터를 표현한다는 점에서 폭포 차트와 비슷합니다. 하지만 선버스트 차트는 계층 수준을 나타낼 때, 트리맵 차트는 비율을 표시할 때 적합해요.

2 트리맵 차트가 삽입되면 새 시트로 이동하여 작업하기 위해 [차트 도구]의 [디자인] 탭-[위치] 그룹에서 [차트 이동]을 클릭하세요. [차트 이동] 대화상자가 열리면 [새 시트]를 선택하고 [확인]을 클릭하세요.

313

3 새로운 [Chart1] 시트로 트리맵 차트가 이동하면 데이터 계열을 배너 형태로 표시해 볼게요. 차트의 임의의 요소에서 마우스 오른쪽 단추를 눌러 [데이터 계열 서식]을 선택하세요.

4 [데이터 계열 서식] 작업 창이 열리면 [계열 옵션]( )에서 [배너]를 선택하세요. 데이터 레이블에 값을 표시하기 위해 데이터 레이블 중 하나에서 마우스 오른쪽 단추를 눌러 [데이터 레이블 서식]을 선택하세요.

5 화면의 오른쪽에 [데이터 레이블 서식] 작업 창이 열리면 [레이블 옵션](📊)에서 [값]에 체크하고 [닫기] 단추(✕)를 클릭하세요.

6 트리맵 차트의 데이터 레이블에 값이 표시되었는지 확인해 보세요.

환경설정

데이터기초

데이터분석

데이터관리

실무함수

데이터필터

정보의시각화

데이터활용

특별부록

06 엑셀 2019의 새로운 차트 적극 활용하기

엑셀 2016 버전에 이어 엑셀 2019 버전에서도 등치 지역도 차트, 깔때기 차트, 파레토 차트, 이렇게 세 종류의 신규 차트가 추가되었습니다. 이 중에서 등치 지역도 차트는 지리적 지역을 표시하고 값의 크기를 비교 분석하는 차트이고, 깔때기 차트는 점차 감소하는 데이터를 쉽게 표현할 수 있어요. 파레토 차트는 대표적인 매출 기여도 분석인 ABC 분석을 할 때 정렬 등의 과정 없이 빠르게 작성할 수 있으므로 이들 차트를 잘 익혀보세요.

> PREVIEW

▲ 등치 지역도 차트로 지역 데이터를
지도로 시각화하기

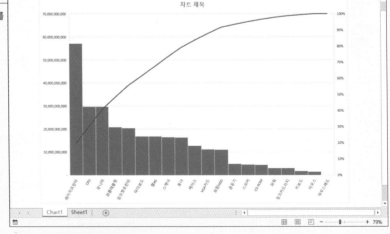

▲ 파레토 차트로 매출 기여도 분석하기

> 섹션별
> 주요 내용

01 | 지도로 지역별 분석 자료 시각화하기 ― 등치 지역도 차트
02 | 점차 감소하는 데이터 시각화하기 ― 깔때기 차트   03 | 매출 기여도 분석해 시각화하기 ― 파레토 차트

| 실무
예제 | 01 | 지도로 지역별 분석 자료 시각화하기 |

◈ **예제파일** : 01_등치지역도차트_예제.xlsx ◈ **완성파일** : 01_등치지역도차트_완성.xlsx

● 등치 지역도 차트

1 [Sheet1] 시트에서 Ctrl 을 이용해 A4:A20 범위와 C4:C20 범위를 선택하고 **[삽입]** 탭-**[차트]** 그룹에서 **[지도]**-**[등치 지역도]**를 클릭하세요.

2 등치 지역도 차트가 삽입되면서 파란색 계통의 지역별 매출이 매출 크기에 따라 농도가 다르게 표현되었는지 확인해 보세요. 표현된 색을 변경하기 위해 차트의 지역에서 마우스 오른쪽 단추를 눌러 **[데이터 계열 서식]**을 선택하세요.

> **Tip**
>
> 등치 지역도 차트가 삽입되면서 지도 차트를 만드는 데 필요한 데이터를 Bing으로 보낸다는 메시지가 나타나면 [동의함]을 클릭하세요.

3 화면의 오른쪽에 [데이터 계열 서식] 창이 열리면 [계열 옵션]( )의 '계열 색'에서 [순차(2 색)]을 [분기(3색)]으로 변경하여 분기별로 세 가지 색으로 차트의 색을 지정하세요. 매출의 최소값부터 최대값까지의 색을 시정하기 위해 '최소값'의 색 단추를 클릭하여 '테마 색'의 [흰 색, 배경 1]을 선택하세요. 이와 같은 방법으로 '중간값'은 '테마 색'의 [주황, 강조 2, 40% 더 밝게]를, '최대값'은 '테마 색'의 [주황, 강조 2, 50% 더 어둡게]를 선택하세요.

4 이번에는 지역의 경계선을 명확한 색으로 구분해 볼게요. [채우기 및 선]( )을 클릭하고 '테 두리'에서 [실선]을 선택한 후 '색'에서 '테마 색'의 [검정, 텍스트 1]을 선택하세요.

5 차트에 매출액을 표시하기 위해 지역에서 마우스 오른쪽 단추를 눌러 [데이터 레이블 추가]를 선택하세요.

6 레이블에는 값만 표시되었는데, 지역명까지 함께 표시되도록 변경해 볼게요. 레이블에서 마우스 오른쪽 단추를 눌러 [데이터 레이블 서식]을 선택하세요.

7 화면의 오른쪽에 [데이터 레이블 서식] 작업 창이 열리면 [레이블 옵션](📊)의 '레이블 내용'에서 [항목 이름]과 [값]에 체크하고 [닫기] 단추(×)를 클릭하세요.

환경설정

데이터기초

데이터분석

데이터편집

실무함수 활용

데이터필터

정보의시각화

데이터활용

특별부록

8 차트 시트로 이동해서 등치 지역도 차트를 표현하기 위해 [차트 도구]의 [디자인] 탭-[위치] 그룹에서 [차트 이동]을 클릭하세요.

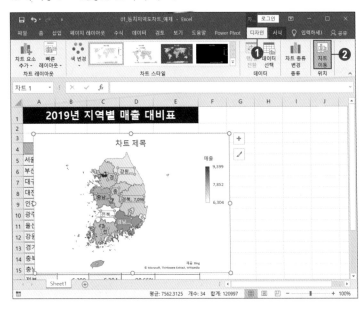

9 [차트 이동] 대화상자가 열리면 [새 시트]를 선택하고 [확인]을 클릭하세요.

10 새로운 [Chart1] 시트에서 지도를 배경으로 매출 분석 자료를 손쉽게 시각화한 등치 지역도 차트를 확인해 보세요.

실무 예제 02

점차 감소하는 데이터 시각화하기

🔹 예제파일 : 02_깔때기차트_예제.xlsx 🔹 완성파일 : 02_깔때기차트_완성.xlsx

● 깔때기 차트

1 [Sheet1] 시트에서 A3:B21 범위를 선택하고 **[삽입]** 탭-**[차트]** 그룹에서 **[폭포, 깔때기형, 주식형, 표면형 또는 방사형 차트 삽입]**-**[깔때기]**를 클릭하세요.

2 깔때기 차트가 삽입되면 위치와 크기를 적절하게 조절하고 인구가 가장 많은 40~44세의 가로 막대 색만 변경해 볼게요. 40~44세의 가로 막대를 천천히 2번 클릭하여 이 막대만 선택하고 마우스 오른쪽 단추를 눌러 **[데이터 요소 서식]**을 선택하세요.

3 화면의 오른쪽에 [데이터 요소 서식] 작업 창이 열리면 [채우기 및 선]([⬧])의 '채우기'에서 [단색 채우기]를 선택하고 '색'에서 '테마 색'의 [진한 파랑, 텍스트 2, 50% 더 어둡게]를 선택한 후 [닫기] 단추([×])를 클릭하세요. 깔때기 차트가 완성되었으면 [차트 도구]의 **[디자인] 탭-[위치] 그룹**에서 **[차트 이동]**을 클릭하세요.

4 [차트 이동] 대화상자가 열리면 [새 시트]를 선택하고 [확인]을 클릭하세요.

5 새로운 [Chart1] 시트에서 점차 감소되는 데이터를 분석 및 시각화한 등치 지역도 차트를 확인해 보세요.

매출 기여도 분석해 시각화하기

● **예제파일** : 03_파레토차트_예제.xlsx ● **완성파일** : 03_파레토차트_완성.xlsx

● 파레토 차트

1 [Sheet1] 시트에서 '매출비율'을 구하기 위해 C4셀에 『=B4/$B$24』를 입력하고 Enter 를 누르세요. C4셀에 외장HDD의 매출 비율을 구했으면 B4셀의 수식을 B23셀까지 복사하세요.

2 이번에는 매출 비율의 누계를 표시하기 위해 D4셀에 『=C4』를 입력하세요. D5셀을 선택하고 『=C5+D4』를 입력한 후 D23셀까지 수식을 복사하세요.

3 Ctrl을 이용해 A3:A23 범위와 D3:D23 범위를 선택하고 [삽입] 탭-[차트] 그룹에서 [통계 차트 삽입]을 클릭한 후 '히스토그램'의 [파레토]를 클릭하세요. 파레도 차트가 삽입되면 [차트 도구]의 [디자인] 탭-[위치] 그룹에서 [차트 이동]을 클릭하세요.

4 [차트 이동] 대화상자가 열리면 [새 시트]를 선택하고 [확인]을 클릭하세요.

5 새로운 [Chart1] 시트에서 두 가지 계열 값의 차이가 매우 클 때 보조 축이 나타나서 매출 기여도를 한눈에 분석할 수 있는 파레토 차트를 확인해 보세요.

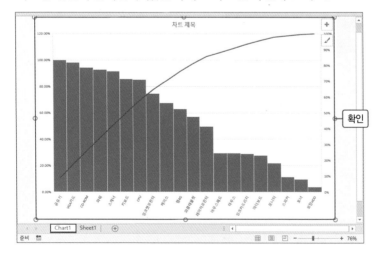

매출 분석 차트에 매출 평균선 추가하기

📁 **예제파일** : 데이터계열추가_예제.xlsx   📁 **완성파일** : 데이터계열추가_완성.xlsx

[실적] 시트의 2017년도 매출 실적을 바탕으로 [Chart1] 시트의 차트에 평균선을 삽입해서 팀별 평균 대비 달성률을 비교해 볼게요.

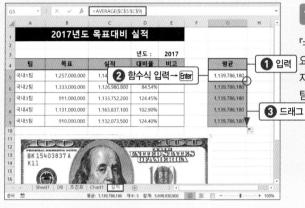

1 [실적] 시트에서 G4셀에는 계열 이름 『평균』을, G5셀에는 매출 실적의 결과를 계산하기 위해 『=AVERAGE($C$5:$C$9)』를 입력하고 Enter를 누르세요. G5셀에 국내1팀의 평균 매출을 구했으면 G5셀의 자동 채우기 핸들(+)을 G9셀까지 드래그하여 다른 팀의 평균 매출도 구하세요.

2 [Chart1] 시트에 있는 차트의 그림 영역에서 마우스 오른쪽 단추를 눌러 [데이터 선택]을 선택하세요.

3 [데이터 원본 선택] 대화상자가 열리면 '범례 항목(계열)'에서 [추가]를 클릭하세요.

4 [계열 편집] 대화상자가 열리면 '계열 이름'에는 [실적] 시트의 G4셀을, '계열 값'에는 [실적] 시트의 G5:G9 범위를 지정하고 [확인]을 클릭합니다.

5 [데이터 원본 선택] 대화상자로 되돌아오면 '범례 항목(계열)'에 [평균] 계열이 삽입되었는지 확인하고 [확인]을 클릭하세요.

6 차트에 생성된 '평균' 계열에서 마우스 오른쪽 단추를 눌러 [계열 차트 종류 변경]을 선택하세요.

7 [차트 종류 변경] 대화상자가 열리면 '평균' 계열의 '차트 종류'를 [꺾은선형]으로 선택한 후 [확인]을 클릭하세요.

8 평균선을 좀 더 명확하게 나타내기 위해 평균선에서 마우스 오른쪽 단추를 눌러 [데이터 계열 서식] 선택하세요.

9 화면의 오른쪽에 [데이터 계열 서식] 작업 창이 열리면 [채우기 및 선(◇)]에서 '선'은 [실선], '색'은 '표준 색'의 [빨강], '너비'는 [4pt]로 지정하고 [데이터 계열 서식] 작업 창을 닫으세요.

환경설정

데이터기초

데이터분석

데이터관리

실무함수

데이터편집

정보의시각화

데이터활용

특별부록

CHAPTER 07

고품질 데이터 활용!
오류 최소화하고
분석 업그레이드하기

SECTION 01   원하는 데이터만 빠르게 변환하기

SECTION 02   통계 분석할 때 발생하는 문제 해결하기

SECTION 03   가상 분석 기능 이용해 목표값 찾기

SECTION 04   매출 자료 관리하고 분석하기

엑셀은 데이터를 분석하기 위한 최적의 프로그램입니다. 따라서 피벗 테이블이나 차트, 표 기능을 통해 데이터를 빠르게 분석할 수도 있고, 웹 데이터를 손쉽게 만들 수도 있어요. 하지만 작업 처리 과정에서 실수를 하면 오류가 발생하거나 원하는 결과값을 도출하지 못하는 상황이 종종 발생하죠. 실제로 공무원 합격자 발표에서 엑셀 담당자의 실수로 합격자가 뒤바뀌어 발표된 사례도 있었어요. 업무에서 엑셀의 사용 빈도가 높은 만큼 실수도 뒤따릅니다. 이번 챕터에서는 챕터 1부터 챕터 6까지 익힌 내용을 종합적으로 응용 및 활용해 보면서 발생할 수 있는 문제에 대한 해결법을 자세하게 알아봅니다.

원하는 데이터만 빠르게 변환하기

실무 문서의 데이터는 상황에 따라 또는 지시에 따라 수정하고 변경해야 하는 일이 많습니다. 데이터를 변경할 때 실수 없이 원하는 값만 정확하게 바꾸려면 변환 패턴을 기억해서 데이터에 적용해야 해요. 이번 섹션에서는 데이터 입력을 도와주고 피벗 테이블과 차트 작성을 단숨에 끝낼 수 있는 빠른 채우기 기능과 분석 기능에 대해 배워봅니다. 데이터를 제대로 입력하는 작업만큼 정확히 변경 및 수정하는 작업도 중요하다는 것을 꼭 명심하세요.

> **PREVIEW**

	A	C	D	E	F	G	H
1		○○동호회 회원주소록					
2							
3	성명	연락처	e-mail	주소 구분	연락처 변경	e-mail 변경	비고
4	양정은	010-7433-368*	abcd1234@daum.net	종로구	010-****-368*	abcd*@daum.net	
5	윤현숙	010-4078-296*	bcda2341@daum.net	수성구	010-****-296*	bcda*@daum.net	
6	조영순	010-3556-541*	cdab3412@naver.com	남양주시	010-****-541*	cdab*@naver.com	
7	지연	010-1498-974*	dabc4123@naver.com	제천시	010-****-974*	dabc*@naver.com	
8	지영은	010-9767-042*	osty5678@naver.com	원주시	010-****-042*	osty*@naver.com	
9	최진	010-6630-976*	styo6785@naver.com	목포시	010-****-976*	styo*@naver.com	
10	김민희	010-9386-124*	tyos7856@gmail.com	서대문구	010-****-124*	tyos*@gmail.com	
11	곽푸름	010-7028-474*	yost24@gmail.com	동래구	010-****-474*	yost*@gmail.com	
12	정찬정	010-9412-264*	yost25@gmail.com	광주시	010-****-264*	yost*@gmail.com	
13	남연우	010-4763-182*	yost26@gmail.com	청주시	010-****-182*	yost*@gmail.com	
14	문윤희	010-5970-346*	yost27@gmail.com	진주시	010-****-346*	yost*@gmail.com	
15	이소영	010-3676-655*	yost28@gmail.com	화성시	010-****-655*	yost*@gmail.com	
16	이혜경	010-7631-872*	yost29@gmail.com	수원시	010-****-872*	yost*@gmail.com	

▲ 빠른 채우기 기능으로 데이터 채우기

▲ 빠른 분석 기능으로 매출 분석하기

> **섹션별 주요 내용**
>
> 01 │ 빠른 채우기 기능으로 데이터 채우기   02 │ 빠른 채우기 기능으로 데이터 변경하기
> 03 │ 빠른 분석 기능으로 지역별 매출 분석하기

실무 예제 01 빠른 채우기 기능으로 데이터 채우기

◈ 예제파일 : 01_빠른채우기_예제.xlsx　◈ 완성파일 : 01_빠른채우기_완성.xlsx

1 [빠른채우기] 시트의 B열 데이터 중에서 '서울시', '대구시', '경기도'의 뒤에 나오는 부분을 E열에 입력해 볼게요. E4셀을 선택하고 『종로구』를 입력한 후 Enter를 눌러 변경 패턴을 기억시킵니다. 그런 다음 데이터를 채우기 위해 [데이터] 탭-[데이터 도구] 그룹에서 [빠른 채우기]를 클릭하세요.

> **Tip**
>
> 엑셀 2010 버전에서는 함수를 이용하거나 '텍스트 나누기' 기능을 사용하여 데이터를 분리해서 입력했지만, 엑셀 2013 버전부터는 '빠른 채우기' 기능으로 쉽게 처리할 수 있어요.

2 E5:E37 범위에 **1** 과정과 같이 E4셀에 입력한 패턴으로 데이터가 채워졌는지 확인해 보세요.

실무 예제 **02** **빠른 채우기 기능으로 데이터 변경하기**

● 예제파일 : 02_데이터변경채우기_예제.xlsx ● 완성파일 : 02_데이터변경채우기_완성.xlsx

1 [빠른채우기] 시트의 C열에 입력된 연락처 중에서 국번 부분을 * 기호로 변경해 볼게요. 먼저 데이터 변경 패턴을 기억시키기 위해 F4셀에 『010-****-368*』을 입력하고 Enter를 누르세요.

2 [데이터] 탭-[데이터 도구] 그룹에서 [빠른 채우기]를 클릭하여 F5:F37 범위에 1 과정과 같이 F4셀에 입력한 패턴으로 데이터를 채우세요.

3 이번에는 D열의 e-mail 주소도 변경해서 입력해 볼게요. 데이터 변경 패턴을 기억시키기 위해 G4셀에 『abcd*@daum.net』을 입력하고 (Enter)를 누른 후 [데이터] 탭-[데이터 도구] 그룹에서 [빠른 채우기]를 클릭하세요.

4 G5:G37 범위에 **1** 과정과 같이 G4셀에 입력한 패턴으로 데이터가 채워졌는지 확인해 보세요. 이와 같이 '빠른 채우기' 기능을 이용하면 특정 패턴을 기억시켜서 한 번에 데이터를 변경 및 입력할 수 있어요.

> **Tip**
>
> 23쪽에서 메일 주소에 자동으로 하이퍼링크가 지정되지 않도록 설정하는 방법에 대해 배웠어요. 만약 하이퍼링크가 자동 설정되는 것이 작업하는 데 불편하다면 23쪽을 참고하여 하이퍼링크를 해제하세요.

실무
예제 **03** **빠른 분석 기능으로 지역별 매출 분석하기**

◈ 예제파일 : 03_빠른분석_예제.xlsx ◈ 완성파일 : 03_빠른분석_완성.xlsx

1 [빠른분석] 시트에서 데이터가 입력된 임의의 셀을 선택하고 Ctrl + A 를 눌러 모든 데이터를 선택하세요. 선택 영역의 오른쪽 아래에 [빠른 분석] 스마트 태그(🔳)가 나타나면 클릭한 후 [차트]에서 [묶은 세로 막대형]을 선택하세요.

Tip

[빠른 분석] 스마트 태그(🔳)를 클릭하고 원하는 항목의 위에 마우스 포인터를 올려놓으면 해당 항목을 미리 보기로 확인할 수 있어요.

2 화면의 오른쪽에 [피벗 차트 필드] 작업 창이 열리면서 새로운 [Sheet1] 시트에 지역별 매출 피벗 테이블 보고서와 차트 보고서가 생성되었는지 확인해 보세요.

3 빠른 분석을 통해 지역별 매출을 산출했으면 매출액이 높은 지역부터 내림차순으로 매출액을 정렬해 볼게요. 매출액이 입력된 임의의 셀에서 마우스 오른쪽 단추를 눌러 [정렬]-[숫자 내림차순 정렬]을 선택하고 [피벗 테이블 필드] 작업 창을 닫으세요.

4 차트를 선택하고 크기와 위치를 적절하게 조절하세요. [피벗 차트 도구]의 **[디자인]** 탭-**[차트 스타일]** 그룹에서 **[자세히]** 단추(▼)를 클릭하고 원하는 차트 스타일을 선택하여 차트를 완성하세요.

환경설정

데이터가공

데이터분석

데이터관리

실무함수

데이터필터

정보의시각화

데이터활용

특별부록

통계 분석할 때 발생하는 문제 해결하기

앞에서는 피벗 테이블을 그룹화한 후 엑셀 데이터를 기간별로 분석하는 방법에 대해 배웠어요. 그런데 간혹 그룹을 만들 수 없다는 오류가 발생하거나 금액이 합계가 아닌 개수로 산출되는 경우가 발생합니다. 이것은 숫자 데이터(날짜, 금액 등) 를 문자로 잘못 인식했기 때문입니다. 이번 섹션에서는 데이터의 속성을 정상적으로 변환한 후 빅데이터를 빠르고 쉽게 분석하는 방법에 대해 배워봅니다.

> **PREVIEW**

▲ 문자 데이터를 금액 데이터로 수정하기

▲ 피벗 테이블 이용해 기간별 매출 분석하기

> **섹션별 주요 내용**
>
> **01** | 문자 데이터를 날짜 데이터로 수정하기   **02** | 문자 데이터를 숫자 데이터로 수정하기
>
> **03** | 피벗 테이블로 기간별 매출 분석하기

실무
예제 | **01** | **문자 데이터를 날짜 데이터로 수정하기**

🔷 **예제파일** : 01_날짜데이터수정_예제.xlsx 🔷 **완성파일** : 01_날짜데이터수정_완성.xlsx

1 [DB] 시트에서 A열 데이터는 날짜 데이터가 모두 일관성 없는 문자 형태로 입력되어 있어요.
피벗 테이블 그룹 기능을 이용해 데이터를 기간별로 분석하려면 먼저 정상적인 날짜 데이터
로 변경해야 하므로 A열의 날짜 데이터를 모두 선택하세요.

> **Tip**
>
> A2셀을 선택하고 Ctrl + Shift + ↓
> 를 누르면 A2셀부터 아래쪽 방
> 향으로 입력된 연속 데이터를 한
> 번에 빠르게 선택할 수 있어요.

2 A열의 날짜 데이터를 정상적인 날짜 데이터로 변환하기 위해 텍스트를 나눠 볼게요. [**데이터**]
탭-[**데이터 도구**] 그룹에서 [**텍스트 나누기**]를 클릭하세요. [**텍스트 마법사 - 3단계 중 1단계**] 대
화상자가 열리면 [**다음**]을 클릭해 다음 단계로 넘어가세요.

3 [텍스트 마법사 – 3단계 중 2단계] 대화상자에서도 [다음]을 클릭하세요. [텍스트 마법사 – 3단계 중 3단계] 대화상자가 열리면 '열 데이터 서식'에서 [날짜]를 선택하고 [마침]을 클릭하세요.

4 A열의 날짜 데이터가 모두 정상적인 날짜 데이터로 변경되었는지 확인해 보세요.

문자 데이터를 숫자 데이터로 수정하기

🔷 **예제파일** : 02_숫자데이터수정_예제.xlsx 🔷 **완성파일** : 02_숫자데이터수정_완성.xlsx

1 이번에는 L열에 문자 데이터의 형태로 입력된 금액을 숫자 데이터로 변환해 볼게요. [DB] 시
트에서 빈 셀인 O2셀에 『1』을 입력하고 Enter를 누르세요. 다시 O2셀을 선택하고 Ctrl+C를
눌러 해당 셀을 복사하세요.

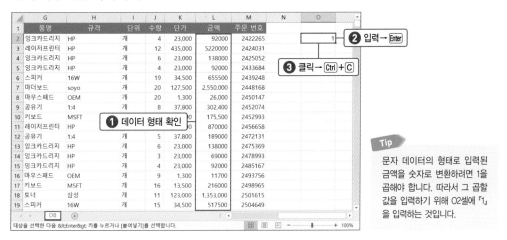

Tip

문자 데이터의 형태로 입력된
금액을 숫자로 변환하려면 1을
곱해야 합니다. 따라서 그 곱할
값을 입력하기 위해 O2셀에 『1』
을 입력하는 것입니다.

2 L2셀을 선택하고 Ctrl+Shift+↓를 눌러 변환시킬 데이터를 모두 선택합니다. 이 상태에서 마
우스 오른쪽 단추를 눌러 '붙여넣기 옵션'에서 [선택하여 붙여넣기]를 선택하세요.

3 [선택하여 붙여넣기] 대화상자가 열리면 '붙여넣기'에서는 [값]을, '연산'에서는 [곱하기]를 선택하고 [확인]을 클릭하세요.

Tip
이렇게 지정하면 **1** 과정에서 복사한 1을 선택한 범위에 값으로 곱합니다.

4 L열 '금액' 항목의 데이터가 숫자 데이터로 수정되었는지 확인해 보세요.

실무
예제 **03** **피벗 테이블로 기간별 매출 분석하기**

◆ **예제파일** : 03_기간매출분석_예제.xlsx   ◆ **완성파일** : 03_기간매출분석_완성.xlsx

1 [DB] 시트에서 분석할 데이터를 표로 지정하기 위해 데이터가 입력된 임의의 셀을 선택하고
[Ctrl]+[T]를 누르세요. [표 만들기] 대화상자가 열리면 [머리글 포함]에 체크한 상태에서 [확
인]을 클릭하세요.

2 기간별 매출을 분석하기 위해 [표 도구]의 [디자인] 탭-[도구] 그룹에서 [피벗 테이블로 요약]을 클
릭하세요.

3 [피벗 테이블 만들기] 대화상자가 열리면 피벗 테이블 보고서를 넣을 위치에서 [새 워크시트]를 선택하고 [확인]을 클릭하세요.

4 새로운 [Sheet1] 시트에 피벗 테이블이 생성되면 기간별 매출 보고서를 작성해 볼게요. 화면의 오른쪽에 [피벗 테이블 필드] 작업 창이 열리면 [거래처]와 [거래일]은 '행' 영역으로, [구분]은 '열' 영역으로, [금액]은 '값' 영역으로 드래그하세요.

5 매출액의 통화 형식을 지정하기 위해 값이 입력된 임의의 셀에서 마우스 오른쪽 단추를 눌러 [필드 표시 형식]을 선택하세요.

6 [셀 서식] 대화상자가 열리면 [표시 형식] 탭의 '범주'에서 [통화]를 선택하고 '음수'에서 통화
형식을 선택한 후 [확인]을 클릭하세요.

7 비정상적으로 입력된 날짜와 금액 데이터가 수정되었으면 기간별 매출 분석 결과가 정확하게
계산되었는지 확인해 보세요.

03 가상 분석 기능 이용해 목표값 찾기

이제까지 빅데이터를 빠르게 분석하고 활용하는 기능에 대해 배웠으면 이번 섹션에서는 특정 금액을 맞추거나 예상값 또는 조건을 충족시키기 위해 결과값을 찾아가는 형태의 가상 분석을 배워보겠습니다. 그리고 데이터 분석으로 결과를 도출하는 것이 아니라 임의의 결과를 미리 설정해 목표값을 찾아내는 과정에 대해 자세히 설명합니다. 쉽게 이해되지 않는 부분이 생길 수 있으므로 실습 예제를 꼼꼼하게 따라해 보세요.

> **PREVIEW**

▲ 목표값 찾기로 자동차 구매 견적 산출하기

▲ 해 찾기 결과로 예산 내 만족도 높은 교육만 선별하기

> **섹션별 주요 내용**   01 | 목표값 찾기로 자동차 구매 견적 산출하기   02 | 교육 예산 범위에서 만족도 높은 교육만 선별하기

실무 예제 01 목표값 찾기로 자동차 구매 견적 산출하기

🔖 **예제파일**: 01_목표값찾기_예제.xlsx 🔖 **완성파일**: 01_목표값찾기_완성.xlsx

1 자동차 구매 견적은 자동차 가격에 따라 세금과 함께 바뀌는데, '목표값 찾기' 기능을 사용해 자금에 맞는 자동차 가격을 찾아볼게요. 2000cc 이상의 자동차를 구매할 예정이고 보유금액은 45,000,000원입니다. [목표값찾기] 시트에서 결과값을 미리 입력하기 위해 B9셀에 『=SUM(B4:B8)』을 입력하고 Enter를 누르세요.

2 [데이터] 탭-[예측] 그룹에서 [가상 분석]-[목표값 찾기]를 선택하세요.

3 [목표값 찾기] 대화상자가 열리면 '수식 셀'에는 최종 금액이 나타날『B9』를, '찾는 값'에는 보유 금액인『45000000』이나『45,000,000』을 입력합니다. '값을 바꿀 셀'에는 자동차 가격이 나타나는 셀인 B4셀을 선택해 [$B$4]로 지정하고 [확인]을 클릭하세요.

4 B9셀 값이 찾는 값으로 지정한 45,000,000원이 되면 [목표값 찾기 상태] 대화상자에서 [확인]을 클릭하세요.

5 세금을 포함해서 합계 금액을 45,000,000원(B9셀)이 되려면 자동차 가격(B4셀)이 37,500,000원인 것을 확인할 수 있어요.

실무
예제 | **02** 교육 예산 범위에서 만족도 높은 교육만 선별하기

⊙ 예제파일 : 02_해찾기_예제.xlsx ⊙ 완성파일 : 02_해찾기_완성.xlsx

1 '해 찾기' 기능을 이용하면 금년도에 진행할 교육 중 예산 범위 안에서 만족도가 가장 높은 교육을 선별할 수 있어요. 우선 '해 찾기' 기능이 메뉴에 있는지 확인하기 위해 [Sheet1] 시트에서 [데이터] 탭-[윤곽선] 그룹의 오른쪽에 [분석] 그룹이 있는지 살펴보세요. [분석] 그룹이 없다면 아직 해 찾기 추가 기능이 설정되지 않은 상태이므로 [파일] 탭-[옵션]을 선택하세요.

2 [Excel 옵션] 창이 열리면 [추가 기능] 범주를 선택하고 '관리'에서 [Excel 추가 기능]이 선택되었는지 확인하고 [이동]을 클릭하세요.

환경설정

데이터기초

데이터분석

데이터관리

실무함수

데이터필터

정보의시각화

데이터활용

특별부록

3 [추가 기능] 대화상자가 열리면 '사용 가능한 추가 기능'에서 [해 찾기 추가 기능]에 체크하세요. 데이터의 분산 분석, 상관 분석, 기술 통계법, F-검정, 회귀 분석, T-검정, Z-검정 등을 사용하려면 [분석 도구]에도 체크하고 [확인]을 클릭하세요.

4 [데이터] 탭-[윤곽선] 그룹의 오른쪽에 [분석] 그룹이 생성되면서 [데이터 분석]과 [해 찾기]의 추가 기능이 포함되었는지 확인해 보세요.

5 D4:D16 범위에서 진행 가능한 강의의 셀에는 '1'을 표시해 볼게요. 강의료와 만족도를 곱해서 합계가 예산을 초과하는지, 만족도가 가장 큰지를 확인하기 위해 E4셀에 『=$D4*B4』를 입력하고 Enter를 누르세요.

6 E4셀의 자동 채우기 핸들(╋)을 F4셀까지 드래그하고 다시 F4셀의 자동 채우기 핸들(╋)을 F16셀까지 드래그하여 나머지 셀에도 수식을 입력하세요. 해 찾기를 실행하기 위해 **[데이터] 탭-[분석] 그룹**에서 **[해 찾기]**를 클릭하세요.

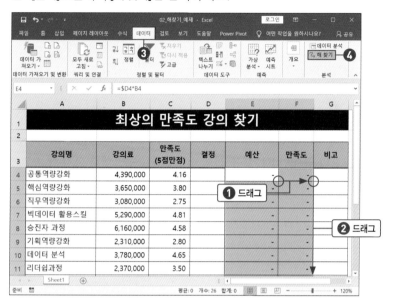

7 [해 찾기 매개 변수] 대화상자가 열리면 만족도가 최대인 것이 목표이므로 '목표 설정'에는 F17셀을 선택하여 [$F$17]을 지정하세요. '변수 셀 변경'에는 결과를 나타내는 D4:D16 범위를 지정하고 '제한 조건에 종속'에 조건을 입력하기 위해 [추가]를 클릭하세요.

8 [제한 조건 추가] 대화상자가 열리면 D4:D16 범위에 2진수인 0과 1만 나타나도록 '셀 참조'에는 D4:D16 범위를 드래그하여 '$D$4:$D$16'을 지정하고 가운데 위치한 목록 상자에서 [bin]을 선택하세요. 두 번째 제한 조건에는 선택된 강의의 강의료가 예산을 초과하지 못한다는 조건을 입력하기 위해 [추가]를 클릭합니다.

9 '셀 참조'에는 선택된 강의료의 합계인 E17셀을 선택하여 '$E$17'을, '제한 조건'에는 2019년 예산 금액이 입력된 B19셀을 선택하여 '=$B$19'를 입력하세요. 강의료의 합계가 예산을 초과할 수 없다는 조건이 완성되었으면 더 이상의 제한 조건이 없으므로 [확인]을 클릭하세요.

> **Tip**
> 가운데 위치한 목록 상자에는 [<=]이 선택되어 있어야 합니다.

10 [해 찾기 매개 변수] 대화상자로 되돌아오면 '제한 조건에 종속'에서 최종 입력된 변수의 셀 범위와 제한 조건을 확인하고 [해 찾기]를 클릭하세요.

11 [해 찾기 결과] 대화상자가 열리면 설정된 기본값이 그대로 유지된 상태에서 [확인]을 클릭하세요.

12 D4:D16 범위에 '1'로 입력된 내용의 강의만 선택하면 예산을 초과하지 않고 만족도가 가장 높은 강의만 진행할 수 있습니다.

환경설정

데이터기초

데이터분석

데이터관리

실무함수

데이터필터

정보와시각화

데이터활용

특별부록

매출 자료 관리하고 분석하기

지금까지 피벗 테이블을 활용하여 매출 데이터를 집계하고 분석해 봤어요. 이번 섹션에서는 이제까지 배운 내용을 바탕으로 '2080법칙'으로 부르는 파레토 법칙을 이용해 매출 기여도 분석인 ABC 분석에 대해 자세히 익혀보겠습니다. 또한 데이터 변환 및 매출 목표를 일괄적으로 변경하는 방법에 대해서도 다시 한 번 복습해 봅니다. 이번 실습은 이 책의 모든 내용을 마무리하는 종합 과정과 같으므로 실제 업무라고 생각하고 잘 따라해 보세요.

> **PREVIEW**

▲ 매출 기여도 차트 만들기

▲ 팀별로 매출 내역 분리해 작성하기

> 섹션별 **01** | 파레토 법칙으로 매출 기여도 분석하기 — ABC 분석 **02** | 정상 데이터로 변환하고 팀별 매출 작성하기
> 주요 내용 **03** | 일괄적으로 매출 목표 상향 조정하기

2010 | 2013 | 2016 | 2019 | OFFICE 365

실무
예제 | **01**

파레토 법칙으로 매출 기여도 분석하기

🔗 예제파일 : 01_ABC_분석_예제.xlsx   🔗 완성파일 : 01_ABC_분석_완성.xlsx

● ABC 분석

1 [DB] 시트에서 분석할 데이터를 표로 지정하기 위해 데이터가 입력된 임의의 셀을 선택하고 Ctrl+T를 누르세요. [표 만들기] 대화상자가 열리면 [머리글 포함]에 체크한 상태에서 [확인]을 클릭하세요.

2 피벗 테이블로 요약하기 위해 [표 도구]의 **[디자인] 탭–[도구] 그룹**에서 **[피벗 테이블로 요약]**을 클릭하세요. [피벗 테이블 만들기] 대화상자가 열리면 피벗 테이블 보고서를 넣을 위치에서 [새 워크시트]를 선택하고 [확인]을 클릭하세요.

3 새로운 [Sheet1] 시트에 피벗 테이블이 생성되면 항목별 매출 보고서의 작성에 맞게 필드의 레이아웃을 지정해 볼게요. [피벗 테이블 필드] 작업 창에서 [품명]은 '행' 영역으로, [금액]은 '값' 영역으로 드래그하세요.

4 매출액의 통화 형식을 지정하기 위해 값이 입력된 임의의 셀에서 마우스 오른쪽 단추를 눌러 [필드 표시 형식]을 선택합니다.

5 [셀 서식] 대화상자가 열리면 [표시 형식] 탭의 '범주'에서 [통화]를 선택하고 '음수'에서 통화 형식을 선택한 후 [확인]을 클릭하세요.

6 매출 누계 비율을 나타내기 위해 [피벗 테이블 필드] 작업 창에서 [금액]을 '값' 영역으로 드래그하세요.

7 C3셀의 이름을 『누계비율』로 변경하세요. '누계 비율' 항목의 표시 형식을 지정하기 위해 C4:C23 범위 중 임의의 셀에서 마우스 오른쪽 단추를 눌러 [값 표시 형식]-[누계 비율]을 선택하세요.

8 [값 표시 형식 (누계비율)] 대화상자가 열리면 '기준 필드'에서 [품명]을 선택하고 [확인]을 클릭하세요.

9 매출 비율이 높은 항목을 위쪽에 배치하기 위해 내림차순으로 정렬해 볼게요. C4:C23 범위 중 임의의 셀에서 마우스 오른쪽 단추를 눌러 [정렬]-[숫자 내림차순 정렬]을 선택하세요.

10 '누계비율' 항목이 내림차순으로 정렬되었으면 품명별 매출 금액과 매출 누계 비율을 바탕으로 ABC 분석 차트를 작성해 볼게요. [피벗 테이블 필드] 작업 창을 닫고 [피벗 테이블 도구]의 [분석] 탭-[도구] 그룹에서 [피벗 차트]를 클릭하세요.

ABC 분석 해석하기

일반적으로 ABC 분석에서 다음과 같은 기준으로 매출 누계 비율을 적용합니다.

	기준 1	기준 2	기준 3
A군	0~70%까지	0% 이상, 74%까지	0% 이상, 80%까지
B군	70% 이상, 90%까지	74% 이상, 94%까지	80% 이상, 95%까지
C군	90% 이상, 100%까지	94% 이상, 100%까지	95% 이상, 100%까지

11 [차트 삽입] 대화상자가 열리면 [모든 차트] 탭에서 [혼합] 범주를 선택하세요. 데이터 계열에 대한 차트의 종류와 축을 선택하기 위해 '누계비율'에서 [보조 축]에 체크하고 '차트 종류'에서는 [표식이 있는 꺾은선형]을 선택한 후 [확인]을 클릭하세요.

12 표식이 있는 꺾은선형 차트가 삽입되면 차트의 꺾은선에서 마우스 오른쪽 단추를 눌러 [데이터 레이블 추가]를 선택하세요. 차트에 누계 비율이 표시되었는지 확인하고 차트의 크기와 위치를 적절하게 조절하세요.

환경설정

데이터기초

데이터분석

데이터편집

실무함수

데이터필터

정보와시각화

데이터활용

특별부록

02 ## 정상 데이터로 변환하고 팀별 매출 작성하기

◆ **예제파일** : 02_데이터변환및분리_예제.xlsx　　◆ **완성파일** : 02_데이터변환및분리_완성.xlsx

1　337~340쪽에서 다룬 날짜 및 숫자 데이터의 변환은 업무에서 실수하기 쉬운 부분이므로 실
　무 예제를 통해 제대로 익혀보겠습니다. [DB] 시트에서 D열에 입력된 비정상적인 날짜 데이
　터를 모두 선택하세요.

> **Tip**
>
> D2셀을 선택하고 Ctrl+Shift+↓
> 를 누르면 D2셀부터 아래쪽 방
> 향으로 입력된 연속 데이터를 한
> 번에 빠르게 선택할 수 있어요.

2　D열의 날짜 데이터를 정상적인 날짜 데이터로 변환하기 위해 [데이터] 탭-[데이터 도구] 그룹에
　서 [텍스트 나누기]를 클릭하세요.

3 [텍스트 마법사] 대화상자가 열리면 1단계와 2단계는 [다음]을 클릭해 다음 단계로 넘어갑니다.

4 [텍스트 마법사 – 3단계 중 3단계] 대화상자가 열리면 '열 데이터 서식'에서 [날짜]를 선택하고 [마침]을 클릭하세요.

5 정상적으로 변경된 D열의 날짜 데이터를 확인하세요. 비정상적인 숫자 데이터로 작성된 금액을 정상적인 숫자 데이터로 변환하기 위해 사용하지 않는 빈 셀인 N2셀에『1』을 입력하고 Ctrl+C를 눌러 셀을 복사하세요.

Tip

N2셀에『1』을 입력하는 이유에 대해서는 339쪽을 참고하세요.

6 K열의 '금액' 항목에 입력된 비정상적인 숫자 데이터를 모두 선택하세요.

7 선택한 범위에 있는 임의의 셀에서 마우스 오른쪽 단추를 눌러 [선택하여 붙여넣기]를 선택합니다.

8 [선택하여 붙여넣기] 대화상자가 열리면 '붙여넣기'에서는 [값]을, '연산'에서는 [곱하기]를 선택하고 [확인]을 클릭하세요.

9 데이터를 분석하기 위해 데이터가 입력된 임의의 셀을 선택하고 [Ctrl]+[T]를 누르세요.

10 [표 만들기] 대화상자가 열리면 [머리글 포함]에 체크한 상태에서 [확인]을 클릭하세요.

11 [표 도구]의 [디자인] 탭-[도구] 그룹에서 [피벗 테이블로 요약]을 클릭하세요.

환경설정

데이터기초

데이터분석

데이터관리

실무함수

데이터필터

정보의시각화

데이터활용

특별부록

12 [피벗 테이블 만들기] 대화상자가 열리면 피벗 테이블 보고서를 넣을 위치에서 [새 워크시트]를 선택하고 [확인]을 클릭하세요.

13 새로운 [Sheet1] 시트에 피벗 테이블이 생성되면 [피벗 테이블 필드] 작업 창에서 [매출일]을 '행' 영역으로 드래그하세요.

14 2019년 6월의 팀 분류별 매출을 나타내기 위해 [피벗 테이블 필드] 작업 창에서 [연]과 [매출일]은 '필터' 영역으로 드래그하고 [분기]는 '보고서에 추가할 필드 선택'으로 드래그하여 삭제하세요.

15 B1셀의 내림 단추(▾)를 클릭하고 분석할 연도인 [2019]를 선택한 후 [확인]을 클릭하세요.

16 이와 같은 방법으로 B2셀의 내림 단추(▾)를 클릭하고 [6월]을 선택한 후 [확인]을 클릭하세요.

17 [피벗 테이블 필드] 작업 창에서 [대분류]는 '행' 영역으로, [금액]은 '값' 영역으로 드래그하세요.

18 피벗 테이블의 값 영역 중 임의의 셀에서 마우스 오른쪽 단추를 눌러 [필드 표시 형식]을 선택하세요.

19 [셀 서식] 대화상자가 열리면 [표시 형식] 탭에서 [통화] 범주를 선택하고 '음수'에서 통화 형식을 선택한 후 [확인]을 클릭하세요.

20 [피벗 테이블 필드] 작업 창에서 [팀]을 '필터' 영역으로 드래그하세요.

21 [피벗 테이블 도구]의 **[분석] 탭-[피벗 테이블] 그룹**에서 **[옵션]-[보고서 필터 페이지 표시]**를 선택하세요.

22 [보고서 필터 페이지 표시] 대화상자가 열리면 [팀]을 선택하고 [확인]을 클릭하세요.

23 2019년 6월의 매출 내역이 팀별로 각 시트에 분리되어 작성되었는지 확인해 보세요.

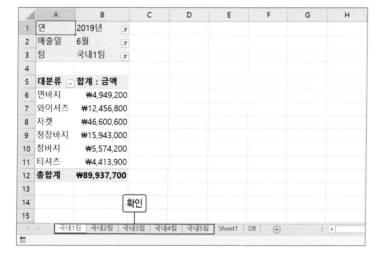

환경설정

데이터기초

데이터분석

데이터관리

실무함수
실무함수

데이터필터

정보의시각화

데이터활용

특별부록

실무 예제 03 일괄적으로 매출 목표 상향 조정하기

● **예제파일** : 03_매출목표조정하기_예제.xlsx ● **완성파일** : 03_매출목표조정하기_완성.xlsx

1 매출 목표가 3%씩 인상되었을 때 '선택하여 붙여넣기' 기능을 이용해서 값을 한꺼번에 변경할 수 있어요. [값변경] 시트에서 사용하지 않는 임의의 셀(I4셀)에 『1.03』을 입력하고 Enter 를 누르세요. 다시 I4셀을 선택하고 Ctrl + C 를 눌러 복사하세요.

> **Tip**
>
> I4셀에 『1.03』을 입력하는 이유는, 매출 목표가 3%씩 인상될 경우 3%는 0.03%이므로, 1을 기준으로 했을 때 1.03% 인상되는 것이기 때문입니다.

2 3%씩 상향 조정할 2019년 매출 목표 영역인 E4:E8 범위를 드래그하여 선택하세요. 선택 영역에서 마우스 오른쪽 단추를 눌러 [선택하여 붙여넣기]를 선택하세요.

3 [선택하여 붙여넣기] 대화상자가 열리면 '붙여넣기'에서는 [값]을, '연산'에서는 [곱하기]를 선택하고 [확인]을 클릭하세요.

4 2019년 매출이 2018년 매출에 비해 3%씩 일괄적으로 상향 조정되면서 '목표추이' 항목의 차트도 변경되었는지 확인해 보세요.

무작정 따라하기 독자를 위한 특별부록

특별부록 01   엑셀 고수들만 아는 업무 기술 12

특별부록 02   파워 쿼리를 이용한 데이터 활용 4

챕터 1부터 챕터 7까지 모두 따라해 보았다면 특별부록에서 알려주는 엑셀 알짜 노하우도 익혀보세요. 마이크로소프트 MVP 김철 저자가 엄선한 열두 가지 예제로 구성되어 있어 실무에서 매우 중요한 업무 기술을 요긴하게 익힐 수 있어요. 또한 파워 쿼리를 이용한 데이터 활용법도 알려줍니다. 특별부록까지 완벽하게 따라하기를 끝낸다면 이제 엑셀을 자유자재로 다룰 수 있을 것입니다.

엑셀 고수들만 아는
업무 기술 **12**

실무에서 엑셀 데이터를 다루고 가공할 때마다 매번 쉽게 작업하는 방법이 무엇인지, 시간

을 단축하는 노하우가 무엇인지 궁금할 것입니다. 하지만 매번 원하는 답을 찾지 못해 엑셀

단순 노동을 하면서 야근을 하고 있진 않나요? 특별부록에서는 엑셀 데이터를 25년 이상 현

업에서 다루면서 몸으로 직접 익힌 저자의 특급 노하우를 독자 여러분께 공개합니다. 따라

해 보면 별것 아닌 것 같지만 자투리 시간을 조금씩 모아 학습한다면 좀 더 건설적이고 생산

적인 일을 할 수 있는 원동력이 되어 업무 능률을 단숨에 높일 수 있어요.

업무 기술 **01** 원하는 시트로 빠르게 이동하기

업무 기술 **02** 다른 열에 영향 주지 않고 행 삽입 및 삭제하기

업무 기술 **03** 열 또는 행에 있는 빈 셀 삭제하기

업무 기술 **04** 두 개의 표에서 변경된 자료만 빠르게 찾기

업무 기술 **05** 참조 범위가 필요 없는 VLOOKUP 함수 사용하기

업무 기술 **06** 엑셀 파일에서 이미지 추출하기

업무 기술 **07** 단체 메일 주소 연결해 한 번에 메일 보내기

업무 기술 **08** 빠르게 날짜 데이터 입력하기

업무 기술 **09** 배경에 회사 로고 워터마크 삽입하기

업무 기술 **10** 셀의 오류 표시 인쇄하지 않기

업무 기술 **11** 매크로 기록기의 기록 확인하기

업무 기술 **12** 피벗 테이블을 자동으로 새로 고침하기

업무 기술 | 01 원하는 시트로 빠르게 이동하기

🔵 **예제파일** : 01_시트이동_예제.xlsx 🔵 **완성파일** : 01_시트이동_완성.xlsx

하나의 파일에 시트를 많이 만드는 것은 추천할 만한 작업 형태가 아닙니다. 하지만 가끔 작업일지처럼 매일의 일정을 각 워크시트마다 나누어서 작성하는 경우가 있는데, 이때 원하는 시트로 빠르게 이동하는 방법에 대해 알아봅니다.

1 열 개의 시트로 구성되어 있는 현재 시트에서 [20191007] 시트로 빠르게 이동해 볼게요. 엑셀 창의 왼쪽 아래에 있는 시트 이동 단추(◀, ▶)에서 마우스 오른쪽 단추를 누르세요. 현재 파일의 모든 시트명이 표시된 [활성화] 대화상자가 열리면 이동할 시트명을 선택하고 [확인]을 클릭하거나 더블클릭하세요. 여기에서는 [20191007]을 선택하세요.

2 [20191007] 시트로 곧바로 이동하여 2019년 10월 7일의 근무일지가 표시되었는지 확인해 보세요.

다른 열에 영향 주지 않고 행 삽입 및 삭제하기

업무기술 **02**

`2010 | 2013 | 2016 | 2019 | OFFICE 365`

● **예제파일** : 02_행삽입삭제_예제.xlsx ● **완성파일** : 02_행삽입삭제_완성.xlsx

하나의 시트에 여러 개의 테이블을 만들어서 작업할 경우 행을 추가하면 전체 행이 추가되어 다른 테이블의 자료를 다시 정리해야 해서 번거롭습니다. 이번에는 원하는 범위에만 행을 삽입하거나 삭제하는 방법에 대해 알아봅니다.

1 [성과급] 시트에는 특정 기준에 의해 팀별로 성과급을 표시했는데, A열 데이터를 자세히 살펴보니 '국내3팀' 데이터가 누락되었네요. 이 경우 '국내3팀'을 추가하기 위해 행 전체를 삽입하면 '성과급 조견표'도 수정해야 해서 번거롭습니다. 행 삽입은 삽입하려는 행의 이전 데이터를 먼저 선택해야 하므로 A5:E5 범위를 선택하고 Shift 를 누른 상태에서 E5셀의 자동 채우기 핸들(╋)을 행을 삽입하려는 만큼 아래쪽으로 드래그하세요.

2 '성과급 조견표' 표의 범위에 영향을 주지 않고 '팀별 매출 및 성과급' 표의 범위에 행이 추가되었는지 확인해 보세요.

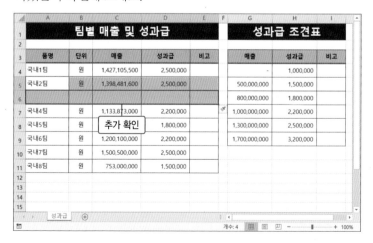

372

3 이번에는 다른 테이블에 영향을 주지 않고 행을 삭제해 볼게요. '국내5팀' 데이터를 삭제하기 위해 A8:E8 범위를 선택하고 Shift 를 누른 상태에서 E8셀의 자동 채우기 핸들(➕)을 한 행만큼 위쪽으로 드래그하세요.

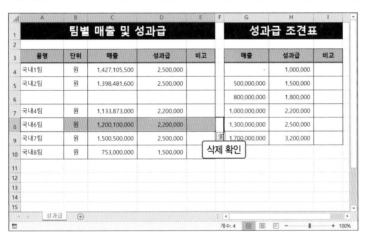

4 '성과급 조견표' 표의 범위에 영향을 주지 않고 '국내5팀' 데이터만 삭제되었는지 확인해 보세요.

업무 기술 **03** | **열 또는 행에 있는 빈 셀 삭제하기**

● 예제파일 : 03_빈행삭제_예제.xlsx ● 완성파일 : 03_빈행삭제_완성.xlsx

작업 데이터 중에서 임의의 열이나 행에 빈 셀이 있을 때 나머지 데이터를 유지하면서 불필요하게 삽입된 특정 빈 셀만 삭제하는 방법을 알아봅니다. '이동' 기능을 활용하여 빈 셀을 선택하기만 하면 삭제되므로 매우 간단한 실습입니다.

1 삭제하려는 빈 셀이 포함된 범위를 모두 선택해 볼게요. [DB] 시트에서 I열 머리글을 클릭하여 I열에서 수량이 포함된 셀과 빈 셀을 모두 선택하고 [홈] 탭-[편집] 그룹에서 [찾기 및 선택]-[이동]을 선택하세요. [이동] 대화상자가 열리면 [옵션]을 클릭하세요.

> **Tip**
>
> 이동 기능의 단축 글쇠는 Ctrl+G 또는 F5 입니다.

2 [이동 옵션] 대화상자가 열리면 [빈 셀]을 선택하고 [확인]을 클릭하세요.

3 I열의 '수량' 항목에서 시트의 전체 범위 중 빈 셀만 선택되면 임의의 빈 셀에서 마우스 오른쪽 단추를 눌러 [삭제]를 선택하세요.

4 [삭제] 대화상자가 열리면 [행 전체]를 선택하고 [확인]을 클릭하세요.

> **Tip**
>
> [셀을 위로 밀기]를 선택하면 빈 셀만 위로 밀리고 빈 셀의 아래쪽 셀이 해당 셀을 채우면서 데이터가 섞이므로 주의하세요.

5 빈 셀이 포함된 데이터의 전체 행이 삭제되었는지 확인해 보세요.

환경설정

데이터기초

데이터분석

데이터편집

실무함수

데이터필터

데이터시각화

데이터활용

특별부록

업무기술 04 두 개의 표에서 변경된 자료만 빠르게 찾기

● **예제파일** : 04_동일행다른값찾기_예제.xlsx　　● **완성파일** : 04_동일행다른값찾기_완성.xlsx

양식이 같은 두 개의 표에서 서로 값이 다른 데이터만 빠르게 찾아야 할 때 사용하는 방법으로, '이동' 기능의 또 다른 활용 방법입니다. 이 기능은 방대한 양의 데이터를 검토할 때 매우 유용해서 업무 시간을 크게 단축시킬 수 있어요.

1 [DB] 시트에 있는 양식이 같은 두 개의 표에서 비교할 데이터를 먼저 선택해 볼게요. 비교할 데이터가 인접한 셀이 아니면 결과를 표시할 데이터부터 선택해야 하는데, 여기서는 P열 데이터를 먼저 선택하고 Ctrl을 누른 상태에서 F열 데이터를 선택하세요.

2 선택 범위 중 값이 다른 셀만 선택하기 위해 F5를 눌러 [이동] 대화상자를 열고 [옵션]을 클릭하세요.

> **Tip**
> [홈] 탭-[편집] 그룹에서 [찾기 및 선택]을 클릭하고 [이동]을 선택해도 [이동] 대화상자를 열 수 있어요.

3 [이동 옵션] 대화상자가 열리면 선택하려는 데이터를 옵션에서 선택하기 위해 [동일 행에서 값이 다른 셀]을 선택하고 [확인]을 클릭하세요.

4 F열의 '수량' 항목에서 동일 행에서 값이 다른 셀만 선택되었으면 [홈] 탭-[글꼴] 그룹에서 [채우기 색]의 내림 단추(▾)를 클릭하고 '표준 색'의 [주황]을 선택하세요. 선택된 셀에만 주황색으로 채워졌는지 확인해 보세요.

환경설정
데이터기초
데이터분석
데이터관리
실무함수
데이터필터
데이터시각화
데이터활용
특별부록

업무 기술 | 05 | 참조 범위가 필요 없는 VLOOKUP 함수 사용하기

● **예제파일** : 05_배열상수_예제.xlsx   ● **완성파일** : 05_배열상수_완성.xlsx

VLOOKUP 함수는 활용 빈도가 가장 높은 함수입니다. 하지만 VLOOKUP 함수는 사용할 때마다 조건표를 만들어야 해서 사용할 때 꺼려지기도 해요. 이번에는 조건표의 참조 범위 없이 배열 상수를 이용해서 원하는 검색을 해 볼게요.

1 [성과급] 시트에서 D4셀을 선택하세요. 수식 입력줄에서 '성과급'의 기준이 되는 VLOOKUP 함수의 두 번째 인수인 '$G$4:$H$9' 부분을 드래그하여 선택하고 F9 를 누르세요.

2 배열 상수로 변환되면 Enter 를 누르세요.

> **Tip**
>
> 배열 상수에 대해서는 381쪽의 '잠깐만요'를 참고하세요.

3 D4셀의 자동 채우기 핸들(✚)을 D10셀까지 드래그해서 함수식을 복사하세요. 이때 해당 함수식의 성과급 조견표 범위는 해당 셀 값이 그대로 나타나는 배열 상수 형태로 변환된 것을 확인할 수 있어요.

4 조건표 범위를 삭제하기 위해 G열 머리글부터 I열 머리글을 드래그하여 선택하고 마우스 오른쪽 단추를 눌러 [삭제]를 선택하세요.

5 D열의 성과급 수식에 오류가 발생하지 않고 그대로 유지되었는지 확인해 보세요.

환경설정

데이터기초

데이터분석

데이터관리

실무함수

데이터필터

데이터시각화

데이터활용

특별부록

6 배열 상수의 또 다른 활용 방법을 살펴볼게요. [배열상수] 시트에서 K4셀에 '납기'부터 '윤리 경영'까지의 점수 중 가장 점수가 높은 세 개의 항목에 대한 평균을 산출하려고 합니다. K4셀을 선택하고 함수식『=AVERAGE(LARGE(C4:G4,{1,2,3}))』을 입력한 후 Enter를 누르세요.

7 K4셀에 결과값을 구했으면 K4셀의 자동 채우기 핸들(+)을 K20셀까지 드래그하여 함수식을 복사하세요.

환경설정

데이터기초

데이터분석

데이터관리

실무함수

데이터필터

데이터시각화

데이터활용

특별부록

배열 상수 이해하기

배열 상수는 데이터를 2차원 배열 형태로 나열한 것으로, 중괄호({ })로 표시됩니다. 데이터는 콤마(,)와 세미콜론(;)으로 구분하는데, 콤마(,)는 열 방향으로 이동한다는 의미이고 세미콜론(;)은 개행의 의미입니다.

378쪽 **2** 과정의 함수에서 두 번째 인수인 배열 상수는 {0,1000000;500000000,1500000;800000000,1800000;1000000000,2200000;1300000000,2500000;1700000000,3200000}으로 나타나 있는데, 이것을 분해해 보면 처음에 0이 나타납니다. 0은 G4셀에 대응되는 값이고 그 다음에는 콤마(,)가 나타났으므로 열 방향으로 이동해서 H4셀에 1000000이란 숫자가 나왔습니다. 그리고 그 다음에는 세미콜론(;)이 나타났으므로 새로운 행으로 개행해서 G5셀의 500000000 데이터가 나타나는 것입니다.

3차원 참조를 지원하는 함수식 알아보기

배열 상수는 3차원 참조 내부에서 순환 요소로 사용되고 3차원 참조를 지원하는 함수식은 다음과 같습니다.

함수	기능
AVERAGE	숫자값의 산술 평균을 계산합니다.
AVERAGEA	텍스트와 논리값 등을 포함하여 숫자값의 산술 평균을 계산합니다.
COUNT	값을 포함하는 셀의 개수를 셉니다.
COUNTA	비어 있지 않은 셀의 개수를 셉니다.
MAX	값 집합에서 가장 큰 값을 찾습니다.
MAXA	텍스트와 논리값 등을 포함하여 값 집합에서 가장 큰 값을 찾습니다.
MIN	값 집합에서 가장 작은 값을 찾습니다.
MINA	텍스트와 논리값 등을 포함하여 값 집합에서 가장 작은 값을 찾습니다.
PRODUCT	숫자값을 곱합니다.
SUM	숫자값을 더합니다.
STDEV	표본의 표준 편차를 계산합니다.
STDEVA	텍스트와 논리값 등을 포함하여 표본의 표준 편차를 계산합니다.
STDEVP	전체 모집단의 표준 편차를 계산합니다.
STDEVPA	텍스트와 논리값 등을 포함하여 전체 모집단의 표준 편차를 계산합니다.
VAR	표본의 분산을 예측합니다.
VARA	텍스트와 논리값 등을 포함하여 표본의 분산을 예측합니다.
VARP	전체 모집단의 분산을 계산합니다.
VARPA	텍스트와 논리값 등을 포함하여 전체 모집단의 분산을 계산합니다.

업무 기술 06 엑셀 파일에서 이미지 추출하기

◈ **예제파일** · 06_사진파일발췌_예제.xlsx　◈ **완성파일** : 06_사진파입발체_완선.zip

엑셀 파일에 삽입한 이미지를 파워포인트나 다른 프로그램에서 사용하는 경우가 많아요. 이때 그림판을 이용하지 않고도 쉽게 이미지를 추출할 수 있는 방법이 있는데, 이 방법은 이미지뿐만 아니라 모든 미디어 파일에도 똑같이 적용할 수 있어요.

1 예제파일을 열면 [Sheet1] 시트에는 3개의 그림이, [Sheet2] 시트에는 1개의 그림이 삽입되어 있는데, 이들 4개의 그림을 직접 추출해 볼게요.

> **Tip**
>
> 여기서 설명하는 윈도우 탐색기는 윈도우 10을 기준으로 합니다.

2 파일 확장자가 표시되도록 윈도우 탐색기의 옵션을 변경해야 하므로 윈도우 탐색기를 열고 **[보기] 탭-[표시/숨기기] 그룹**에서 **[파일 확장명]**에 체크하세요. 파일명 뒤에 파일 확장자가 표시되면 이미지를 추출할 예제파일을 선택하고 [F2]를 눌러 이름 변경 상태로 만든 후 확장자 'xlsx'를 'zip'으로 변경하세요.

> **Tip**
>
> [F2]를 누르는 대신 [홈] 탭-[구성] 그룹에서 [이름 바꾸기]를 클릭해도 됩니다.

3 파일의 확장명을 변경하면 사용할 수 없게 될 수 있다는 경고 메시지 창이 열리면 [예]를 클릭하세요.

4 압축한 zip 파일에서 마우스 오른쪽 단추를 눌러 특정 폴더에 압축을 풀어주세요.

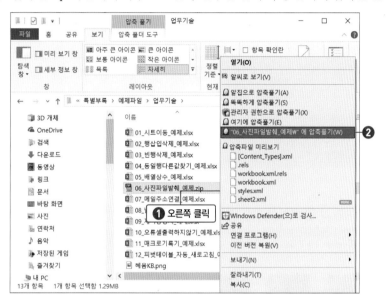

5 압축이 풀리면 생성된 폴더를 확인하세요. 엑셀 파일을 zip 파일로 변환해서 압축을 풀면 폴더의 아래쪽에 'xl' 폴더가 생기는데, 이 폴더를 더블클릭하세요.

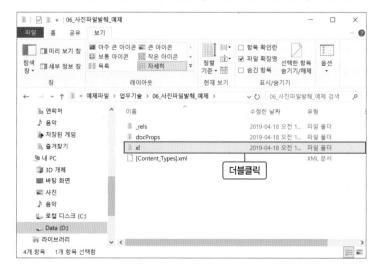

환경설정

데이터기초

데이터분석

데이터관리

실무함수

데이터편집

데이터시각화

데이터활용

특별부록

6 하위 폴더 중에서 'media' 폴더를 찾아 더블클릭하세요.

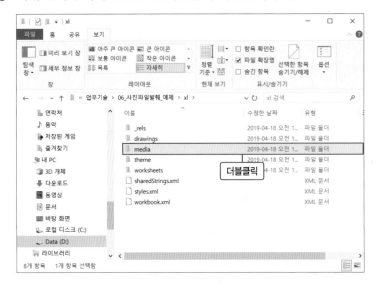

7 파일에 포함되어 있는 그림 파일은 엑셀 파일에서 추출되었다는 것을 확인할 수 있어요.

> **Tip**
>
> 엑셀 외에도 MS 오피스 프로그램에서는 파일에 포함된 미디어 자료를 쉽게 추출할 수 있어요. 각 오피스 프로그램으로 작업한 파일마다 압축을 풀고 미디어 자료를 추출하는 폴더는 다음과 같습니다.
>
> | 프로그램 | 해당 폴더 |
> |---|---|
> | 엑셀 | 파일명\xl\media |
> | 파워포인트 | 파일명\ppt\media |
> | 워드 | 파일명\word\media |

업무 기술 07 단체 메일 주소 연결해 한 번에 메일 보내기

● **예제파일** : 07_메일주소연결_예제.xlsx ● **완성파일** : 07_메일주소연결_완성.xlsx

엑셀로 업무와 관련된 데이터를 정리하고 관련자들에게 단체 메일을 보낼 때 포털에 메일을 받을 사람들의 주소를 일일이 작성하는 것은 매우 번거롭습니다. 이번에는 대량의 메일을 쉽게 보낼 수 있는 메일 주소 연결 스트링을 만들어 보겠습니다.

1 주소록 중에서 동호회 사람들에게 단체 메일을 보내기 위해 자동 필터를 이용해서 동호회 사람 메일만 필터링해 볼게요. [주소록] 시트에서 데이터가 입력된 임의의 셀을 선택하고 **[데이터] 탭-[정렬 및 필터] 그룹**에서 **[필터]**를 클릭하세요.

2 동호회 데이터만 필터링하기 위해 '구분' 필드의 내림 단추(▼)를 클릭하고 **[(모두 선택)]**의 체크를 해제하세요. **[동호회]**에만 체크하고 **[확인]**을 클릭하세요.

3 필터링한 데이터에서 메일 주소만 드래그하여 복사(Ctrl+C)하고 D28셀을 선택하여 붙여넣기(Ctrl+V)하세요.

4 메일 주소 간 구분 기호를 입력할 것인데, 여기서는 다중 메일의 구분 기호를 콤마(,)라고 가정해 볼게요. 메일 주소가 있는 셀 개수보다 하나 적은 E28:E31 범위를 드래그하여 선택하고 메일 구분 기호인『,』를 입력한 후 Ctrl+Enter 를 눌러 셀에 모두 같은 값을 입력하세요.

> **Tip**
> 연결할 메일 주소가 모두 다섯 개이므로 구분 기호인 콤마(,)는 네 개가 필요합니다.

5 D34셀을 선택하고『=PHONETIC(D28:E32)』를 입력하고 Enter 를 누르세요.

> **Tip**
> PHONETIC 함수는 여러 셀에 나누어 입력된 문자를 하나의 셀로 합해주는 함수입니다.

6 D34셀을 선택하고 Ctrl + C 를 눌러 복사하세요. D36셀에서 마우스 오른쪽 단추를 눌러 '붙여넣기 옵션'에서 [값](🗒)을 클릭하여 값을 복사하세요.

7 D36셀을 선택하고 수식 입력줄에서 값으로 변경된 내용을 드래그하여 모두 선택한 후 Ctrl + C 를 눌러 복사하세요.

8 메일을 발송할 때 '받는 사람' 부분을 선택하고 Ctrl + V 를 눌러 메일을 받을 사람들의 주소를 쉽게 입력해 보세요.

환경설정

데이터기초

데이터분석

데이터관리

실무함수

데이터필터

데이터시각화

데이터활용

특별부록

업무 기술 08 빠르게 날짜 데이터 입력하기

◉ **예제파일** : 08_날짜입력_예제.xlsx   ◉ **완성파일** : 08_날짜입력_완성.xlsx

임의의 기간만큼만 날짜 데이터를 입력할 경우 마우스 드래그를 이용하면 날짜가 초과 입력되거나 누락될 수 있어요. 이번에는 초과되거나 누락되는 날짜 없이 날짜 데이터를 빠르게 입력하는 방법을 알아봅니다.

1 [날짜입력_1] 시트에서 A열에 2019년 1월 1일부터 12월 31일까지의 날짜 데이터를 입력해 볼게요. A4셀에 시작 날짜인 『2019-01-01』을 입력하고 Enter를 누른 후 다시 A4셀을 선택하세요.

2 계열 채우기를 실행하기 위해 [홈] 탭-[편집] 그룹에서 [채우기]-[계열]을 선택하세요.

3 [연속 데이터] 대화상자가 열리면 데이터가 입력될 '방향'에서 [열]을 선택하고 '종료 값'에 『2019-12-31』을 입력한 후 [확인]을 클릭하세요.

4 A4셀을 선택한 상태에서 Ctrl + ↓를 눌러 마지막 셀로 이동한 후 입력 날짜를 확인하세요.

5 [날짜입력_2] 시트의 A열에는 토요일과 일요일을 제외한 2019년의 근무일만 채워볼게요. A4 셀에 『2019-01-01』을 입력하고 Enter를 누른 후 다시 A4셀을 선택하세요. 계열 채우기를 실행하기 위해 [홈] 탭-[편집] 그룹에서 [채우기]-[계열]을 선택하세요.

환경설정

데이터기초

데이터분석

데이터관리

실무함수

데이터편집

데이터시각화

데이터활용

특별부록

6 [연속 데이터] 대화상자가 열리면 데이터가 입력될 '방향'에서 [열]을 선택하세요. '날짜 단위'에서 [평일]을 선택하고 '종료 값'에 『2019-12-31』을 입력한 후 [확인]을 클릭하세요.

7 '매출일' 항목에 2019년 12월 31일까지 최종 입력된 날짜 데이터 중 토요일과 일요일은 모두 제외하고 입력되었는지 확인해 보세요.

업무기술 09 배경에 회사 로고 워터마크 삽입하기

예제파일 : 09_재직증명서_예제.xlsx **완성파일** : 09_재직증명서_완성.xlsx

엑셀로 견적서를 작성하거나 증명서를 발급해야 할 때 배경에 워터마크를 삽입해서 출력할 수 있어요. 자주 사용하는 기능은 아니지만, 실무에서 문서 제출용으로 필요한 경우가 있으므로 워터마크를 삽입하여 페이지를 설정해 봅니다.

1 [파일] 탭-[인쇄]를 선택하면 화면의 오른쪽에서 인쇄할 문서를 미리 확인할 수 있어요.

> **Tip**
> 미리 보기 단축키는 Ctrl + F2 입니다.

2 재직증명서에 회사 로고를 워터마크 효과로 넣으려면 그림 파일을 삽입해야 하므로 [페이지 설정]을 선택하세요.

3 [페이지 설정] 대화상자가 열리면 [머리글/바닥글] 탭에서 [머리글 편집]을 클릭하세요.

4 [머리글] 대화상자가 열리면 [머리글] 탭에서 '가운데 구역'에 커서를 올려놓고 [그림 삽입] 단추(🖾)를 클릭하세요.

5 [그림 삽입] 창이 열리면 [파일에서]의 [찾아보기]를 선택하세요.

6 [그림 삽입] 대화상자가 열리면 워터마트로 사용할 회사 로고 파일을 선택하고 [삽입]을 클릭하세요.

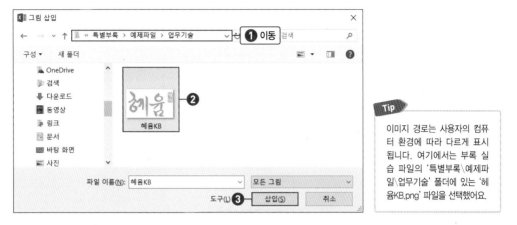

Tip

이미지 경로는 사용자의 컴퓨터 환경에 따라 다르게 표시됩니다. 여기에서는 부록 실습 파일의 '특별부록\예제파일\업무기술' 폴더에 있는 '혜윰KB.png' 파일을 선택했어요.

7 [머리글] 대화상자로 되돌아오면 '가운데 구역'에 '&[그림]'이 입력된 것을 확인하고 [확인]을 클릭하세요.

8 [페이지 설정] 대화상자로 되돌아오면 [확인]을 클릭하세요.

9 인쇄 미리 보기 화면에서 문서 배경으로 회사 로고가 삽입되었으면 워터마크의 위치를 조정해 볼게요. 화면의 오른쪽 아래에 있는 [여백 표시] 단추(▥)를 클릭하세요.

10 여백선이 표시되면 가장 위쪽에 있는 여백선을 아래쪽으로 드래그하여 워터마크용으로 삽입한 회사 로고의 위치를 변경하세요. 이 상태에서 [인쇄]를 클릭하면 워터마크 이미지가 삽입된 문서가 출력됩니다.

> **Tip**
>
> 인쇄 미리 보기 화면에서 문서 배경으로 삽입한 회사 로고는 엑셀 작업 시트에서는 보이지 않아요.

2010 | 2013 | 2016 | 2019 | OFFICE 365

업무
기술 | **10** | **셀의 오류 표시 인쇄하지 않기**

◈ **예제파일** : 10_오류셀출력하지않기_예제.xlsx ◈ **완성파일** : 10_오류셀출력하지않기_완성.xlsx

엑셀 문서를 출력할 때 오류까지 함께 표시되어 출력된다면 보기에 불편할 수 있습니다. 오류를 무시하고 정상적인 값만 출력하려면 다음의 과정을 잘 따라해 보세요.

1 [합계_1] 시트에서 '#N/A'와 같은 오류가 표시된 셀들이 많은데, 출력할 때 이 셀들을 나타나지 않게 작업해 보겠습니다.

2 [파일] 탭-[인쇄]를 선택하고 화면의 오른쪽에 인쇄 미리 보기 화면이 나타나면 문서를 출력할 때 오류 셀이 모두 표시되는지 확인해 보세요. 오류 셀을 제외하고 출력하기 위해 [페이지 설정]을 선택하세요.

3 [페이지 설정] 대화상자가 열리면 [시트] 탭을 선택하고 '셀 오류 표시'의 내림 단추(∨)를 클릭하여 [〈공백〉]을 선택한 후 [확인]을 클릭하세요.

4 인쇄 미리 보기 화면으로 되돌아오면 오류가 표시되었던 셀의 값이 사라졌는지 확인해 보세요.

> **Tip**
> 인쇄 상태에서는 오류가 나타난 셀이 표시되지 않았지만, 실제 엑셀 작업 시트에서는 오류가 있는 셀이 그대로 표시됩니다.

업무
기술 **11** **매크로 기록기의 기록 확인하기**

● 예제파일 : 11_매크로기록기_예제.xlsx　● 완성파일 : 11_매크로기록기_완성.xlsx

요즘에는 회사마다 ERP나 사내 문서의 서식이 잘 구축되어 있어서 매크로를 잘 쓰지 않거나 매크로를 알지 못해도 함수만
으로 해결할 수 있는 경우가 많아요. 하지만 매크로를 기록하고 확인하는 정도의 기초 작업은 익혀야 합니다.

1 리본 메뉴에 [개발 도구] 탭이 표시되지 않았다면 [파일]-[옵션]을 선택하세요. [Excel 옵션] 창
이 열리면 [리본 사용자 지정] 범주를 선택하고 '리본 메뉴 사용자 지정'에서 [개발 도구]에 체
크한 후 [확인]을 클릭하세요.

2 이제 매크로 기록기에 작업 내용이 어떻게 기록되는지 확인해 볼게요. [Sheet1] 시트에서 [개
발 도구] 탭-[코드] 그룹의 [Visual Basic]을 클릭하세요.

3 [Visual Basic Editor] 창이 열리면 다음의 그림과 같이 엑셀 작업 창의 크기를 적절하게 조절하여 한 화면에 두 개의 창이 모두 들어갈 수 있게 조정하고 **[개발 도구] 탭-[코드] 그룹**에서 **[매크로 기록]**을 클릭하세요.

4 [매크로 기록] 대화상자가 열리면 '매크로 이름'에 『기록확인』을 입력하고 [확인]을 클릭하세요.

5 A5셀을 선택하고 [Visual Basic Editor] 창의 [프로젝트] 탐색기 창을 살펴보면 해당 파일에 '모듈'이 생성된 것을 확인할 수 있어요. '모듈'의 ⊞를 클릭하여 확장한 후 'Module1'을 더블클릭하면 A5셀을 선택했을 때 매크로 기록기에 어떻게 기록되었는지 확인할 수 있습니다.

6 이번에는 A5셀의 채우기 색을 [주황]으로 지정했을 때와 A5셀에 입력할 글자 크기를 [15]로 지정하면 [Visual Basic Editor] 창에 코드가 어떻게 기록되는지 확인해 보세요.

> **Tip**
>
> A5셀의 채우기 색을 주황으로 지정하려면 [홈] 탭-[글꼴] 그룹의 [채우기 색]에서 '표준 색'의 [주황]을 선택합니다. A5셀의 글자 크기는 [홈] 탭-[글꼴] 그룹에서 '글꼴 크기'에 『15』를 입력하여 지정합니다. '맑은 고딕'은 기본 지정 글꼴이므로 따로 설정하지 않아도 됩니다.

7 매크로 기록을 마무리하기 위해 [개발 도구] 탭-[코드] 그룹에서 [기록 중지]를 클릭하고 [Visual Basic Editor] 창을 닫으세요.

8 기록한 매크로를 저장하기 위해 [파일] 탭–[다른 이름으로 저장]을 선택하고 [찾아보기]를 선택하세요.

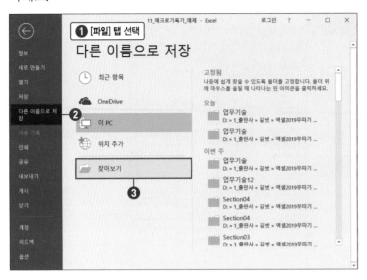

9 [다른 이름으로 저장] 대화상자가 열리면 '파일 형식'에서 [Excel 매크로 사용 통합 문서 (*.xlsm)]를 선택하고 '파일 이름'에 사용자가 원하는 파일명을 입력한 후 [저장]을 클릭하세요.

> **Tip**
>
> 간단해 보이는 작업이지만, 매크로로 작업하거나 매크로가 들어간 문서 파일을 받으면 [Visual Basic Editor] 창에서 어떠한 작업이 진행되었는지 곧바로 확인해 볼 수도 있고, 매크로에 사용된 코드를 쉽게 이해할 수도 있어요.

업무 기술 12 · 피벗 테이블을 자동으로 새로 고침하기

● **예제파일** : 12_피벗테이블_자동_새로고침_예제.xlsx ● **완성파일** : 12_피벗테이블_자동_새로고침_예제.xlsx

앞의 예제에서 매크로를 기록하고 확인하는 방법에 대해 배웠어요. 이번에는 이것을 응용하여 자주 사용하는 피벗 테이블에 데이터가 추가되거나 삭제 또는 변경되었을 때 자동으로 새로 고침할 수 있는 자동화 코드에 대해 배워보겠습니다.

1 [DB] 시트의 마지막 행에 『김덕훈』,『강북』,『₩1』,『2019-08-01』,『99999』를 차례대로 각 셀에 맞게 입력하세요.

> **Tip**
>
> Ctrl + Shift + ↓나 Ctrl + Shift + End를 누르면 마지막 행으로 쉽게 이동할 수 있어요. 그리고 C열의 '주문금액' 항목에는 통화 서식이 지정되어 있어서 숫자만 입력해도 자동으로 통화 기호가 표시됩니다.

2 [피벗테이블] 시트에서 [개발 도구] 탭-[코드] 그룹의 [매크로 기록]을 클릭합니다. [매크로 기록] 대화상자가 열리면 '매크로 이름'을 확인하고 [확인]을 클릭하세요. 이때 '매크로 이름'에 사용자가 원하는 이름을 직접 입력해도 됩니다.

3 B5셀에서 마우스 오른쪽 단추를 눌러 [새로 고침]을 선택하세요.

Tip

[새로 고침]을 선택하면 **1** 과정
에서 추가 입력한 데이터 값까
지 함께 계산됩니다.

4 [개발 도구] 탭-[코드] 그룹에서 [기록 중지]를 클릭합니다. 기록된 코드를 확인해 보기 위해 [개발
도구] 탭-[코드] 그룹에서 [Visual Basic]을 클릭하세요.

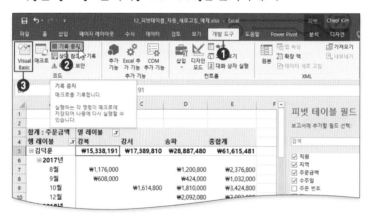

5 [Visual Basic Editor] 창에서 해당 파일의 'Module1' 모듈을 더블클릭하면 기록된 코드를
확인할 수 있어요. 기록된 코드 중 피벗 테이블을 새로 고침한 부분의 코드를 드래그하여 선택
하고 Ctrl + C 를 눌러 복사하세요.

6 [프로젝트] 창에서 해당 파일의 피벗 테이블이 있는 [Sheet1 (피벗테이블)]을 더블클릭하면 화면의 오른쪽에 시트 모듈이 나타납니다. 시트 모듈에서 [(일반)]의 내림 단추(▼)를 클릭하고 [Worksheet]를 선택하세요.

7 시트 모듈에서 [(선언)]의 내림 단추(▼)를 클릭하고 [Activate]를 선택하세요. 이것은 해당 시트가 활성화될 때마다 특정 코드를 실행하기 위해 선택하는 것입니다.

8 시트 모듈에서 'Private Sub Worksheet_Activate()' 이벤트의 아랫줄에 **5** 과정에서 복사한 코드를 Ctrl+V를 눌러 붙여넣고 [Visual Basic Editor] 창을 닫으세요.

환경설정

데이터기초

데이터분석

데이터관리

실무함수

데이터필터

데이터시각화

데이터활용

특별부록

9 엑셀의 [피벗테이블] 시트로 되돌아오면 김덕훈의 강북 지역 매출의 끝자리가 1원으로 바뀌었는지 확인해 보세요.

10 이번에는 [DB] 시트에서 '주문금액' 항목의 C586셀의 값을 『3』으로 바꾸세요.

11 [피벗테이블] 시트를 클릭하여 **10** 과정에서 변경한 값이 반영되어 자동으로 새로 고침되었는지 확인해 보세요.

파워 쿼리를 이용한 데이터 활용

4

엑셀 2016 버전부터 [데이터] 탭에 내장된 파워 쿼리를 이용해서 보고서 형태의 자료를 쉽게 분석할 수 있는 형태로 변환해 보겠습니다. 그리고 VLOOKUP 함수를 이용할 때 시간이 많이 걸리는 불만족을 해결해 보고 폴더 단위 데이터를 집계하는 방법까지 확인해 봅니다.

데이터 활용 **01** 보고서 형태의 데이터를 정상 DB로 변환하기

데이터 활용 **02** VLOOKUP 함수의 느린 속도 해결하기

데이터 활용 **03** 파워 쿼리로 빅데이터 쉽게 그룹화 및 집계하기

데이터 활용 **04** 파워 쿼리로 특정 폴더의 자료 한 번에 집계하기

보고서 형태의 데이터를 정상 DB로 변환하기

데이터 활용 01

🔗 예제파일 : 01_DB변환_예제.xlsx　🔗 완성파일 : 01_DB변환_완성.xlsx

데이터 자체가 보고서 형태로 되어 있는 데이터는 피벗 테이블로 활용하기가 쉽지 않고 슬라이서를 적용할 수도 없습니다. 이번에는 이런 보고서 형태의 데이터를 활용 가능한 정상적인 데이터베이스로 변환하여 활용하는 방법을 알아봅니다.

1 데이터베이스를 표로 지정하기 위해 [Sheet1] 시트에서 데이터가 입력된 임의의 셀을 선택하고 Ctrl + T를 누르세요. [표 만들기] 대화상자가 열리면 [머리글 포함]에 체크한 상태에서 [확인]을 클릭하세요.

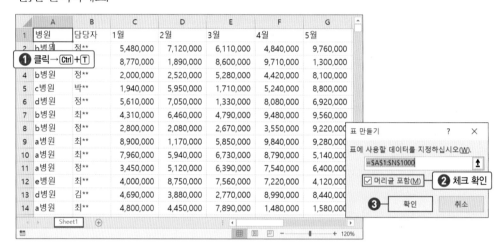

2 파워 쿼리를 이용해서 변환하기 위해 [데이터] 탭-[데이터 가져오기 및 변환] 그룹에서 [테이블/범위에서]를 클릭하세요.

3 파워 쿼리 편집기에 엑셀 데이터가 나타나면 데이터를 활용하기 쉬운 형태로 변환하기 위해
'병원' 필드명을 선택하고 Shift를 누른 상태에서 '담당자' 필드명을 선택하세요. 이렇게 선택
한 두 개의 필드명에서 마우스 오른쪽 단추를 눌러 [다른 열 피벗 해제]를 선택하세요.

4 선택되지 않은 나머지 필드가 모두 피벗 해제되었는지 확인해 보세요. 변환된 데이터의 필드
명을 변경하기 위해 '특성' 필드명을 더블클릭하여 이름 변경 상태로 만들고 『월』을 입력한 후
Enter를 누르세요. 이와 같은 방법으로 '값' 필드명을 더블클릭하고 『매출』을 입력한 후 Enter를
눌러 변경하세요.

5 변경된 데이터를 엑셀 시트로 나타내기 위해 [홈] 탭-[닫기] 그룹에서 [닫기 및 로드]-[닫기 및 로드]를 클릭하세요.

6 [Sheet2] 시트에 변환된 데이터가 표로 나타나는지 확인하고 변환된 데이터를 분석하기 위해 [표 도구]의 [디자인] 탭-[도구] 그룹에서 [피벗 테이블로 요약]을 클릭하세요.

7 [피벗 테이블 만들기] 대화상자가 열리면 피벗 테이블 보고서의 위치가 [새 워크시트]인지 확인하고 [확인]을 클릭하세요.

8 새로운 [Sheet3] 시트가 표시되면서 화면의 오른쪽에 [피벗 테이블 필드] 작업 창이 열리면 [병원] 필드와 [월] 필드는 '행' 영역으로, [담당자] 필드는 '열' 영역으로, [매출] 필드는 '값' 영역으로 이동하여 배치하세요.

9 데이터 서식을 변경하기 위해 집계 데이터의 임의의 셀에서 마우스 오른쪽 단추를 눌러 [필드 표시 형식]을 선택하세요.

10 [셀 서식] 대화상자가 열리면 [표시 형식] 탭에서 [통화] 범주를 선택하고 [확인]을 클릭하세요.

11 최종 결과를 확인해 보세요. 이와 같이 보고서 형태의 자료를 파워 쿼리를 이용하면 간단히 활용하기 쉬운 데이터베이스로 변경할 수 있어요.

데이터 활용 02 VLOOKUP 함수의 느린 속도 해결하기

● 예제파일 : 02_VLOOKUP_함수_속도보완_예제.xlsx   ● 완성파일 : 02_VLOOKUP_함수_속도보완_완성.xlsx

VLOOKUP 함수는 기준 열 데이터가 많고 검색 값이 마지막 부근에 배치되어 있다면 계산 속도가 매우 느립니다. 이번에는 파워 쿼리를 이용해서 VLOOKUP 함수의 결과값을 좀 더 빠르게 나타내는 방법을 알아봅니다.

1 데이터베이스를 표로 지정하기 위해 [Sheet1] 시트에서 데이터가 입력된 임의의 셀을 선택하고 Ctrl + T 를 누르세요. [표 만들기] 대화상자가 열리면 [머리글 포함]에 체크한 상태에서 [확인]을 클릭하세요.

2 표의 이름을 변경하기 위해 [표 도구]의 **[디자인]** 탭─**[속성]** 그룹에서 '**표 이름**'에 『**고객정보**』를 입력하고 Enter 를 누르세요.

3 검색 고객 번호도 표로 지정하기 위해 [Sheet2] 시트로 이동하여 데이터가 입력된 임의의 셀을 선택하고 (Ctrl)+(T)를 누르세요. [표 만들기] 대화상자가 열리면 [머리글 포함]에 체크한 상태에서 [확인]을 클릭하세요.

4 표의 이름을 변경하기 위해 [표 도구]의 [디자인] 탭-[속성] 그룹에서 '표 이름'에 『검색정보』를 입력하고 (Enter)를 누르세요. 예제를 다른 이름으로 저장하기 위해 [파일] 탭-[다른 이름으로 저장]을 선택하세요.

Tip

예제를 바로 저장하고 진행해도 되지만 나중에 다시 복습하기 위해 다른 이름으로 저장하는 것입니다.

5 [다른 이름으로 저장] 대화상자가 열리면 저장할 폴더를 선택하고 파일 이름을 입력한 후 [저장]을 클릭하세요.

6 다른 이름으로 저장된 파일을 닫으세요.

7 파워 쿼리를 이용해서 [고객번호]에 해당되는 [고객정보]를 VLOOKUP 함수를 이용하지 않고 나타내 볼게요. 새 통합 문서를 열고 [데이터] 탭-[데이터 가져오기 및 변환] 그룹의 [데이터 가져오기]를 클릭한 후 [파일에서]-[통합 문서에서]를 클릭하세요.

환경설정

데이터기초

데이터분석

데이터관리

실무함수

데이터필터

데이터시각화

데이터활용

특별부록

8 [데이터 가져오기] 대화상자가 열리면 **5** 과정에서 다른 이름으로 저장한 파일을 선택하고 [가져오기]를 클릭하세요.

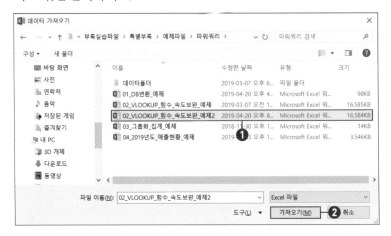

9 [탐색 창]이 열리면 [여러 항목 선택]과 [검색정보]에 체크하고 [로드]-[다음으로 로드]를 클릭하세요.

10 엑셀 창에서 [데이터 가져오기] 대화상자가 열리면 [연결만 만들기]를 선택하고 [확인]을 클릭하세요.

11 이와 같은 방법으로 [고객정보]도 연결만 만들어 보기 위해 [데이터] 탭-[데이터 가져오기 및 변환] 그룹에서 [데이터 가져오기]를 클릭하고 [파일에서]-[통합 문서에서]를 클릭하세요.

12 [데이터 가져오기] 대화상자가 열리면 다른 이름으로 저장한 파일을 선택하고 [가져오기]를 클릭하세요.

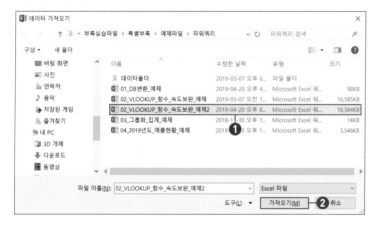

13 [탐색 창]이 열리면 [여러 항목 선택]과 [고객정보]에 체크하고 [로드]-[다음으로 로드]를 클릭하세요.

14 엑셀 창에서 [데이터 가져오기] 대화상자가 열리면 [연결만 만들기]를 선택하고 [확인]을 클릭하세요.

15 파워 쿼리를 이용해서 연결만 만들어둔 두 개의 자료를 병합해 볼게요. **[데이터] 탭-[데이터 가져오기 및 변환] 그룹**에서 **[데이터 가져오기]**를 클릭하고 **[쿼리 결합]-[병합]**을 선택하세요.

16 [병합] 창에서 첫 번째 테이블 부분은 [검색정보]를 선택하고 [고객번호] 필드명을 클릭하세요.

17 두 번째 테이블 부분은 [고객정보]를 선택하고 [고객번호] 필드명을 클릭하세요. 이때 '조인 종류'는 [왼쪽 외부(첫 번째의 모두, 두 번째의 일치하는 행)]인지 확인하고 [확인]을 클릭하 세요. 그러면 두 개의 표에서 일치하는 항목의 개수가 아래에 표시됩니다.

18 [파워 쿼리 편집기] 창이 열리면 '고객정보.고객번호' 필드명의 확장 단추(⤢)를 클릭하고 [고객정보] 중에서 나타내려는 필드명인 [고객명]과 [연락처]에만 체크한 후 [확인]을 클릭 하세요.

환경설정

데이터기초

데이터분석

데이터관리

실무함수

데이터필터

데이터시각화

데이터활용

19 [홈] 탭-[닫기] 그룹에서 [닫기 및 로드]-[닫기 및 로드]를 클릭하세요.

20 새로운 [Sheet2] 시트에서 [고객번호]에 맞는 고객명과 연락처를 불러들인 최종 결과를 확인해 보세요.

2010 | 2013 | 2016 | 2019 | OFFICE 365

데이터
활용 **03** **파워 쿼리로 빅데이터 쉽게 그룹화 및 집계하기**

● **예제파일** : 03_그룹화_집계_예제.xlsx　　● **완성파일** : 03_그룹화_집계_완성.xlsx

다양한 빅데이터를 통계 분석 및 집계하는 전문가들은 SQL의 GROUP BY문을 많이 이용합니다. 이번에는 파워 쿼리의 그룹화를 이용해서 데이터를 쉽게 집계하는 방법을 알아봅니다.

1 데이터베이스를 표로 지정하기 위해 [Sheet1] 시트에서 데이터가 입력된 임의의 셀을 선택하고 Ctrl+T를 누르세요. [표 만들기] 대화상자가 열리면 [머리글 포함]에 체크한 상태에서 [확인]을 클릭하세요.

2 파워 쿼리를 이용해 변환해 볼게요. [데이터] 탭-[데이터 가져오기 및 변환] 그룹에서 [테이블/범위에서]를 클릭하세요.

> **Tip**
>
> 엑셀 2010과 엑셀 2013에서는 430쪽의 '잠깐만요'를 참고하여 파워 쿼리의 추가 기능을 설치해야 실습할 수 있습니다.

3 [파워 쿼리 편집기] 창이 열리면 품명별, 규격별로 집계하기 위해 해당 필드를 그룹화해 볼게요. '품명' 필드명을 클릭하고 Shift를 누른 상태에서 '규격' 필드명을 클릭한 후 마우스 오른쪽 단추를 눌러 [그룹화]를 선택하세요.

4 품명별, 규격별로 개수, 합계, 평균 등 기초 통계량으로 통계량을 표현해 볼게요. [그룹화] 대화상자가 열리면 '새 열 이름'에 이미 [개수]가 표시되어 있습니다. [개수]는 그룹화된 2개 필드의 행을 세면 되므로 '연산'의 [행 카운트]를 그래도 둔 상태에서 [합계]를 표시하기 위해 [집계 추가]를 클릭하세요.

5 '새 열 이름'에 『합계』를 입력하고 '연산'에서는 [합계]를, '열'에서는 집계할 [수량] 필드를 선택하세요.

6 이와 같은 방법으로 [집계 추가]를 클릭하고 '새 열 이름'에 『평균』을 입력하세요. '연산'에서는 [평균]을, '열'에서는 [수량] 필드를 선택하고 [확인]을 클릭하세요.

7 [파워 쿼리 편집기] 창에 그룹화된 데이터의 기초 통계량이 나타나면 이 데이터를 엑셀 창으로 나타내 볼게요. **[홈] 탭-[닫기] 그룹**에서 **[닫기 및 로드]-[닫기 및 로드]**를 클릭하세요.

8 엑셀 창에서 품명별, 규격별로 데이터가 집계되었는지 확인해 보세요.

환경설정

데이터기초

데이터분석

데이터편집

실무함수

데이터필터

데이터시각화

데이터활용

특별부록

데이터
활용 **04** **파워 쿼리로 특정 폴더의 자료 한 번에 집계하기**

◎ **예제파일** : 04_2019년도_매출현황_예제.xlsx   ◎ **완성파일** : 04_2019년도_매출현황_완성.xlsx

이전에는 여러 자료를 한 번에 집계하려면 엑셀에서 한 시트로 복사 및 붙여넣기하거나 VBA 코딩을 통해 파일을 순환하는 방법 등을 이용했어요. 이번에는 파워 쿼리를 이용해서 특정 폴더에 있는 모든 자료를 한 번에 코딩 없이 집계해 봅니다.

1 집계할 데이터가 있는 폴더를 선택해 볼게요. [Sheet1] 시트에서 [데이터] 탭-[데이터 가져오기 및 변환] 그룹의 [데이터 가져오기]를 클릭하고 [파일에서]-[폴더에서]를 선택하세요.

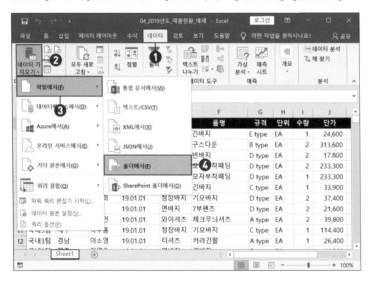

2 [폴더] 창이 열리면 [찾아보기]를 클릭하세요. [폴더 찾아보기] 창이 열리면 집계할 데이터가 있는 폴더를 선택하고 [확인]을 클릭하세요. [폴더] 창으로 되돌아오면 [확인]을 클릭하세요.

> **Tip**
>
> 여기에서는 부록 실습 파일의 '특별부록\예제파일\파워쿼리' 폴더에 있는 '데이터폴더' 폴더를 선택했어요.

3 선택한 폴더의 데이터 정보가 나타나면 파워 쿼리 편집기로 관련 데이터를 나타내기 위해 [결합]-[결합 및 편집]을 선택하세요.

Tip

엑셀 2010과 엑셀 2013에서는 430쪽의 '잠깐만요'를 참고하여 파워 쿼리의 추가 기능을 설치해야 실습할 수 있습니다.

4 [파일 병합] 창이 열리면 '표시 옵션'에서 '샘플 파일 매개 변수1 [1]' 폴더를 선택하고 [확인]을 클릭하세요.

5 [파워 쿼리 편집기] 창이 열리면서 지정한 폴더의 자료 정보가 나타나면 파일명이나 확장자 등은 필요 없고 데이터만 나타내면 되므로 'Data' 필드명에서 마우스 오른쪽 단추를 눌러 [다른 열 제거]를 선택하세요.

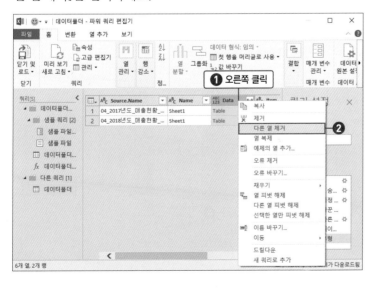

6 'Data' 필드만 남으면 'Data' 필드의 확장 단추(⊞)를 클릭하고 [추가 로드]를 클릭하세요. 새로 로드된 데이터를 확인하고 [확인]을 클릭하세요.

7 특정 폴더의 데이터가 모두 나타났지만 첫 행이 필드명이 아닌 것으로 인식되어 있으므로 필드로 변경해 볼게요. [홈] 탭-[변환] 그룹에서 [첫 행을 머리글로 사용]을 클릭하고 선택한 폴더의 자료가 제대로 로드되었는지 확인하기 위해 '팀' 필드명의 내림 단추(▾)를 클릭한 후 [추가 로드]를 선택하세요.

8 두 번째 파일의 첫 행도 데이터로 인식하는 것을 확인했으면 [팀]의 체크를 해제하고 [확인]을 클릭하세요.

9 특정 폴더의 데이터를 모두 가져오는 이 과정을 저장하기 위해 [쿼리 설정] 작업 창에서 '속성'의 '이름'에 『최종병합_데이터』를 입력하고 Enter를 누르세요. 엑셀 창으로 데이터를 나타내기 위해 [홈] 탭-[닫기] 그룹에서 [닫기 및 로드]-[닫기 및 다음으로 로드]를 클릭하세요. [데이터 가져오기] 대화상자가 열리면 [연결만 만들기]를 선택하고 [확인]을 클릭하세요.

참조설정

데이터기초

데이터분석

데이터관리

실무함수

데이터필터

데이터시각화

데이터활용

특별부록

10 선택한 폴더 자료를 집계하기 위해 [삽입] 탭-[표] 그룹에서 [피벗 테이블]을 선택하세요.

11 [피벗 테이블 만들기] 대화상자가 열리면 [외부 데이터 원본 사용]을 선택하고 [연결 선택]을 클릭하세요. [기존 연결] 창이 열리면 [연결] 탭을 선택하고 파워 쿼리 편집기에서 데이터를 불러오는 과정을 정리한 쿼리 이름인 '쿼리 - 최종병합_데이터'를 선택한 후 [열기]를 클릭하세요. [피벗 테이블 만들기] 대화상자로 되돌아오면 피벗 테이블 보고서를 넣을 위치를 [새 워크시트]로 선택하고 [확인]을 클릭하세요.

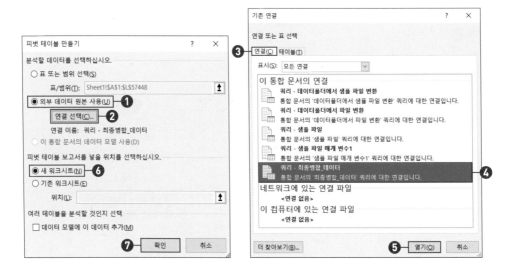

12 새로운 [Sheet2] 시트에 기존 피벗 테이블을 활용했던 것처럼 화면의 오른쪽에 [피벗 테이블 필드] 작업 창이 나타나면 [쿼리 및 연결] 작업 창을 닫으세요.

13 [피벗 테이블 필드] 창에서 [매출일]은 '행' 영역으로, [팀]은 '열' 영역으로, [금액]은 '값' 영역으로 이동하여 배치하세요.

14 분석 기간을 연도별, 분기별로 지정하기 위해 연도에서 마우스 오른쪽 단추를 눌러 [그룹]을 선택하세요. [그룹화] 대화상자가 열리면 [연]과 [분기]만 선택하고 [확인]을 클릭하세요.

환경설정

데이터기초

데이터분석

데이터관리

실무함수

데이터필터

데이터시각화

데이터활용

특별부록

15 이번에는 집계 데이터 서식을 변경하기 위해 임의의 통계량에서 마우스 오른쪽 단추를 눌러 [필드 표시 형식]을 선택하세요.

16 [셀 서식] 대화상자가 열리면 [표시 형식] 탭에서 [통화] 범주를 선택하고 [확인]을 클릭하세요.

17 2 과정에서 선택했던 '데이터폴더' 폴더에는 2017년과 2018년, 이렇게 2개 연도의 매출 자료가 있었는데, 해당 폴더에 2019년도 매출 자료도 시스템에서 다운로드해서 추가했다고 가정해 보세요.

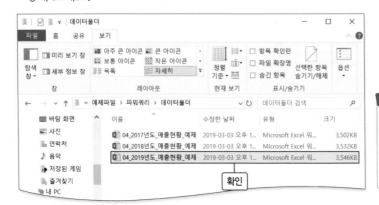

> **Tip**
>
> 해당 자료는 부록 실습 파일에서 '특별부록\예제파일\파워쿼리\04_2019년도_매출현황_예제.xlsx' 파일이므로 '데이터폴더'에 복사해서 붙여넣기하세요.

18 [데이터] 탭-[쿼리 및 연결] 그룹에서 [모두 새로 고침]의 을 클릭하세요.

19 **17** 과정에서 '데이터폴더' 폴더에 새롭게 추가한 2019년 매출 자료가 피벗 테이블에 반영되었는지 확인해 보세요.

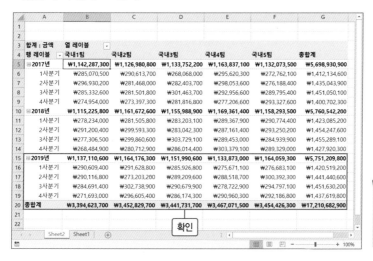

Tip

[피벗 테이블 필드] 작업 창을 닫으면 피벗 테이블을 더 넓게 확인할 수 있어요.

엑셀 2010이나 엑셀 2013 버전에서 파워 쿼리를 사용하려면 마이크로소프트 웹페이지에서 해당 추가 기능을 다운로드해서 사용해야 합니다.

> **파워 쿼리 다운로드 URL** : https://www.microsoft.com/ko-KR/download/details.aspx?id=39379

❶ 마이크로소프트 파워 쿼리 다운로드센터에 접속하여 [다운로드]를 클릭하세요. 다운로드 파일에 체크 표시하고 [다음]을 클릭하여 다운로드를 진행하세요.

❷ 다운로드가 끝나면 엑셀에서 [파일] 탭-[옵션]을 선택하여 [Excel 옵션] 창을 열고 [추가 기능] 범주에서 '관리'의 [COM 추가 기능]을 선택한 후 [이동]을 클릭하세요. [COM 추가 기능] 대화상자가 열리면 [Microsoft Excel용 파워 쿼리]에 체크 표시하고 [확인]을 클릭하세요. [Excel 옵션] 창으로 되돌아오면 [확인]을 클릭하세요.

엑셀 2010 버전의 마지막 탭에 [파워 쿼리] 탭이 나타난 모습입니다.

엑셀 2013 버전의 마지막 탭에 [파워 쿼리] 탭이 나타난 모습입니다.

찾아보기

단축키

→	27
Alt	34
Alt + D → P	140
Alt + S	237
Alt + 1	55, 66
Ctrl	28
Ctrl + ↓	31, 73, 78, 389
Ctrl + A	210, 334
Ctrl + C	29, 205, 209, 339
Ctrl + Enter	44, 164, 386
Ctrl + F2	153
Ctrl + PgDn	38
Ctrl + PgUp	38
Ctrl + Shift + →	35
Ctrl + Shift + ←	35
Ctrl + Shift + ↓	35, 75, 166, 206, 339
Ctrl + T	102, 167, 212, 341, 406
Ctrl + V	29
F3	76, 163
F9	229
Shift	32
Shift + Enter	32
Tab	27
한자	70

숫자

3D 맵	293, 296

영문

A~C

ABC 분석	353, 356
AVERAGE 함수	165, 175, 381
AVERAGEA 함수	381
CEILING 함수	182
CONCAT 함수	224
COUNT 함수	381
COUNTA 함수	381
COUNTIF 함수	253, 258
COUNTIFS 함수	255

D~G

DATE 함수	186
DATEDIF 함수	187~189
DAY 함수	186
[Excel 옵션] 창	20, 157, 397
Excel 추가 기능	347
FLOOR 함수	180
GETPIVOTDATA 함수	169~172, 218, 283

I~M

IF 함수	173
IFS 함수	225
INDEX-MATCH 조합 함수	200
MAX 함수	381
MAXA 함수	381
MAXIFS 함수	227
MONTH 함수	185, 251
MIN 함수	198, 381
MINA 함수	381
MINIFS 함수	228

P~T

PHONETIC 함수	386
PRODUCT 함수	381
ROUND 함수	177
ROUNDDOWN 함수	178, 183
ROUNDUP 함수	178, 181
SUM 함수	161, 381
STDEV 함수	381
STDEVA 함수	381
STDEVP 함수	381
SWITCH 함수	226
TEXTJOIN 함수	223

V~Y

VAR 함수	381
VARA 함수	381
VARP 함수	381
VARPA 함수	381
[Visual Basic Editor] 창	398, 402
VLOOKUP 함수	191, 194, 198, 282, 378
YEAR 함수	185

한글

ㄱ~ㄴ

가상 분석	344
간격 너비	289
[개발 도구] 탭	397
[고급 필터] 대화상자	240, 252
[관계 관리] 대화상자	130
[관계 만들기] 대화상자	131
그룹	19, 427
[그룹화] 대화상자	427
[그림 삽입] 창	392
[그림 영역 서식] 작업 창	286
기록 중지	399, 402
[기본] 보기 단추	19
깔대기 차트	321
논리곱	246
논리합	245~246
누계 비율	355

ㄷ~ㄹ

[다른 이름으로 저장] 대화상자	39, 400
다른 장소에 복사	247
닫기 및 다음으로 로드	425
닫기 및 로드	408, 418, 421
[데이터 가져오기] 대화상자	414, 425
[데이터 계열 서식] 작업 창	289, 302
[데이터 레이블 서식] 작업 창	319
데이터 레이블 추가	301
데이터 막대	145
[데이터 요소 서식] 작업 창	312
데이터 유효성 검사	79, 214, 281
[데이터 유효성] 대화상자	80, 214
등치 지역도 차트	317
리본 사용자 지정	397

찾아보기

ㅁ

[매크로 기록] 대화상자	398, 401
[머리글] 대화상자	392~393
모두 새로 고침	429
[목표값 찾기] 대화상자	346

ㅂ

[바닥글] 대화상자	154
배열 상수	381
백분율 스타일	65, 166
보고서 연결	111~112
[보고서 필터 페이지 표시] 대화상자	119, 365
[분석] 그룹	348
비교 연산자	46
비디오 만들기	297
빠른 실행 도구 모음	19, 36
빠른 채우기	332

ㅅ

[사용자 지정 자동 필터] 대화상자	234
[사운드 트랙 옵션] 창	297
[삭제] 대화상자	375
산술 연산자	43, 45
상대 참조	48
상태 표시줄	19
새로 고침	95
[새 서식 규칙] 대화상자	147~149
선버스트 차트	307
[선택하여 붙여넣기] 대화상자	340, 360
[셀 서식] 대화상자	53, 104, 211, 343
수동 계산	21
수식 입력줄	19
스파크라인	273
[슬라이서 삽입] 창	97, 105, 237
[시간 표시 막대 삽입] 창	100
시트 이동 단추	371
시트 탭	19
[시트 행 삽입] 도구	37

ㅇ

[연속 데이터] 대화상자	389~390
온라인 그림	287
워터마크	391
원형 대 원형 차트	299
[이동] 대화상자	374, 376
[이동 옵션] 대화상자	374, 377
[이름 관리자] 대화상자	76, 162
[이름 바꾸기] 대화상자	138
이름 상자	19
인쇄	391, 395
인쇄 미리 보기	394

ㅈ

[자동 고침] 대화상자	22~23
자동 채우기 핸들	279, 349, 379
자동 필터	233
자릿수 늘림	65, 166
절대 참조	48
[정렬] 대화상자	257
[제한 조건 추가] 대화상자	350
조합 함수	203
[중복 값 제거] 대화상자	208
중복된 항목 제거	206
지도 라벨	295

ㅊ

[차트 삽입] 대화상자	105, 284, 357
[차트 이동] 대화상자	287, 299, 311
참조 연산자	47
찾기/참조 함수	190
채우기 색	399
첫 행을 머리글로 사용	424
[추가 기능] 대화상자	348
추천 차트	284
[축 서식] 작업 창	312

ㅌ

[탐색] 창	414
탭	19
[테두리] 탭	211
텍스트 나누기	337, 358

ㅌ

텍스트 마법사	337, 359
텍스트 연결 연산자	49
[통합] 대화상자	144
투어 편집기	296
트리맵 차트	313
틀 고정	73, 92, 217, 270

ㅍ

파레토 법칙	353
파레토 차트	323
파워 쿼리	413, 419, 430
[파워 쿼리 편집기] 창	417, 420
[파일 병합] 창	423
[페이지 나누기 미리 보기] 단추	19
[페이지 레이아웃] 보기 단추	19
[페이지 설정] 대화상자	153, 392, 396
평균선	325
폭포 차트	309
[표 만들기] 대화상자	77, 115, 212, 406
표 이름	85
[프로젝트] 창	403
피벗 도구	137
피벗 차트	94
[피벗 차트 필드] 작업 창	334, 427
피벗 테이블로 요약	353, 361
[피벗 테이블 만들기] 대화상자	86, 120, 167, 267, 342
[피벗 테이블 필드] 작업 창	87, 155, 354, 362
필드 축소	93
필드 표시 형식	342, 354, 428
필드 확장	90, 213

ㅎ

[함수 삽입] 단추	19
하이퍼링크	23
[해 찾기 결과] 대화상자	351
[해 찾기 매개 변수] 대화상자	349
혼합 참조	48, 50
[확대/축소] 대화상자	19
[활성화] 대화상자	371

1 두 가지 이상의 프로그램을 한 권으로 끝내고 싶을 때!

핵심 기능만 쏙! 실무를 단숨에!

모든 버전 사용 가능

2016 버전   2013 버전

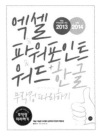

2 A-Z, 프로그램의 기본과 활용을 제대로 익히고 싶을 때!

기초 탄탄! 실무 충실!

2019 버전   2016 버전

2013 버전

3 현업에 꼭 필요한 실무 예제로 업무력을 강화하고 싶을 때!

직장인 업무 지침서! 현장 밀착 실무

버전 범용

2013 버전

프로 비즈니스맨 지침서

효율적인 업무 정리부터 PPT 디자인까지 총망라!

| 무작정 따라하기 |